教育課程・保育の計画と評価

書いて学べる指導計画

 岩﨑淳子　 及川留美　 粕谷亘正

萌文書林
Houbunshorin

まえがき

保育者をめざしている学生のみなさんに向けて

　教育課程論・保育の計画と評価（旧．保育課程論）は、保育者をめざしているみなさんにとって学ばなければならない大切な科目のうちのひとつです。

　この授業を受講するみなさんは、これまでどのくらい幼稚園や保育所などの保育に触れる機会がありましたか。おそらくこれまでの職業体験や保育の実習における数日から数週間という人が多いのではないかと思います。しかし、このような一部分の保育体験から、教育課程・全体的な計画や指導計画について理解していくことはとても困難です。なぜなら、それは保育が日々連続した営みであるからです。では、具体的な場面から保育の特徴について見てみましょう。

　幼稚園や保育所では、子どもたちは鬼ごっこ遊びをして夢中になって園庭をかけ回ったり、パティシエになりきって砂でケーキを作ったりするなど、自由にいきいきと遊んでいます。この子どもたちは、ある時、突然こうした遊びを始めたわけではありません。たとえば友達と同じ遊びをすること、鬼ごっこ遊びのルールを確認しあうこと、砂で型抜き遊びをすること、友達と役になりきって遊ぶことなどの経験を通して、子どもたちの生活が充実していくのです。また、その過程には"援助"という保育者の具体的な支えがあり、その結果として子どもたちが"自由にいきいきと"遊び、様々な経験を積み重ねていくことができるようになるのです。

　私たちは保育現場から離れて行われる教育課程論や保育の計画と評価の指導法について、いろいろと試行錯誤してきました。その中で本書を執筆するきっかけとなったのは、上述のような"保育の連続性"をどのように伝えていくかということです。そうして制作した本書の最大の特徴は、本文中で使用されている教育課程や全体的な計画、指導計画等の資料の内容が全て連続して作成されている点です。そこで、まずは幼稚園や保育所における教育課程・全体的な計画の意義やその成り立ちを理解した上で、架空の園として設定された「おひさま幼稚園」、「桃の木保育園」の概要、教育課程や全体的な計画、年間の指導計画や、月や週の指導計画、年齢ごとの子どもの発達や様子などに触れながら、保育の連続性を意識して本書を読んでみましょう。その上で、実際に部分や全日の指導計画を作成するワークを重ねることで、指導計画の考え方や書き方を学んでいけるようになっています。理論からひとつずつステップを踏みながらワークに取り組んでいくことで、みなさんも必ず教育課程や全体的な計画について理解ができ、指導計画の作成ができるようになることでしょう。

　さあ、教育課程論・保育の計画と評価の扉を一緒に開けてみましょう。

2018年2月　著者一同

まえがき……………………………………… 3
目次…………………………………………… 4
この本の使い方……………………………… 6

第1章　保育の基本について ……………… 7
❶　保育とは何か………………………………… 8
　（1）保育の一場面をのぞいてみよう ……… 8
　（2）保育という言葉とその営み …………… 8
❷　保育で重視していること…………………… 10
　（1）「環境を通した保育」の「環境」とは … 10
　（2）ふさわしい生活の展開と保育の連続性 … 12
　（3）遊びを通しての指導 …………………… 14
　コラム………………………………………… 15
❸　子どもの育ちと保育………………………… 16
　（1）育みたい資質・能力及び「幼児期の
　　　　終わりまでに育ってほしい姿」……… 16
　（2）ねらい及び内容 ………………………… 16
　（3）保育における遊び ……………………… 18

第2章　「教育課程」・「全体的な計画」と指導計画　19
❶　「教育課程」・「全体的な計画」について
　　理解しよう………………………………… 20
❷　「教育課程」・「全体的な計画」の編成について… 21
　（1）平成29年の改訂・改定の内容 ……… 21
　（2）保育における「教育課程」・
　　　　「全体的な計画」の考え方 …………… 22
❸　「教育課程」・「全体的な計画」から
　　「指導計画」へ …………………………… 27
　（1）なぜ計画を立てるのか ………………… 27
　（2）「指導計画」とは何か ………………… 28
　（3）「指導計画」の作成 …………………… 30
　（4）保育の実践と「指導計画」の反省・評価
　　　　………………………………………… 30
　（5）特別な配慮を必要とする子どもの指導計画
　　　　………………………………………… 31
❹　認定こども園における全体的な計画……… 32
　（1）認定こども園とは ……………………… 32
　（2）幼保連携型認定こども園の特徴 ……… 33
　（3）認定こども園の保育内容 ……………… 34
　（4）認定こども園における全体的な計画及び
　　　　指導計画 ……………………………… 35

第3章　幼稚園の理解……………………… 37
❶　幼稚園の基本………………………………… 38
　（1）幼稚園とは ……………………………… 38
　（2）幼稚園教育の基本 ……………………… 40
❷　幼稚園における教育課程と指導計画の実際
　　………………………………………………… 48
　（1）教育課程を見てみよう ………………… 48
　（2）教育課程から指導計画へ ……………… 49
　（3）教育課程に係る教育時間の
　　　　終了後等に行う教育活動などの留意事項
　　　　………………………………………… 54
　（4）おひさま幼稚園の全体像 ……………… 55
　（5）やってみよう　3章まとめワーク …… 66

第4章　保育所の理解……………………… 67
❶　保育所の基本………………………………… 68
　（1）保育所とは ……………………………… 68
　（2）保育所保育の基本 ……………………… 73
❷　保育所における全体的な計画と保育の実際
　　………………………………………………… 80
　（1）全体的な計画を見てみよう …………… 80
　（2）全体的な計画から指導計画へ ………… 82
　（3）乳児クラスの指導計画について ……… 87
　（4）桃の木保育園の全体像 ………………… 88
　（5）やってみよう　4章まとめワーク … 100

第5章　指導計画の作成の基本とその方法…… 101
❶　指導計画の形式…………………………… 102
　（1）指導計画における記載項目とその内容 102
❷　指導計画の作成手順……………………… 105
❸　指導計画の作成方法……………………… 106
　（1）「子どもの姿」を書いてみよう ……… 106
　（2）「ねらい」を書いてみよう …………… 109
　（3）「内容」を書いてみよう ……………… 112
　（4）「環境の構成」を書いてみよう ……… 114
　（5）「予想される子どもの姿」を書いてみよう
　　　　………………………………………… 119

（6）「保育者の援助・配慮」を書いてみよう
　　　　　　　　　　　　　　　　　　　　122
　❹　作成した指導計画をチェックしてみよう
　　　　　　　　　　　　　　　　　　　　127

やってみよう1　幼稚園・保育所の部分指導計画
　　　　　　　　　　　　　　　　　　　　129
　❶　幼稚園の部分指導計画を書いてみよう
　　　　　　　　　　　　　　　　　　　　130
　❷　保育所の部分指導計画を書いてみよう
　　　　　　　　　　　　　　　　　　　　132
　　　幼稚園　部分指導計画の解答例………134
　　　保育園　部分指導計画の解答例………135

第6章　乳児、1・2歳児の特徴と指導計画…137
　❶　0歳児の特徴と保育………………………138
　　　（1）0歳児の特徴……………………138
　　　（2）0歳児ワーク……………………139
　❷　1歳児の特徴と保育………………………140
　　　（1）1歳児の特徴……………………140
　　　（2）1歳児ワーク……………………141
　❸　2歳児の特徴と保育………………………142
　　　（1）2歳児の特徴……………………142
　　　（2）2歳児ワーク……………………143
　　　0～2歳児ワークの解答例…………144

第7章　幼児の特徴と指導計画……………145
　❶　3歳児の特徴と保育………………………146
　　　（1）3歳児の特徴……………………146
　　　（2）3歳児ワーク……………………147
　❷　4歳児の特徴と保育………………………148
　　　（1）4歳児の特徴……………………148
　　　（2）4歳児ワーク……………………149
　❸　5歳児の特徴と保育………………………150
　　　（1）5歳児の特徴……………………150
　　　（2）5歳児ワーク……………………151
　　　3～5歳児ワークの解答例…………152

第8章　保育の実践と評価……………………153
　❶　保育の評価………………………………154
　　　（1）保育実践の評価のあり方………154
　　　（2）評価の考え方とPDCAサイクル……155
　❷　指導計画と教育課程・全体的な計画の評価
　　　　　　　　　　　　　　　　　　　　156
　　　（1）評価の種類と方法………………156
　　　（2）指導計画の評価の実際…………158
　　　（3）教育課程・全体的な計画の評価……159
　❸　幼稚園・保育所・認定こども園の要録の理解
　　　　　　　　　　　　　　　　　　　　160
　　　（1）子どもの育ちの理解としての要録…160
　　　（2）要録に記載する内容……………160
　　　（3）要録の活用………………………161
　❹　実践評価のワーク………………………162
　　　（1）指導計画立案からの実践・評価へ…162
　　　（2）自己評価の考え方と方法………163
　　　（3）他者評価の考え方と方法………165

やってみよう2　幼稚園・保育所の全日の指導計画
　　　　　　　　　　　　　　　　　　　　167
　❶　幼稚園の全日の指導計画を書いてみよう
　　　　　　　　　　　　　　　　　　　　168
　　　（1）幼稚園の全日の指導計画を
　　　　　作成するために………………168
　　　（2）ワーク①　幼稚園の全日の指導計画　168
　❷　保育所の全日の指導計画を書いてみよう
　　　　　　　　　　　　　　　　　　　　171
　　　（1）保育所の全日の指導計画を
　　　　　作成するために………………171
　　　（2）ワーク②　保育所の全日の指導計画　171
　　　幼稚園　全日の指導計画の解答例…174
　　　保育園　全日の指導計画の解答例…176

参考文献………………………………………178
解答用記入用紙（切り取り用ミシン目入り）…183

※幼稚園教育要領等に関わる引用出典について、第2版より各省公表の原本表記から出版物表記に改めていますので、頁表記などに変更のある場合があります。

この本の使い方

教育課程論及び保育の計画と評価では、次の1〜3の内容を身につけることが目標とされています。
1. 保育内容の充実と質の向上に資する保育の計画と評価について理解する。
2. 教育課程の編成や全体的な計画と指導計画の作成について、その意義や具体的な方法について理解する。
3. 子どもの理解に基づいて、計画、実践、省察・評価、改善の過程についてその全体構造を動態的に捉え、理解する。

(文部科学省・厚生労働省標準シラバスより筆者作成)

上記の目標を実現するために、この書籍では、次のように各所に工夫をして構成しています。

【本文について】

❶章扉では、その章で学ぶべき内容の概説を示しています。また、ワークの章については取り組み方を示しています。まずはこちらを読んで、学ぶべき単元の内容、ワークの取り組み方を把握して読み進めましょう。

❷節ごとに、タイトルの下にその節で身につけてほしい力を示した「ねらい」を附記しています。その節のポイントを頭に置いて読み進めましょう。

❸本文の特に大切なポイントについて、下線を附記しています。前後の文脈も合わせてしっかり内容を理解しましょう。また、専門用語や重要な事柄を脚注で解説しています。用語や事柄の示す正しい内容を捉え、保育の理解を深めましょう。

❹学習する内容は常に関連しあっています。そのため、各所に振り返り頁（⤴p○）を附記しています。何度も行きつ戻りつしながら、理解を深めましょう。

❺本文下部にはメモ欄を設けています。授業のポイントや気になった点、わからなかった用語や内容について調べ、気づいたこと等を書き込むなどして、有効に活用しましょう。

【ワークについて】

❶3、4章末には、保育の基礎的な内容についてのワークを掲載しています。答えは、章の中に示されていますので、迷った時や書き終えたあとには本文を振り返りましょう。

❷6、7章は、指導計画の作成のために必要な、子どもの姿やねらい、内容を記述する力を身につけるためのワークです。年齢ごとに示された資料をしっかりと読んで、巻末の指導計画記入用紙を用いて作成してみましょう。章末には解答例を示しています。

❸やってみよう1は部分の指導計画、やってみよう2は全日の指導計画を作成する力をつけるためのワークです。学習してきたことを思い出しながら、提示された資料の内容をしっかりと把握して作成してみましょう。章末には解答例を示していますので、書き終えたら自分の作成した内容と比べてみましょう。

❹巻末には指導計画作成のための切り取り式の記入用紙を用意しています。こちらはコピーして使用してもよいので、必要な数を事前に準備しましょう。

この書籍を有効に活用して学ぶことで、みなさん自身で指導計画を立て、実践し、振り返り、評価していきましょう。そして、より質の高い保育を実現することができる力を身につけてください。

第1章
保育の基本について

　みなさんは、"保育"という言葉からどのような場面を連想しますか。
　幼稚園や保育所で子どもたちと保育者が遊んでいる様子を思い浮かべた人がいることでしょう。幼稚園や保育所での遊びは、何げない遊びのように見える場面でも、ただ子どもたちを自由に遊ばせているわけではありません。保育者は、子どもたちの育ちにどのような経験や環境が必要なのかということを視野に入れながら、先の展開を予測し、子どもたちの遊びを見守っています。
　このテキストは全章を読み進めることによって教育課程・全体的な計画の考え方を学び、資料を参照しながら、みなさん自身が指導計画を書けるようになることをめざしています。1章では、まず、保育とは何かということ、そして保育において重視されている事柄や考え方について学んでいきます。この章で学ぶ「保育」の特徴が、指導計画を立案する際の重要な視点となります。

1 保育とは何か

ねらい 幼稚園や保育所等における「保育」と小学校における「教育」の違いを理解しよう。

(1) 保育の一場面をのぞいてみよう

　下の写真を見てください。「やったー、跳べた、跳べた！」先生のそんな声が聞こえてきませんか。みなさんはなわとびが跳べるようになった頃のことを覚えていますか。今ではなわとびをすることに特に困難を感じず、楽々とこなしている人が多いでしょう。しかし、なわとびが跳べるようになるためには、両手でバランス良く後ろから前になわを回すこと、前に来たなわを瞬時に跳ぶこと、この動作をリズミカルに繰り返すことと、一瞬のうちに何種類もの動きや判断を必要とするのです。一人で跳べるようになるまでには、何日も何日も練習が必要だったのではないでしょうか。

　5歳児のミユウは、なわとびが跳べませんでした。まわりの友達が次々と跳べるようになっていく中、なんとなくなわとびから遠ざかっていました。保育者は時折「なわとびしない？」と誘ってはみるものの、ミユウの気持ちがなわとびに向くまで遠くから見守っていました。

　ある日、なわとびカードが配られました。なわとびが跳べた回数だけシールを貼っていきます。ミユウはなわとびカードにシールを貼ってもらいたくて、毎日少しずつなわとびの練習を始めました。なわとびの練習を始めたミユウに保育者はアドバイスをします。「両手でくるっと回して、そうそう、なわが来たらピョンと跳ぶんだよ」何回か練習しているうちに、2回連続で跳ぶことができました。「やったー、跳べた跳べた！」保育者が喜ぶ姿を見て、ミユウも思わず笑顔になりました。

【図1-①】　なわとびが跳べたよ

　保育では、このように子どもたちが自分から「やりたい」と思う気持ちを大切にしています。そして、子どものやりたいと思う気持ちを喚起するために保育環境を考えます。もちろん、この環境には子どもたちを見守る保育者も含まれています。

(2) 保育という言葉とその営み

　保育という語の語源は、大人が乳幼児を保護し育てるということにあります。家庭で家族が子育てをする場合においても、家庭外の幼稚園や保育所などの学校や施設で保育者が子育てをする場合にお

memo

第1章　保育の基本について

いても、子どもを保護し、育てる場合は"保育をする"ということができます。しかし一般的には、家庭において家族が子育てをする場合には"育児"であり、学校や施設などで家族以外の者が子育てにあたる場合には"保育"として捉えられています。このテキストで取り上げる「保育」とは、主に幼稚園や保育所、認定こども園（⇒p32〜p36）などの学校や施設において、<u>専門性を有する保育者が子どもたちとともに展開する営みのこと</u>として捉えていきます。

「保育」とは幼稚園や保育所、認定こども園などで保育者と子どもが展開する営みとしましたが、そこではどのようなことがめざされているのでしょうか。幼稚園は**学校教育法**[1]に定められた学校（図1-②）の一つです。学校教育法第3章第22条では『幼稚園は、義務教育及びその後の教育の基礎を培うものとして、幼児を保育し、幼児の健やかな成長のために適当な環境を与えて、その心身の発達を助長することを目的とする。』と定めています。同じく学校教育法第4章第29条では『小学校は、心身の発達に応じて、義務教育として行われる普通教育のうち基礎的なものを施すことを目的とする。』と定めています。このように幼稚園も小学校も生涯にわたる**生きる力**[2]を育むことを目的とした学校ですが、その方法には違いがあります。幼稚園の保育でめざされていることは子どもの発達を助けることに対して、小学校では教育を施すことが目的とされています。保育では子どもが自ら育つ力に主眼が置かれているといえるでしょう。これは保育を考えるにあたり、とても大切な視点です。

学校教育法に定められている学校	児童福祉法[3]に定められている児童福祉施設
幼稚園・小学校・中学校・義務教育学校・高等学校・中等教育学校・特別支援学校・大学・高等専門学校	助産施設・乳児院・母子生活支援施設・保育所・幼保連携型認定こども園・児童厚生施設・児童養護施設・障害児入所施設・児童発達支援センター・児童心理治療施設・児童自立支援施設・児童家庭支援センター

【図1-②】　法律に定められた「学校」と「児童福祉施設」一覧

では、保育所では保育をどのように捉えているのでしょうか。保育所とは『保育を必要とする子どもの保育を行い、その健全な心身の発達を図ることを目的とする児童福祉施設（図1-②）〔保育所保育指針第1章1（1）ア〕』です。そして、そこでの保育の目標は『子どもが現在を最も良く生き、望ましい未来をつくり出す力の基礎を培う〔保育所保育指針第1章1（2）ア〕』ことです。保育所は、両親の就労等の理由で家族による育児に欠ける場合に、それを補うだけの施設ではありません。子どもが充実した現在を送ることができること、そこでの生活を通して子ども自身が人生を切り拓いていく力を身につけていくことがめざされています。また"培う"という語句に表れているように、子どもたちの育ちを大人が下から支えるという意味合いが含まれているのです。

このように保育所や幼稚園での「保育」という営みは、<u>子どもが育つ力に主眼を置き、子どもの主体性を大切にしながら、大人が子どもの育ちを支えていくことである</u>といってよいでしょう。

★1　学校教育法…学校教育法に定められた各学校について目的、教育目標、修業年限、入学資格、教科などの具体的な施策について規定した法律のこと。
★2　生きる力…1996年の中央教育審議会答申の中で教育改革のスローガンとされた。具体的には「自分で課題を見つけ、自ら考え主体的に判断し、行動し、よりよく問題を解決する資質や能力」のこと。
★3　児童福祉法…児童福祉機関の組織や業務、児童福祉施設に関すること等が規定された児童についての総合的法律のこと。

2 保育で重視していること

ねらい 保育において重視している事柄とその考え方について理解を深めよう。

(1)「環境を通した保育」の「環境」とは

　環境とは、人間または生物を取り巻き、それと相互作用を及ぼし合うものとして見た外界とされています。環境を用いた語句として自然環境や社会環境といった言葉はよく聞いたことがあると思います。幼稚園や保育所における「環境」とは、子どもを取り巻く外的なものの総体であり、保育においてはこの「環境」が重視されています。この「環境」とは具体的にどのようなものであり、日々の保育とどのように結びついているのでしょうか。幼稚園教育要領や保育所保育指針を基にしながら理解を深めていきましょう。

　幼稚園教育要領[4]では、第1章総則における幼稚園教育の基本として次のように定めています。

> 　幼児期の教育は、生涯にわたる人格形成の基礎を培う重要なものであり、幼稚園教育は、学校教育法に規定する目的及び目標を達成するため、幼児期の特性を踏まえ、環境を通して行うものであることを基本とする。〔幼稚園教育要領第1章総則第1〕

　また、**保育所保育指針**[5]第1章総則1(1) 保育所の役割イでは、次のように示しています。

> 　保育所は、その目的を達成するために、保育に関する専門性を有する職員が、家庭との緊密な連携の下に、子どもの状況や発達過程を踏まえ、保育所における環境を通して、養護及び教育を一体的に行うことを特性としている。〔保育所保育指針第一章総則1(1)イ〕

　これらから、保育は「環境」を通して行われるものであることが基本とされていることがわかります。

　では、この保育で重視されている「環境」について考えていきましょう。1節では、保育において子どもの主体性を大切にするとしましたが、だからといって保育者は幼稚園や保育所という環境の中に子どもたちを置き、見守っていればよいというわけではありません。では、「環境」を通した保育とはどのようなものでしょうか。

　たとえば、子どもが言葉を話すようになったり文字が読めるようになったりする過程を考えてみましょう。子どもが言葉を話すようになるためには、子どものまわりに言葉を話す人がいて、子どもに語りかける環境があり、また覚えた言葉を話す相手がいるということが必要となります。子ども

★4　幼稚園教育要領…学校教育法に基づき、文部科学大臣より告示された幼稚園の保育内容に関する基準のこと。各幼稚園は教育課程の編成や指導計画の作成にあたって、これにしたがわなければならない。
★5　保育所保育指針…厚生労働大臣より告示された各保育所が規範とする最低基準。保育所の役割や保育内容について示されている。

第1章 保育の基本について

は日常生活の中で、言葉を話す人を見、その言葉を聞き、言葉を使ってみるという体験を通して、次第に言葉の意味するものや使用法を理解していきます。また、絵本を読んでもらったり、自分で絵本を見たりしながら言葉や文字に触れることで、自分や周囲の人が話している言葉が文字と対応していることに気づいていくのです。このように、環境は子どもにとって単に外側にあるものではなく、それと関わりながら子どもが成長・発達していくために重要な役割を果たしているのです。

【図1－③】 興味津々

保育所保育指針では、環境について次のように示しています。

> 保育の環境には、保育士等や子どもなどの人的環境、施設や遊具などの物的環境、更には自然や社会の事象などがある。保育所は、こうした人、物、場などの環境が相互に関連し合い、子どもの生活が豊かなものとなるよう、次の事項に留意しつつ、計画的に環境を構成し、工夫して保育しなければならない。
> 〔保育所保育指針第1章1（4）〕

このように、幼稚園や保育所などの保育における「環境」とは、単に子どもたちのまわりにあるものではなく、保育者によって子どもを取り巻く人や物、空間、時間、さらにはそれらが醸し出す雰囲気までも含め有機的に関連し合うよう計画的に構成されたものです。また、それは大人が子どもによかれと思うものを一方的に与えたとしても、その環境に全く子どもが関わることがなければ意味がありません。子ども自らが主体的に、人やモノやコトに対話的に関わりながら思いや考えを深められるような経験を積んでいくことができるよう「環境」を構成していくことが必要となってくるのです。そのためには子どもの一人ひとりの状況や発達過程をしっかり捉えて、現在の興味や関心、今後の育ちの見通しなどを視野に入れ、「環境」を考えていかなければなりません。「子どもが関わることによって、○○のようになってほしい」という願いをもって「環境」を構成することが保育者の重要な役割となります。

テキストを通じて後に詳しく学んでいきますが、指導計画とは、環境の構成や保育者の援助について記載された保育における計画のことです。その指導計画を作成する時の留意事項として、幼稚園教育要領の第1章第4－2（2）イで次のように述べられています。

> 環境は、具体的なねらいを達成するために適切なものとなるように構成し、幼児が自らその環境に関わることにより様々な活動を展開しつつ必要な体験を得られるようにすること。その際、幼児の生活する姿や発想を大切にし、常にその環境が適切なものとな

memo

11

> るようにすること。　　　　　　　　　　　　〔幼稚園教育要領第1章第4-2（2）イ〕

　ここに示されているように、保育における「環境」は、保育の**ねらい**★6 を達成するために保育者によって計画的に構成されます。そして、それは子どもの姿を読み取ることを通して常に再構成され、一定ではないという特徴をもっています。例として、環境の一部として遊びに使うモノを準備することについて考えてみます。たとえば、複数の子どもが同じ役になって楽しむ2～3歳児のクラスのままごとコーナーには、エプロンや調理道具が複数個あった方がよいかもしれま

【図1-④】　私たち、お母さん

せん。お母さん役、子ども役、お父さん役など役に分かれて遊ぶようになる4～5歳のままごとコーナーでは、同じモノが複数個必要なのではなく、それぞれの役に合ったモノが必要となったり、作って見立てることに必要な素材を準備したりすることが重要になってきます。このように「環境」を計画的に構成していくことが、環境を通した保育における保育者の指導性であるといえるでしょう。

（2）ふさわしい生活の展開と保育の連続性

　続いて、保育における日々の生活について考えていきます。幼稚園教育要領では、教育環境を創造する際に重視する事項として以下のことを示しています。

> 　幼児は安定した情緒の下で自己を十分に発揮することにより発達に必要な体験を得ていくものであることを考慮して、幼児の主体的な活動を促し、幼児期にふさわしい生活が展開されるようにすること。　　　　　　　　　　　　〔幼稚園教育要領第1章第1-1〕

保育所保育指針では、保育所保育の目的を以下としています。

> 　保育を必要とする子どもの保育を行い、その健全な心身の発達を図ることを目的とする児童福祉施設であり、入所する子どもの最善の利益を考慮し、その福祉を積極的に増進することに最もふさわしい生活の場でなければならない。〔保育所保育指針第1章1（1）ア〕

　このように幼稚園や保育所などの保育において生活が強調されていることについて考えてみましょう。幼児期の教育は「生涯にわたる人格形成の基礎を培う重要なもの」と位置付けられています。そし

★6　ねらい…ねらいとは、園生活全体を通して子どもに育つことが期待される資質・能力のこと。幼稚園教育要領では5つの領域ごとに示されている。また、保育所保育指針では養護（子どもの生命の保持及び情緒の安定を図るために保育士等が行う援助や関わり）と教育との両面から示されている。

第1章 保育の基本について

て、子どもたちの周囲にある環境と直接関わりながら体験する学び、つまり日々の生活の中での学びを最も重視しています。小学校以上の教育では、学校生活の大半を占める授業によって学ぶ内容や時間が細分化されています。近年、体験活動の充実がいわれるようになってきていますが、主に教科書を使用した教師による授業を通して学ぶというところが保育と異なるといえるでしょう。

では、乳幼児期の子どもの学びを豊かにする「ふさわしい生活」が展開されるためにはどのような条件が必要となってくるでしょうか。まずは、生活を共にする友達の存在が大きな役割を果たします。友達と共に活動することの楽しさや葛藤を経験し、協同性や規範意識が芽生えていきます。そしてそこには子ども一人ひとりを理解し、適切な援助をしてくれる保育者がいます。また、子どもの体験を豊かにするために必要なモノ、空間、時間等の環境が整っていることも重要となるでしょう。このような条件がそろうことで、子どもたちは園においてふさわしい生活を営むことができるのです。

さらに、暮らしていくこと、つまり「生活」というキーワードから保育の特徴について考えてみたいと思います。暮らしにはこれまでの生活があり、過去に基づく現在があり、そして現在に続く未来があります。幼稚園や保育所などにおける子どもの生活も全く同様です。寝たきりだった子どもが寝返りをうち、ハイハイをして、やがて伝い歩きから2本足で歩くようになるという連続した変化があるように、昨日の遊びを基に今日の遊びがあって、それが明日の遊びへとつながっていきます。たとえば、昨日始

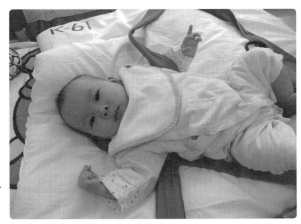

【図1−⑤】 寝返りまでもう少し

めた泥団子作りが楽しかったならば、子どもは今日も泥団子作りをしようと思います。水を加えて硬い泥団子にしようと工夫し、さらに白砂をかけて磨き、ピカピカにしていきます。明日にはもっとピカピカの泥団子を作りたいと思うのです。1日の保育は種々の活動を組み合わせて構成されているかもしれませんが、それぞれの活動が昨日からの連続であり、明日へとつながっていく連続的な営みです。このように、保育における子どもの生活が過去を経験しての現在、現在を発展させた未来へと連続的に展開されるからこそ、園の教育課程や全体的な計画、そしてそれに基づいた指導計画を立てることが必要となるのです。

memo

(3) 遊びを通しての指導

幼稚園教育要領では、幼稚園教育の基本として以下のように示しています。

> 幼児の自発的な活動としての遊びは、心身の調和のとれた発達の基礎を培う重要な学習であることを考慮して、遊びを通しての指導を中心として第2章に示すねらいが総合的に達成されるようにすること。
> 〔幼稚園教育要領第1章第1－2〕

子どもの遊びの様子から、「心身の調和のとれた発達の基礎を培う重要な学習」ということについて考えてみましょう。たとえば砂遊びを思い浮かべてみてください。砂遊びは個人や少人数で山を作ったり型抜きをしたりするものから、大人数で大きな山やダムを作るものへとよりダイナミックな遊びへと変化していくことがあります。遊びの中で子どもたちはどのような体験をしているのでしょうか。

砂を固めたり、イメージしたものを作ったり、最後には作ったものを壊したりしながら砂の特性を知っていきます。大きなスコップを使って砂を掘るためには、筋力や体の動かし方にコツが必要となります。また砂場に作った大きなダムに水を溜めるには、身近にある道具を使って効率よく水を運ばなければなりません。水を溜めるためには友達と協力し合うことが必要となるでしょう。このように砂遊びという体験を通して、たくさんの力を身に付けているといえるでしょう。

遊びを通しての指導を中心とする理由は二つあります。一つ目に、遊びとは子ども自らが「やりたい」と思って取り組む活動だからです。前項において、幼稚園教育要領に『幼児の主体的な活動を促し、幼児期にふさわしい生活が展開されるようにすること。』と示されているとしましたが、幼児の主体的な活動の多くを占めるのは「遊び」です。幼稚園や保育所で昨日も今日も同じ場所で同じ遊びが展開されるのは、充実感をもって遊びを楽しんでいるからであり、また遊びたいと思うからなのです。人から

【図1－⑥】 大きなダムを作ろう

「○○しなさい」と強制された活動だったら、子どもたちが自ら意欲をもって何日間も続けて取り組むことは難しいでしょう。二つ目に遊びは子どもの様々な側面の発達を促す活動であるという特徴をもっています。遊びとは、砂遊びの例で見てきたように総合的な活動であり、生きる力の基礎を培う重要な学習の機会を提供するのです。しかし、子どもたちは時間や場所があれば自ら「やりたい」と思って遊びに取り組むわけではありません。ダム作りに必要な大きめのスコップを準備したり、水汲

memo

第1章　保育の基本について

みに適当なバケツを準備したりと、子どもたちの遊びを誘発するような保育者の計画的な環境構成が重要な意味をもってくるのです。

column 「内緒の泥団子」

　いつもバスで通園しているユイ（4歳児）が、「今日は見せたいものがあるから、お母さんも一緒に幼稚園まで来てほしい」と言いました。2人でいつもより早めに登園すると、ユイは砂場に駆けていき、砂場の道具入れの下のすきまから、大事そうに泥団子を取り出しました。
　「壊されないように隠しておいたんだ。ほら」と差し出された泥団子は、顔が映るくらいピカピカに磨かれていました。「あれはミキちゃんとカオリちゃんが作ったんだよ」と道具入れの下

【まず、どだい作り】

【白砂をかけて】

をのぞき込みながら教えてくれました。お母さんは、ピカピカ光る泥団子に「こんなにピカピカの泥団子作れるなんて、みんな本当にすごいね」と感心し、ほかの園児が登園する前に、ユイとこっそり道具入れのすきまに泥団子を戻し、帰宅しました。

～事例の読み取り～

　みなさんはユイの様子を見てどのように思いましたか？
　ユイはピカピカに磨いた泥団子を保育者に褒められ、ぜひお母さんにも見せたいと思ったのでしょう。ただし、ピカピカの泥団子は持ち帰る途中で壊れてしまうかもしれません。そこで思いついたのが、お母さんに幼稚園まで泥団子を見に来てもらうことだったのです。そんなユイの気持ちを察して、幼稚園まで来てくれたお母さんは素敵ですよね。
　子どもは集中すると大人には想像がつかないほどの力を発揮します。この事例でも、顔が映り込むほどの泥団子を作るためには、何度も失敗を繰り返し、長い時間が必要だったに違いありません。そんな努力を認めてくれる保育者や保護者の存在が子どもの育ちを支えているのです。

3 子どもの育ちと保育

ねらい　保育では子どもの育ちをどのように考えているのか理解を深めよう。

（1）育みたい資質・能力及び「幼児期の終わりまでに育ってほしい姿」

　幼稚園教育要領、保育所保育指針、幼保連携型認定こども園教育・保育要領では、小学校とのより円滑な接続を意識し、幼児期に育みたい資質・能力として「知識及び技能の基礎」「思考力、判断力、表現力等の基礎」「学びに向かう力、人間性等」の3つの柱が示されています。この資質・能力は遊びや生活の中で、子どもが人やモノやコトに主体的・対話的に関わることによって育まれていきます。そして、主体的・対話的な経験を重ねながら小学校就学前に前述した資質・能力が育まれている幼児の具体的な姿として、次の10の「幼児期の終わりまでに育ってほしい姿」を挙げています。

　この10の姿は、幼児が小学校の就学までに到達すべき目標としての幼児の姿ではありません。また、10の姿のうちの一つを教科のように取り出して、個別に指導しようとするものでもありません。幼児教育では、この10の姿を<u>子どもの自発的な活動である遊びを中心として総合的に育まれていくものとして捉えています</u>。

（2）ねらい及び内容

　子どもは園生活における遊びを中心とした様々な体験を通して育っていきます。前項で挙げた幼児教育において育みたい資質・能力を幼児の生活する姿から捉え、幼児教育が何を意図して行われているかを明確にしたものがねらいとなります。内容とはねらいを達成するために保育者が具体的に指導する事項のことです。このねらいと内容を子どもの発達の面から捉えまとめたものを領域といい、領

memo

域には5つあります。

> **5領域**
>
> 　幼稚園教育要領では、幼児に育つことが期待される資質・能力などを「ねらい」とし、それを達成するために教師が指導し、幼児が身につけていくことが望まれるものを「内容」としています。この「ねらい」と「内容」を幼児の発達の側面からまとめて5領域を編成しています。5つの領域の概要は以下のようになっています。
>
> **心身の健康に関する領域　「健康」**
> 　健康な心と体を育て、自ら健康で安全な生活をつくり出す力を養う。
> **人との関わりに関する領域　「人間関係」**
> 　他の人々と親しみ、支え合って生活するために、自立心を育て、人と関わる力を養う。
> **身近な環境との関わりに関する領域　「環境」**
> 　周囲の様々な環境に好奇心や探究心をもって関わり、それらを生活に取り入れていこうとする力を養う。
> **言葉の獲得に関する領域　「言葉」**
> 　経験したことや考えたことなどを自分なりの言葉で表現し、相手の話す言葉を聞こうとする意欲や態度を育て、言葉に対する感覚や言葉で表現する力を養う。
> **感性と表現に関する領域　「表現」**
> 　感じたことや考えたことを自分なりに表現することを通して、豊かな感性や表現する力を養い、創造性を豊かにする。

【図1-⑦】　5領域の概要

　「幼児期の終わりまでに育ってほしい姿」は、保育施設の種類によって異なるものではありません。そのため、3歳以上についての各領域におけるねらい及び内容そして指導を行うにあたっての留意すべき事項としての内容の取扱いは、幼稚園教育要領、保育所保育指針、幼保連携型認定こども園教育・保育要領とも共通のものとなっています。この学びが小学校教育へと連続性を保ちながらゆるやかに移行していきます。
　子どもの発達の様子を3歳未満の子どもの姿から考えてみます。特に乳児期の子どもは心身の諸機能が未熟であるため子どもの発達を上記のような5つの側面から捉えることができません。そこで乳児保育に関わるねらい及び内容はより広い視点から「健やかにのびのびと育つ」「身近な人と気持ちが通じ合う」「身近なものと関わり感性が育つ」という3つで示されています。また、1歳以上、3歳未満の子どもの保育に関しては、乳児保育における3つの視点から3歳以上の5つの領域へ連続する過

memo

程として、ねらい及び内容が示されています。この乳児保育に関わるねらい及び内容と１歳以上、３歳未満児の保育に関するねらい及び内容は、保育の対象が重なることから保育所保育指針と幼保連携型認定こども園教育・保育要領で共通となっています。

（3）保育における遊び

　子どもたちの姿から、保育における遊びと領域及び幼児期の終わりまでに育ってほしい姿との関連について考えてみましょう。前節の砂遊びの例で考えていきます。
　イメージしたものを作る中で（領域表現）、砂と関わりながら砂の特性を発見したり、その特性を活かしたりして（領域環境）作ることを楽しみます。また、大きなダムを作ろうとする時には、自分の考えたことを友達に伝え（領域言葉）、協力して作業をすることを通して一緒に体を動かしたり活動することの楽しさを味わいます（領域健康・人間関係）。このように子どもの遊びは領域のねらいを総合的に含んでいる活動です。つまり、「ねらいが総合的に達成される」というのは、あるねらいを達成するために何かをするのではなく、遊びを中心とした活動を重ねることによってねらいが徐々に達成されていくということを意味しています。また、そのことによって「思考力の芽生え」や「協同性」、「言葉による伝え合い」といった資質や能力が育っていくのです。

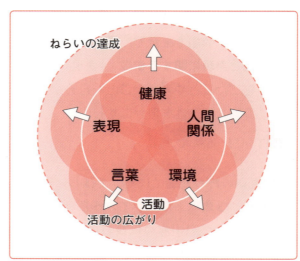

【図１－⑧】　遊びと領域との関連図

第2章
「教育課程」・「全体的な計画」と指導計画

　まずは、教育課程についてみなさんの身近なところから考えてみましょう。このテキストを読み進めている人のほとんどは、幼稚園教諭の免許や保育士の資格を取得することをめざしていることと思います。そのための方法として、保育者養成を行っている大学、短大、専門学校（以下養成校）で必要な科目を履修し、修了することが挙げられます。みなさんが養成校において免許や資格を取得するために、どのような教科をいつ履修して修了するのかなど、どのような道筋をたどって学習すればよいかを示したものが教育課程です。
　では、幼稚園における教育課程や保育所、幼保連携型認定こども園における全体的な計画とはどのようなものなのでしょうか。また、教育課程・全体的な計画と指導計画はどのような関係にあるのでしょうか。それらの考え方について2章で学習していきましょう。

1 「教育課程」・「全体的な計画」について理解しよう

ねらい 幼稚園の「教育課程」と保育所などの「全体的な計画」とは何か理解しよう。

　幼稚園教育要領では、第1章第3教育課程の役割と編成等で、幼稚園は幼稚園教育の目標の達成に向けて、『創意工夫を生かし、幼児の心身の発達と幼稚園及び地域の実態に即応した適切な教育課程を編成するもの』としています。保育所保育指針第1章3、保育の計画及び評価では、保育所は『各保育所の保育の方針や目標に基づき、子どもの発達過程を踏まえて、保育の内容が組織的・計画的に構成され、保育所の生活の全体を通して、総合的に展開されるよう、全体的な計画を作成しなければならない。』としています。前述のように、「教育課程」や「全体的な計画」は、幼稚園や保育所において編成あるいは作成しなければならないものとして規定されています。では、「教育課程」や「全体的な計画」とはどのようなものなのでしょうか。

　「教育課程」とは、幼稚園に幼児が入園してから修了までの園生活全期間の中で身につける経験内容の総体を示したものです。また「全体的な計画」とは、子どもの発達過程を踏まえながら、子どもの在籍期間中の保育が生活全体を通して、総合的に展開されるように作成された計画を示したものです。つまり「教育課程」や「全体的な計画」とは、園生活全体において子どもたちが育っていくおおまかな道筋を示したものであり、幼稚園や保育所での全生活を見通した最も大きな計画であるといえます。では、小学校の「教育課程」と幼稚園や保育所などにおける「教育課程」や「全体的な計画」にはどのような違いがあるのでしょうか。

　幼稚園教育要領や保育所保育指針等では、幼児教育を行う施設として共有すべき事項として3つの育みたい資質・能力が挙げられています。小学校学習指導要領[★1]においては、教育活動においてどのような資質・能力の育成を目指すかという3つの柱が挙げられています。これらの記述を並べてみると以下のようになります。

【幼児教育を行う施設】　　　　　　　【小学校】
知識及び技能の基礎　　　　➡　　知識及び技能が習得されるようにすること
思考力、判断力、表現力等の基礎　➡　思考力、判断力、表現力等を育成すること
学びに向かう力、人間性等　➡　　学びに向かう力、人間性等を涵養すること

　これらの記述から幼児から児童へと育ちが連続していること、そのため目指す方向性が同じであることが読みとれると思います。しかし、そこに到達するまで道筋の考え方には、施設の特徴が見られます。幼稚園や保育所などにおいては、これらの資質・能力が遊びを中心とした総合的な活動を通して育まれるものとして捉えているのに対し、小学校においては前述したように教科などの指導を中心として育成するというところが違いであるといえるでしょう。

★1　小学校学習指導要領…文部科学大臣によって告示された、小学校教育における教育課程の編成における基本方針や教育内容、学校のカリキュラム作成等の基準のこと。

第2章 「教育課程」・「全体的な計画」と指導計画

2 「教育課程」・「全体的な計画」の編成について

ねらい 新しく示された「教育課程」や「全体的な計画」の編成について理解しよう。

(1) 平成29年の改訂・改定の内容

　平成29年に幼稚園教育要領、幼保連携型認定こども園教育・保育要領の改訂及び保育所保育指針が改定、告示されました。変更点としては、すべてに幼児教育を行う施設として共有すべき事項として3つの育みたい資質・能力と幼児期の終わりまでに育ってほしい姿が示されたこと、保育所保育指針の乳児に関する記述の充実等などが挙げられますが、ここでは「教育課程」や「全体的な計画」に関する点について見ていきたいと思います。

①幼稚園教育要領における改訂

　教育課程は、幼稚園における一番大きな計画です。この教育課程は、園長の方針の下、全教職員が協力し、編成をすることを基本としていますが、一度編成をしたらそのまま保育を実施していけばよいということではありません。実際に教育課程に基づく保育を実践し、それを評価して改善をしていくことで、日々の保育をよりよいものへと向上させていくことが大切となってきます。幼稚園として組織的にそして計画的に教育課程の実施状況の評価や改善を通して保育の質の向上を図っていくことをカリキュラム・マネジメントといい、その重要性が示されました。また、教育課程は、「基本的な方針が家庭や地域とも共有されるよう努めるものとする」とされているように、そこに示されている考え方や方針が園の教職員だけでなく家庭や地域の人々にもわかりやすい社会に開かれた教育課程であること、その後の小学校教育と円滑に接続できることなどが求められています。

②保育所保育指針における改定

　保育所保育指針の改定に係る保育の計画に関する変更点は、まず「保育の計画及び評価」の節が第1章の総則に含まれたことが挙げられます。第1章の総則は他の「1保育所保育に関する基本原則」「2養護に関する基本的事項」「4幼児教育を行う施設として共有すべき事項」を含む4つの節で構成されています。保育所保育において、他の項目と同様に保育の計画及び評価の重要性が示されたといえます。

　また、保育所保育に係る一番大きな計画の名称が変更されました。「保育課程」から「全体的な計画」となり、幼保連携型認定こども園教育・保育要領における「全体的な計画」と構成において整合性が図られました。この改定において新たに加えられた乳児の保育におけるねらい及び内容、1歳以

memo

上3歳未満児の保育に関するねらい及び内容は保育所と認定こども園で共通であり、幼児期に育みたい資質・能力や3歳児以上のねらい及び内容は、幼稚園、保育所、認定こども園の3つの施設においてすべて共通となっています。今回の改定を通して、3つの施設の形態は異なりますが小学校入学までの乳幼児期の教育を担う施設として共通の機能をもつことがより明確になったといえるでしょう。

③幼保連携型認定こども園教育・保育要領の改訂

　認定こども園における一番大きな計画は「全体的な計画」となります。この全体的な計画は認定こども園という施設の特徴から、教育と保育及び子育て支援等に関する計画となります。実施にあたっては、保育教諭等職員が役割を分担し、相互に連携をとっていくことが必要となります。また、教育課程と同様に、組織的・計画的に全体的な計画の実施状況の評価や改善を図っていくことが示されました。

（2）保育における「教育課程」・「全体的な計画」の考え方

①「教育課程」・「全体的な計画」の編成における留意点

　「教育課程」・「全体的な計画」は幼稚園や保育所において編成しなければならないものとして規定されていると前頁で述べましたが、それらを編成する際にどのようなことに留意すればよいでしょうか。小川（2000）は教育課程の英訳curriculumの語源について触れ、『「curriculum」とは「教育する側である大人が子どもの立場に成り代わって、子どもが経験するであろう内容や過程を判断して、教師の願いに基づいて望ましい内容・過程（あるべき内容と配列）を考えたもの』であるとしています。大人が子どもの立場になるためには、子どもを十分に理解することが必要です。大人が望ましいと考える園生活のおおまかな道筋を考える以前に、「大人が子どもの立場に成り代わって」という子どもの実態の把握が前提としてあることは、とても重要な視点であるので覚えておきましょう。

　では、具体的に「教育課程」・「全体的な計画」の編成における留意点について見ていきたいと思います。それらはこれまで述べてきたように子どもの在籍期間を通した全体の計画ですから、園長や施設長の責任のもとに全職員が協力をして編成をします。まずは「教育課程」の編成の際の留意事項について【図2−①】の（ア）〜（エ）を見ていきましょう。これは幼稚園だけでなく保育所や認定こども園においても重要な視点となってきま

> （ア）幼児の心身の発達
> （イ）幼稚園の実態
> （ウ）地域の実態
> （エ）創意工夫を生かすこと
> 〔『幼稚園教育要領解説』より抜粋〕★2

【図2−①】 教育課程編成の留意事項

★2　文部科学省『幼稚園教育要領解説』フレーベル館、平成30年（2018年）、p76

第2章 「教育課程」・「全体的な計画」と指導計画

す。

（ア）幼児の心身の発達について見てみましょう。乳幼児期は、心身ともに著しく発達していきます。保育所について考えてみた時、6か月で入所してきた子どもは、まだ自らの意思どおりに一人で移動することもできませんし、食事や排泄などの生命の維持に必要な活動も大人の手を借りることなしにはできません。一方、卒園間近の5歳児になれば、着替えや食事、排泄など基本的なことは一人でできるようになります。自ら目的をもって行動できるようになりますし、言語をはじめとしたコミュニケーション能力も発達しますので、友達と協力しながら活動を行うこともできるようになります。このように子どもは幼稚園や保育所に在籍する数年間のうちに、人間として社会生活を営む上での基本的なことを身につけていくのです。幼児期は著しい発達を遂げると同時に、**教育基本法**★3第1章第11条にも示されているように、生涯にわたる人格形成の基礎を培う重要な時期であるからこそ、子どもの発達の特性をしっかりと理解した上で、長期的な視野をもって見通しを立てるということは、とても重要となります。

次に（イ）の園の実態に関して考えてみます。園によって在籍園児数や教職員の人数といった人的環境は異なります。3、4、5歳児がそれぞれ3クラスずつあるような大規模な園と、全園児が30名程度の小規模な園とでは保育内容が異なってくるでしょう。また、園舎の設備や園庭の広さ、そこに備わっている遊具などの物的環境の条件も異なります。「環境を通した保育」（→p10〜12）が保育の基本的な考え方ですので、園の資源をどのように保育に生かすかは園によって異なってくるのです。現状を分析し、園にある環境資源をどのように生かしていくかということを教育課程に反映させていくことが必要となってきます。また、近年標準的な教育時間に加え預かり保育を実施する園が増えています。こうした預かり保育も教育課程との関連から一日の幼稚園生活として捉える視点が必要となります。そのため、幼稚園では教育課程を中心としながら教育課程に係る教育時間終了後等に行う教育活動の計画、学校保健計画、学校安全計画などを関連させた全体的な計画を作成することとなっています。

（ウ）の地域の実態も（イ）と同様に各園によって異なります。都市部に位置するのか、自然環境が豊かな地域に位置するのか、豪雪地帯なのかなどによるその地域の生活条件や環境によって保育の内容は異なってくるでしょう。地域の特徴を考慮すること、また、地域の資源の活用なども視野に入れて創意工夫して教育課程を編成していくことが大切になります。

保育所や認定こども園においては、施設の特徴から4点のことに加えて養護と教育の一体化について留意することが必要となるでしょう。たとえば保育所保育指針においては、保育のねらい及び内容について（1）養護に関わるねらい及び内容と（2）教育に関わるねらい及び内容が示されています。「養護」とは、子どもの生命の保持及び情緒の安定を図るために保育士等が行う援助や関わりのことをいいます。しかし、実際の保育においては、養護的な側面と教育的な側面とを区別することが難しい場面の方が多くあります。たとえば、手づかみで楽しそうに食事をしている子どもがいたとし

★3　教育基本法…日本国憲法にのっとり、日本の教育に関する教育制度や政策の基本理念を示した法律のこと。

ます。楽しそうに食べているのだからという理由でいつまでも手づかみで食事をさせるわけにはいきません。途中で子どもが苦労したとしても、日本の文化にならい、最終的には箸で食事をとることがめざされていくでしょう。このように保育において、ここまでが養護、これは教育と区別することが難しい場面は多々あります。どちらかに偏るということではなく、バランスよく両方の側面について配慮しながら全体的な計画を編成する必要があります。

【図2-②】 みんなで「いただきます」

②「教育課程」・「全体的な計画」の編成の手順

　ここまで見てきたように、「教育課程」・「全体的な計画」は幼稚園・保育所全体の計画のため、今までの実習などの体験ではあまり目にしたことがないかもしれません。しかし、これらは幼稚園や保育所で保育者として働く場合、日々の保育を組み立てる際の基になる計画であり、どのような手順で編成されているのかを知っておくことは大切です。具体的な作成手順については、図2-③を見てください。

memo

> ①編成に必要な基礎的事項についての理解を図る。
> - 関係法令、幼稚園教育要領、幼稚園教育要領解説などの内容について共通理解を図る。
> - 自我の発達の基礎が形成される幼児期の発達、幼児期から児童期への発達についての共通理解を図る。
> - 幼稚園や地域の実態、幼児の発達の実情などを把握する。
> - 社会の要請や保護者の願いなどを把握する。
>
> ②各幼稚園の教育目標に関する共通理解を図る。
> - 現在の教育が果たさなければならない課題や期待する幼児像などを明確にして教育目標についての理解を深める。
>
> ③幼児の発達の過程を見通す。
> - 幼稚園生活の全体を通して、幼児がどのような発達をするのか、どの時期にどのような生活が展開されるのかなどの発達の節目を探り、長期的に発達を見通す。
> - 幼児の発達の過程に応じて教育目標がどのように達成されていくかについて、およその予測をする。
>
> ④具体的なねらいと内容を組織する。
> - 幼児の発達の各時期にふさわしい生活が展開されるように適切なねらいと内容を設定する。その際、幼児の生活経験や発達の過程などを考慮して、幼稚園生活全体を通して、幼稚園教育要領の第2章に示す事項が総合的に指導され、達成されるようにする。
>
> ⑤教育課程を実施した結果を評価し、次の編成に生かす。
> - 教育課程の改善の方法は、幼稚園の創意工夫によって具体的には異なるであろうが、一般的には次のような手順が考えられる。
>   ア．評価の資料を収集し、検討すること
>   イ．整理した問題点を検討し、原因と背景を明らかにすること
>   ウ．改善案をつくり、実施すること
>
> 文部科学省『幼稚園教育要領解説』フレーベル館、平成30年（2018年）、p82より抜粋

【図2−③】　教育課程の編成手順

　また、保育所保育指針の解説資料にも同様に全体的な計画の具体的な手順例が示されています。教育課程の手順とほぼ同様ですが、入所する時期や保育時間が子どもにより異なることなど、保育所保育の特徴から、④〜⑤の間に次頁の点が加えられています。

memo

> ○保育時間の長短、在籍期間の長短、その他子どもの発達や心身の状態及び家庭の状況に配慮して、それぞれにふさわしい生活の中で保育目標が達成されるようにする。

　「教育課程」や「全体的な計画」は幼稚園や保育所全体の計画ですから、入園した子どものおおよその道筋は決まっているといえます。しかし、いかに子どもの実態を把握した上で編成したとしても、それに基づいて保育をしていく中で、実際の子どもたちの姿とズレが生じてくることもあるでしょう。「教育課程」や「全体的な計画」は編成したらずっとそのままでいいということではありません。【図２－③】教育課程（全体的な計画）の編成手順の⑤にあるように、保育を実施した結果を評価し、そこでの反省点を吟味して、子どもたちの実態に即した、より適切なものに改めることが大切になります。

　【図２－④】のような手順を踏まえて、評価・改善を行っていくことが保育全体を充実させることへとつながっていくのです。この評価及び改善は、組織的に、そして計画的に行われなければなりません。

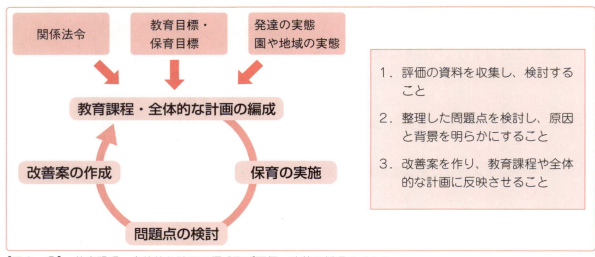

【図２－④】　教育課程・全体的な計画の編成及び評価・改善の循環サイクル

第2章 「教育課程」・「全体的な計画」と指導計画

3 「教育課程」・「全体的な計画」から「指導計画」へ

ねらい 指導計画について基本的な考え方を理解しよう。

（1）なぜ計画を立てるのか

　前節で取り上げた「教育課程」や「全体的な計画」は、園での生活全体を見通した大きな計画でした。子どもたちと関わりながら日々の保育を担っていく保育者にとって、この全体計画だけで保育を行っていくことは困難です。そこで、実際に保育を行うためのより具体的な計画が「指導計画」になります。保育は子どもの主体性を重視する営みですから、幼稚園や保育所という場を与えて子どもたちのやりたいように活動させ、見守っていればいいという考え方もあるかもしれません。しかし、子どものやりたいようにする活動の

【図2-⑤】 ダンゴ虫つかまえた！

中には、子どもの育ちにおいて望ましい行為とともに望ましくない行為も含まれていますし、もちろん基本的な生活習慣は身につけてほしいことの一つとなります。また、みなさんの通う養成校にも教育目標があるように、学校の一つである幼稚園や児童福祉施設の一つとしての保育所、そして両方の機能を併せもつ幼保連携型認定こども園は、当然子どもたちがこのように育ってほしいといった目標があります。その基準や指針は幼稚園教育要領や保育所保育指針に記されています。こうした保育の目標に向かって子どもたちをどのように保育していくかという具体的な見通し、つまり保育の計画を立てることはとても重要なこととなってくるのです。また、子どもは幼稚園や保育所に来れば誰もが必ず主体的に活動するというわけではありません。子どもの興味を喚起する計画的な環境があってこそ、主体的に活動に取り組んでいくようになるのです。

　では、目標達成のために保育者があらかじめ綿密な活動計画を立てればよいのでしょうか。答えはNOです。もちろん先ほど述べたように、子どもたちの育ってほしい側面やこうなってほしいというおおまかな道筋はあります。しかし、そこにたどり着く道筋は子どもによって様々です。なぜならば、保育において重視されているのはあらかじめ保育者によって準備された活動ではなく、子どもの主体的な活動であって、その活動体験を重ねながら次第に達成していくものと捉えているからです。たとえば、領域「環境」のねらいに『身近な環境に親しみ、自然と触れ合う中で様々な事象に興味や関心をもつ。』とあります。虫とりが好きなヨウスケくんは、捕まえたダンゴ虫をじっくり観察することで、足がたくさんあることや体が丸くなる時の動きについて知っていきます。サキちゃんは、みんな

memo

で埋めたひまわりの種に毎日水をあげることで、芽が出て、葉が伸び、花が咲くという過程を体験していきます。同じねらいを達成するために保育者がヨウスケくんやサキちゃんにする援助は、もちろん異なることがわかるでしょう。

子どもたちが興味・関心のある事柄を捉えてその活動に充実感がもてるようになる援助をすること、そうした活動体験を保育の目標に向けて重ねていけるようにすること、そのために保育の計画を立てることが必要となり、教育課程や全体的な計画と同様に下記のように規定されています。

【図2-⑥】 早く大きくなあれ

> 幼稚園教育は、幼児が自ら意欲をもって環境と関わることによりつくり出される具体的な活動を通して、その目標の達成を図るものである。
> 　幼稚園においてはこのことを踏まえ、幼児期にふさわしい生活が展開され、適切な指導が行われるよう、それぞれの幼稚園の教育課程に基づき、調和のとれた組織的、発展的な指導計画を作成し、幼児の活動に沿った柔軟な指導を行わなければならない。
> 〔幼稚園教育要領第1章第4-1〕
>
> 　保育所は、全体的な計画に基づき、具体的な保育が展開されるよう、子どもの生活や発達を見通した長期的な指導計画と、それに関連しながら、より具体的な子どもの日々の生活に即した短期的な指導計画を作成しなければならない。
> 〔保育所保育指針第1章3（2）ア〕

（2）「指導計画」とは何か

指導計画には、年間の指導計画、月の指導計画などの長期の指導計画と、週の指導計画（週案）、1日の指導計画（日案）などの短期の指導計画があります。そして長期的な指導計画から短期的な指導計画になるにつれ、より詳細な計画になっていきます。指導計画が幼稚園教育要領や保育所保育指針で作成しなければいけないものであるとして示されていることはすでに前述しましたが、ここではその作成における考え方について見ていきたいと思います。

指導計画は、教育課程や全体的な計画に基づいて、保育目標や保育方針を具体化する実践計画という位置付けです。しかしその作成は、教育課程等を実践用にそのまま詳しくすればいいというわけではありません。指導計画の作成にあたっては子どもの実態を把握し、理解することからスタートします。

たとえば、今、子どもたちが興味をもって遊んでいること、生活面において課題となっていることについてなど、子どもの現状に即した形でねらいや内容を計画の中に盛り込んでいきます。

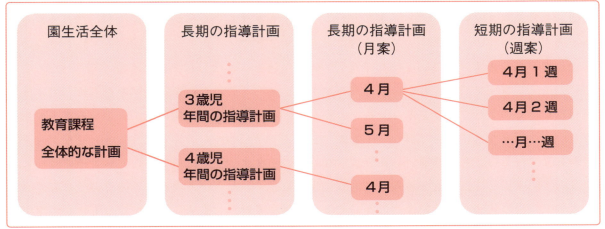

【図2-⑦】 教育課程・全体的な計画から短期の指導計画へ

では、なぜ計画であるのに先のことだけを考えて計画を立てるのではないのでしょうか。それはまず第一に、保育の基本において子どもの主体的な活動を重視しているからです。たとえば、子どもの表現力を豊かにするという大きな目標に対して、クレヨンで絵を描くことに夢中になっている子どもに、あらかじめ計画してあったことだからといって油粘土やそれに必要なヘラや型などを準備したとしても、興味を示すことは少ないでしょう。その時々の子

【図2-⑧】 じょうずにできたね

どもの興味・関心を無視していかに詳細な指導計画を立てたとしても、それがその時期の子どもの姿とズレていたとしたら、子どもたちが自ら「○○したい」と思うことは少ないでしょう。教育課程や全体的な計画に沿った指導計画であっても、その計画は「○○させる」ための計画となり、保育の本質とは離れていってしまうのです。

また、子どもたちの成長の速度はそれぞれ異なり、段階を追っていくものです。保育者に食事を食べさせてもらっていた乳児が、ある日突然、お箸を使って自分で食べられるようになるわけではありません。まずは自分で食べようとする、次にスプーンやフォークを使って食べるようになる…というように、子どもの状態によって次の課題が見えてくるのです。このように「教育課程」「全体的な計画」という全体の流れに沿いながら、<u>現在の子どもの状態を把握した上で、子どものより良い育ちを視野に入れて先の保育を組み立て、構想することが「指導計画」</u>を立案することだといえるでしょう。

(3)「指導計画」の作成

　長期の指導計画の作成について考えてみましょう。指導計画の作成にあたっては、子どもの実態を把握することからスタートするとしましたが、これは教育課程や全体的な計画において捉えた子どもの発達過程を園生活の流れに沿って具体的に捉え直すことです。たとえば【図2-⑦】の長期の指導計画に月案があります。そこには教育課程や全体的な計画によるおおまかな道筋に基づいた、この時期にこのように育ってほしいといったねらいがあります。そのねらいを達成するためにどのような環境を利用し、どのような活動を取り入れていくかは、年齢やその月に組み込まれている遠足や生活発表会といった行事などによって異なってきます。そこで子どもたちの姿と照らし合わせながら月ごとの計画を立てたものが月の指導計画＝月案になっていきます。まずは子どもの実態とその時期に育てたい方向を明確にして具体的なねらいと内容を設定します。ねらい、内容とその月の子どもの生活からモノや人、場、空間などを総合的に捉えて環境の構成を構想します。最後に子どもたちが環境に関わりながら行う活動を予測し、それに対して保育者が行う具体的な援助や配慮すべき点を構想します。

　子どもたちの生活をより短い期間で捉え具体的にしたものが、【図2-⑦】における短期の指導計画である週の指導計画＝週案や日の指導計画＝日案になります。これらの考え方は月の指導計画の作成と同様になります。指導計画の形式は園によって異なりますが、これまでの子どもたちの様子から今後予想される子どもの姿、子どもの活動を豊かにするための環境の構成、及びそこでの保育者の援助・配慮によって構成されていることが多いようです。週の指導計画は、月の指導計画よりも子どもたちの状況に合わせ具体的になっており、日々の保育実践と結びつきやすい計画といえるでしょう。このテキストにおいては、日案及びそれを場面に分け作成する部分指導案について5章で詳しく学んでいきます。

(4) 保育の実践と「指導計画」の反省・評価

　保育の現場では指導計画を作成したら、その計画に基づいて実際に保育を実践します。しかし、この指導計画はあくまで案なので、そこから全く違う保育を実践するならば計画を立てた意味がありませんが、その計画通りに実施しなければならないというものではありません。予想される子どもの姿から計画を立てるわけですから、実際の活動が保育者の予想を超えて展開することもあるでしょう。環境は常に一定ではありませんから、予想しなかったことが起こるかもしれません。このような場合、保育者が計画した通りにすべてを行わせようとするのではなく、子どもの主体性を大切にし、子どもの発想や偶然性などを生かし臨機応変に対応することが必要となってきます。

　保育の実践後は保育実践の反省及び評価を行い、次の指導計画の作成に反映させます。まずはそれまでの子どもの育ちや実態についての理解が適切であったかどうかを省察するとともに、より理解を

memo

深めていきます。子どもたちの実際の姿と照らし合わせた上で、計画におけるねらいや内容の設定が適切であったか、ねらいを達成する経験ができるような環境の構成となっていたか、子どもたちの発達につながるような具体的な援助ができていたかということを捉えていきます。次の計画を立案する時には、こうした反省点を生かし、改善を行っていくのです。

このように日々の計画の立案と実践は、教育課程や全体的な計画の大きな循環サイクルの中に位置する小さな循環サイクルを描いています。そして、この小さな循環がより大きな循環へ組み込まれていくのです。

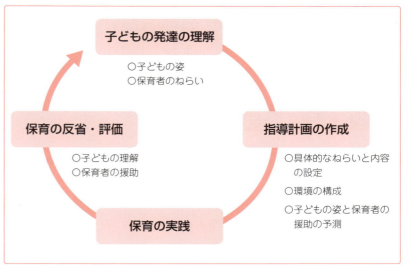

【図2-⑨】 指導計画と保育の実践の循環サイクル

（5）特別な配慮を必要とする子どもの指導計画

教育や保育の現場には、そこでの生活において特別な配慮を必要とする子どもがいます。平成23年に改正された障害者基本法の第16条においては、教育について以下のように記されています。

> 国及び地方公共団体は、障害者が、その年齢及び能力に応じ、かつ、その特性を踏まえた十分な教育が受けられるようにするため、可能な限り障害者である児童及び生徒が障害者でない児童及び生徒と共に教育を受けられるよう配慮しつつ、教育の内容及び方法の改善及び充実を図る等必要な施策を講じなければならない。

ここでいう障害者とは、身体障害、知的障害、ADHDや自閉症などの発達障害を含む精神障害、その他の心身の機能の障害がある者のことをいいます。近年ではインクルーシブ教育という考え方のもとに障害のある子どももそうでない子どもも同じ場で共に学ぶことが増えてきています。そうした場においては、個別の教育的あるいは生活面におけるニーズのある幼児や児童に対して、多様で柔軟な仕組みを整備することが重要となってきます。それぞれの子どもの状況は異なるため、ニーズも異なってくるでしょう。保育の現場においては個々の子どもに合わせ、他の関係機関と連携を視野に入れた個別の教育支援計画や、個別の指導計画を作成し実施していくことが大切となってくるでしょう。

4 認定こども園における全体的な計画

ねらい 認定こども園と認定こども園における計画のあり方について理解を深めよう。

（1）認定こども園とは

　認定こども園とは、0歳から就学前までのすべての子どもを対象として、教育と保育を一体的に提供し、園児の保護者の子育ての支援や地域における子育て家庭の支援を行うという機能をもった施設のことをいいます。保護者の就労等の有無やその形態を問わず、幼児教育や保育の提供をしてほしいという親の意見や、幼稚園と保育所の機能を一体化して効率的な施設運営をしたいというという施設のニーズを受け、2004年（平成16年）に「就学前の教育・保育を一体として捉えた一貫した総合施設」を制度化し、2006年（平成18年）に「就学前の子どもに関する教育、保育等の総合的な提供の推進に関する法律案」が成立し、同年、本格実施されることになりました。

　認定こども園には、都道府県等から受ける認定基準に応じて、「幼保連携型認定こども園」「幼稚園型認定こども園」「保育所型認定こども園」「地方裁量型認定こども園」の4つの類型があります。2015年（平成27年）には改正幼保連携型認定こども園制度が施行され、幼保連携型認定こども園は幼稚園と保育所を合体させたものという考え方ではなく、学校及び児童福祉施設としての法的位置づけをもつ単一の施設となりました。また、指導監督も一本化することで、2011年（平成23年）に全国で762園だった認定こども園は、2019年（平成31年）に7208園と10倍近くにまで数が増加しています。

①**幼保連携型**…幼稚園的機能と保育所的機能の両方の機能をあわせ持つ単一の施設として、認定こども園としての機能を果たすタイプ
②**幼稚園型**…認可幼稚園が、保育が必要な子どものための保育時間を確保するなど、保育所的な機能を備えて認定こども園としての機能を果たすタイプ
③**保育所型**…認可保育所が、保育が必要な子ども以外の子どもも受け入れるなど、幼稚園的な機能を備えることで認定こども園としての機能を果たすタイプ
④**地方裁量型**…幼稚園・保育所いずれの認可もない地域の教育・保育施設が、認定こども園として必要な機能を果たすタイプ

(内閣府子ども・子育て本部HP『認定こども園概要』より、https://www.8.cao.go.jp/shoushi/kodomoen/gaiyou.html 2019/10/7アクセス)
【図2-⑩】　認定こども園の類型

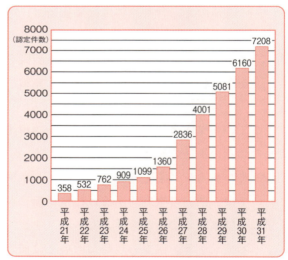

(内閣府子ども・子育て本部『認定こども園に関する状況について（平成31年4月1日現在)』より作成)
【図2-⑪】　認定こども園の認定件数の推移

第2章 「教育課程」・「全体的な計画」と指導計画

（2）幼保連携型認定こども園の特徴

　幼保連携型認定こども園は、教育と保育を一体的に提供する施設であるとしましたが、認定こども園を利用するためには保護者の状況による保育の必要性の認定が必要となり、認定区分により保育時間等が異なります【図2－⑫参照】。ある幼保連携型認定こども園における認定による保育期間の例【図2－⑬】と認定による保育時間【図2－⑭】、認定こども園で過ごす子どもたちの姿をもとにしながらその特徴について考えてみましょう。

対象児	保育時間
1号認定（教育標準時間認定）	満3歳以上。1日4時間を基準に年間39週以上の教育を行う。また希望者に対しては預かり保育を行う。幼稚園と同様。
2号認定（保育標準時間認定）	満3歳以上。保護者の就労等の状況により園の定める保育標準時間の保育を行う。園によっては延長保育を行う。
（保育短時間認定）	満3歳以上。保護者の就労等の状況により保育短時間の保育を行う。
3号認定（保育標準時間認定）	満3歳未満。保護者の就労等の状況により園の定める保育標準時間の保育を行う。園によっては延長保育を行う。
（保育短時間認定）	満3歳未満。保護者の就労等の状況により保育短時間の保育を行う。

【図2－⑫】　認定こども園における認定区分の種類

【図2－⑬】　認定こども園における認定による保育期間の例

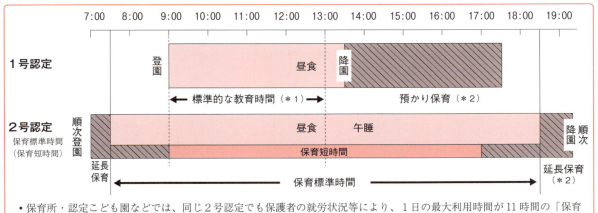

【図2－⑭】　認定こども園における認定区分に応じた保育時間の例

小学校就学まで同じ園で過ごす子どもたちですが、【図２−⑬、⑭】からわかるように保育の必要性の認定区分によって園で過ごす期間や時間に違いがあります。

　例えば、３歳児クラスのことを考えてみましょう。１号認定のある子どもは３歳の４月まで家庭で過ごしますので、入園にあたってはかなり不安も大きいことでしょう。一方で、２号認定の子どもは、保育の必要性が生じた時に入園します。一番早い入園であれば、保護者の産休明けからの入園ですから、３歳の４月までにはもうすでに３年ほどを園で過ごしていることになります。園での生活にもかなり慣れており、自分で行動できるようになっていることでしょう。このように認定こども園の３歳児クラスは、園での生活経験が大きく異なる子どもたちが一緒のクラスでスタートをします。また、１号認定の子どもたちはまとまった夏季休暇や春季休暇があります。【図２−⑬】から、２号認定の子どもたちと年間で通園する日数が異なることがわかります。

　続いて１日の子どもたちの生活について見てみましょう。【図２−⑭】の保育時間の例を見てみると、１号認定を受けたある子どもは９時頃登園し、昼食後に少し園で過ごした後で降園します。２号認定を受けたある子どもは８時前には登園し、昼食後に午睡をした後、19時近くまで１日12時間近く園で過ごすことになります。

　このように入園までの生活経験や園における保育時間など多様な背景をもつ子どもたちが同じ園で教育・保育を受けるということが、幼保連携型認定こども園の大きな特徴であるといえるでしょう。

（３）認定こども園の保育内容

　2014年（平成26年）４月に初の幼保連携型認定こども園の教育及び保育の基準となる事項を定めた「幼保連携型認定こども園教育・保育要領」が公示されました。2017年（平成29年）には、幼稚園教育要領と保育所保育指針の改訂（改定）と同時に「幼保連携型認定こども園教育・保育要領」も改訂され、公示されました。ここでは、幼保連携型認定こども園の教育及び保育において育みたい資質・能力（↩p16、20）が示されると同時に、資質・能力が育まれ特に５歳児の後半に見られるようになる姿である「幼児期の終わりまでに育ってほしい姿」（↩p16）が示されました。小学校就学前の子どもたちの教育及び保育を担う施設の一つとして、幼稚園や保育所と整合性が図られました。

　また前項では、幼保連携型こども園の特徴として、保育期間（入園時期）や保育時間など多様な背景をもつ子どもたちが同じ園で過ごすことを説明しました。そのため、幼保連携型認定こども園教育・保育要領では、幼保連携型認定こども園が、特に配慮すべき事項として次のことを挙げています。

1　集団生活の経験年数が異なる園児に配慮した０歳児から小学校就学までの一貫した教育及び保育

memo

第2章　「教育課程」・「全体的な計画」と指導計画

> 2　一日の生活の連続性及びリズムの多様性に配慮した教育及び保育内容の工夫
> 3　環境を通して行う教育及び保育の活動の充実を図るため、次の乳幼児期の特性を踏まえ、教育及び保育の環境の構成に当たること。
> (1)満3歳未満の園児については特に健康、安全や発達の確保を十分に図り、満3歳以上の園児は同一学年の園児で編制される学級による集団活動の中で遊びを中心とする園児の主体的な活動を通して発達を促す経験が得られるよう工夫をする。
> (2)在園時間が異なる多様な園児の生活が安定するよう、家庭や地域、幼保連携型認定こども園における生活の連続性を確保し、一日の生活のリズムを整えるよう工夫をする。特に満3歳未満の園児には睡眠時間等の個人差に配慮するとともに、満3歳以上の園児には集中して遊ぶ場と家庭的な雰囲気の中でくつろぐ場との適切な調和等の工夫をする。
> (3)家庭や地域で異年齢の子どもと関わる機会の減少を踏まえ、満3歳以上の園児は学級による集団活動とともに、満3歳未満の園児を含む異年齢の園児による活動を、園児の発達の状況にも配慮しつつ適切に組み合わせて設定するなどの工夫をする。
> (4)満3歳以上の園児は、特に長期的な休業中、園児が過ごす家庭や園などの生活の場が異なることを踏まえ、それぞれの多様な生活経験が長期的な休業などの終了後等の園生活に生かされるよう工夫をする。
>
> 〔幼保連携型認定こども園教育・保育要領第1章第3より一部筆者要約〕

　認定こども園の保育内容については、1～3のことを念頭に置きながら、日々の保育そして全体の保育を工夫して組み立てていくことが保育者には求められています。

（4）認定こども園における全体的な計画及び指導計画

　幼保連携型認定こども園の保育の計画は、その施設の特徴から幼稚園や保育所と比較し、より複雑なものとなります。1号認定と2号認定の子どもたちが在籍する満3歳児以上の保育の計画を例に考えてみましょう。
　【図2－⑬、⑭】の1号認定と2号認定の保育時間の重なり及び保育期間の重なりの部分は標準的な教育時間（＊1）であり、すべての子どもたちが経験する保育時間となっています。幼稚園の「教育課程に係る時間」と同じであるといえます。そして2号認定のピンクの塗りつぶし部分は、保育を必要とする子どもの標準的な保育の時間となります（保育標準時間）。そして、斜線部分の1号認定の預かり保育（＊2）や2号認定の延長保育（＊2）は、家庭及び地域の実態にあわせた子育ての支援に当たる時間となります。
　このように、制度の面から日々の保育の構成はとても複雑なものとなっており、それを考慮しなが

memo

ら保育を計画しなければなりません。しかし子どもたちの生活は、ここまでは教育の時間、ここからは保育の時間というように分断されたものではなく、連続したものです。そのため幼保連携型認定こども園教育・保育要領においては、保育の計画について以下のように示されています。

> 　教育と保育を一体的に提供するため、創意工夫を生かし、園児の心身の発達と幼保連携型認定こども園、家庭及び地域の実態に即応した適切な教育及び保育の内容並びに子育ての支援等に関する全体的な計画を作成するものとする。
> 〔幼保連携型認定こども園教育・保育要領第1章第2-1（1）〕

　ここでいう全体的な計画とは、園で生活をする多様な背景をもつすべての子どもたちに対応し、園児が入園から修了までの在籍期間全体にわたって保育の目標を達成するためにどのような過程をたどっていくかという全体像を示した一番大きな計画であるといえます。

　この全体的な計画をもとに幼稚園の教育課程や保育所の全体的な計画と同様に、長期（年・月）の指導計画や短期（週・日）の指導計画が立案されます。基本的な考え方はこれまで述べてきたことと変わりありませんが、園の特性上、以下のことが幼保連携型認定こども園教育・保育要領に示されています。

> 　園児の発達の個人差、入園した年齢の違いなどによる集団生活の経験年数の差、家庭環境等を踏まえ、園児一人一人の発達の特性や課題に十分留意すること。
> 〔幼保連携型認定こども園教育・保育要領第1章第3-4（1）〕

> 　一日の生活のリズムや在園時間が異なる園児が共に過ごすことを踏まえ、活動と休息、緊張感と解放感等の調和を図るとともに、園児に不安や動揺を与えないようにする等の配慮を行うこと。その際、担当の保育教諭等が替わる場合には、園児の様子等引継ぎを行い、十分な連携を図ること。　〔幼保連携型認定こども園教育・保育要領第1章第3-4（3）〕

　このように幼保連携型認定こども園における保育は、その計画においても実践においても幼稚園や保育所とは異なる困難さがともないます。幼保連携型認定こども園教育・保育要領では、幼稚園や保育所と同様に保育の質の向上を図るため、組織的に実践状況を評価し、改善を図るために組織的にカリキュラム・マネジメントに努めるものとしています。日々の保育においても、各保育時間の担当者がそれぞれの保育の実践を評価し改善を図ると同時に、保育全体を見通して互いに連携していくことがとても大切になってくるでしょう。

第3章
幼稚園の理解

　みなさんは、これまで"幼稚園"へ行ったことがありますか。中には、幼稚園へ通っていたという方、また、中学校等で行われる職業体験の際に行ったという方もいるでしょう。さらには、行ったことがなくても、住んでいる地域において、町内を走る送迎の園バスを見かけたり、登園する園児の姿を見かけたりしたこともあるでしょう。幼稚園教諭や保育士をめざすみなさんにとって、きっと幼稚園は身近な存在であると思います。しかし、幼稚園についてどこまで理解しているでしょうか。たとえば、幼稚園は何のためにあるのでしょうか。また、幼稚園はどのような考えのもとで、何を行うことを目的としているのでしょうか。さらに、幼稚園で行われている教育内容は、どのように計画されているのでしょうか。
　この章では、幼稚園の役割や幼稚園教育の基本について理解を深めたのち、幼稚園の指導計画がどのような考えのもとに作成されているのかについて、具体的な教育課程や指導計画を基にして学んでいきます。

幼稚園の基本

ねらい 「幼稚園教育要領」の内容に沿って、幼稚園の役割や幼稚園教育の基本について理解しよう。

　幼児期は、身体が著しく発育するとともに、運動機能が急速に発達する時期です。子どもは、保護者や周囲の大人に見守られているという安心感に支えられながら、自分の力でいろいろなことをやってみようとする活動意欲を高め、生活の場を徐々に広げていきます。また、行動範囲が家庭から地域へと広がっていくにつれて様々な事物や現象に出会う機会も増え、子どもは環境に対してますます興味や関心を広げていきます。このような幼児期において、幼児期にふさわしい教育を展開するためには、幼稚園はどのようにあるべきなのでしょうか。

　本節では幼稚園の基本的なあり方について、幼稚園の教育課程や保育内容の基準等について示している「幼稚園教育要領」第1章総則の内容を詳しく見ていきます。

（1）幼稚園とは

①幼稚園の生活とその特徴

　幼児期は生涯にわたる人格形成の基礎を培う大切な時期です。そのため幼稚園では、学校教育法第22条における幼稚園教育の目的を達成するために必要な体験が得られるような環境を構成し、その環境において子どもたちが幼児期にふさわしい生活を営むことができるようにすることが大切です。子どもの生活を生活行動に着目して分けてみると、"生活習慣に関わる部分" と "遊びを中心とする部分" とに分けることができますが、幼稚園生活では、これらの活動が子どもの意識や必要感、興味や関心と関連して、日々の生活リズ

【図3-①】　何が嫌だったのかな

ムに沿って展開されるものでなければなりません。そして、それらの生活は強制されるものではなく、生活の自然な流れを大切にすること、また、家庭や地域での生活と相互に循環するような緊密な関連をもつことで、子ども自身が幼稚園生活を充実したものと感じるようにしていくことが大切です。

　幼稚園生活には、三つの特徴があります。まず第一に、幼稚園の生活は、同年代の子どもとの集団生活を営む場であることです。幼稚園において、子どもは同年代の子どもたちと生活をともにしながら、感動を共有し、イメージを伝え合い、協力して活動に取り組むなどの多様な体験をします。集団

memo

生活では、ほかの子どもと支え合い、ともに活動をしていく楽しさを味わうことができる反面、自己主張のぶつかり合いや感じ方の違いなど、相手も自分も互いに違う主張や感情をもった存在であることに気づくなどの経験から、ほかの子どもの存在が大切であると理解していくようになります。また、大勢の友達と活動を展開する充実感や満足感を得る経験を重ねるにつれ、子どもは集団生活での約束ごとやきまりが必要であることを理解し、次第に集団生活に必要な社会的態度を身につけていきます。このように幼稚園生活では、他者との関わり合いについて体験的に学んでいくのです。

　第二に、子どもを理解して適切な援助を行う保育者とともに生活する場であることです。幼稚園生活において、子どもが発達に必要な体験を得るためには、保育者が子どもの活動にとって適切な環境を構成し、遊びに対する具体的なイメージを広げていくなど、適切な援助を行っていくことが大切です。たとえば、幼稚園生活が始まると、子どもはこれまで慣れ親しんできた家庭を離れて、同年代の子どもたちと一緒に集団生活を行わなくてはなりません。同年代の仲間や保育者とともに楽しく生活していくためには、自分の気持ちを抑えて、集団生活におけるきまりを守らなければならないこともあるでしょう。また、遊びを楽しむためには、自分一人で解決しなければならないこともあるでしょう。さらに、家庭とは異なる環境の中で、どのようにして遊んだらいいのか悩むこともあるでしょう。このように、新たな生活が広がっていくにつれて、子どもは期待と同時に不安感や緊張感を抱いていくことが多くあります。このような時には、子どもの行動を温かく見守り、適切な援助を行う保育者の配慮があってこそ、幼稚園生活が子どもたちにとって安心して楽しく過ごすことができる生活の場となるのです（⤴p47）。

　第三に、子どもたちが必要な経験を積み重ねていくことのできる適切な環境があることです。幼稚園においては、教育的な配慮のもとに様々な環境が用意されています。たとえば、子どもたちがお姫様ごっこを行おうとする際には、子どもたちが興味や関心をもって主体的に活動できるように、お姫様に変身するための素敵なドレスを近くに掛けておいたり、お城を作るためのソフトブロックや寝具を用意したり、それらを設定するための空間や時間を確保したりするなどの配慮がなされます。このように、子どもが友達と関わって主体的な活動を展開するために必要な遊具や用具、また十分に活動することのできる時間や空間、さらには直接ふれあうことのできる自然や動物などの環境が、子どもの発達の道筋を見通した上で適切に構成されているのです。また、幼稚園の中だけでなく、地域における高齢者施設への訪問、地域行事となっている夏祭りへの参加などの機会も子どもにとっては重要な環境です。しかし、これらの環境をただ単に用意するだけでは、これらの環境が子ども一人ひとりの発達を促していくものとはなりません。保育者は、子どもがそこにある環境と出会うことにどのような意味があるのか、また、どのような関心を抱き、どのように関わろうとしているのかなどについて理解した上で、環境を計画的に構成することが求められているのです（⤴p42〜43）。

②幼稚園の役割とは

　幼児期の教育は、主に家庭と幼稚園で行われますが、子どもに対してそれぞれの果たすべき役割は異なっています。たとえば、家庭は、保護者や周囲の大人に見守られていることで子どもが安心感をもち、生活を通して次第に心の基盤を形成していく場です。また、幼稚園は、子どもが家庭での経験を基盤とし、保育者に支えられながら、家庭や地域では体験できない様々なできごとや文化、多様な人々との出会いや自然とのふれあいなどの具体的な体験を通して、幼児期なりの世界の豊かさに出会う場です。両者は連携し、子ども一人ひとりの育ちを促していきます。

　このように幼稚園には、家庭や地域とは異なる独自の働きがあります。幼稚園では、保育者という大人の手を借りながら、ほかの子どもとやりとりをし、その子どもなりに解決し、危機を乗り越える経験を重ねることにより、次第に子どもの自立的な生活態度が培われていきます。そのために保育者は、子どもが主体的に活動できる環境を計画的に構成し、その中で子どもが遊びを中心とした幼児期にふさわしい生活を営むことを通して生きる喜びを味わえるようにすることをめざしています。なぜなら、"遊び"という興味や関心から発した活動を十分に行うことは、子どもに充実感や満足感を与え、それが新たな活動に対する興味や関心を高めていき、ひいては"生きる力の基礎"を培うこととなるからです。このようなことが幼稚園教育の広い意味での役割なのです。

　また、幼稚園教育は、小学校以降の生活や学習の基盤を培う役割も担っています。そのため、保育者は、小学校以降の学習や生活において重要な"自ら学ぶ意欲"や"自ら考える力を養うこと"につながるよう、今後の子どもの発達を見通した上で、幼児期に育てるべきことをしっかりと育てることが大切です。

　さらに幼稚園では、家庭や地域での生活と相互に循環するよう関連をもちつつ、子どもたちがより広い世界から豊かな体験が得られるように配慮しなければなりません。近年では、子育て支援策の一環として、子育て相談会を実施したり、バザーやコンサートなどのイベントを開催したりして地域との連携を図るなど、幼稚園が幼児期の教育のセンターとしての役割を担うことで、みんなで子どもたちの成長に関与し、見守っていこうとする試みがなされています。

（2）幼稚園教育の基本

①人格形成の基礎を培うこと

　近年、日本の社会では、少子化や核家族化、都市化、情報化、国際化などがますます進んでいます。これらの社会的変化は、私たちの生活をより豊かに、かつ効率的にしています。しかし一方では、地域社会との関係の希薄化、生活の**ブラックボックス化**[★1]、人間関係の希薄化、自然環境の破壊、消

[★1] ブラックボックス化…原因と結果はわかっていても、その過程や仕組みは外部の人にはわからない状態になること。たとえば、「生活のブラックボックス化」とは、スーパーマーケットで販売している食品や道具、蛇口から出てくる水道水などの生活に不可欠な身のまわりのものがどのような仕組みで私たちのもとに届くのかが見えにくくなっているなどの様子を指している。

費行為による生活の省力化、無駄や労力を省いた効率性の重視などの新たな社会的課題を生み出しています。もちろん子どもが育つ環境にも大きな影響を及ぼしており、遊ぶ時間や場、仲間の減少、地域で生活する子どもに対する周囲の大人の関心のなさ、保護者の孤立感の増加による育児不安や虐待の増加などが生まれたことで、結果として地域社会や家庭における教育力の低下を招いています。このような社会状況の中を生き抜いていく子どもたちにとって、幼児期の教育が重要であることはいうまでもありません。

近年の子どもを取り巻く環境の変化の状況を踏まえ、平成18年に行われた教育基本法の改正では、第11条『幼児期の教育は、生涯にわたる人格形成の基礎を培う重要なものであることにかんがみ、国及び地方公共団体は、幼児の健やかな成長に資する良好な環境の整備その他適当な方法によって、その振興に努めなければならない。』という一文が新たに加えられ、幼児期の教育の重要性について規定されました。また、その内容を受け、平成20年に行われた幼稚園教育要領の改訂では、『幼児期における教育は、生涯にわたる人格形成の基礎を培う重要なもの』であることが、第1章総則第1幼稚園教育の基本で示されました。

【図3-②】 ヤギさん、怖くないよ

さらに、平成29年に行われた幼稚園教育要領の改訂では、幼稚園教育において育みたい資質・能力である「知識及び技能の基礎」「思考力・判断力・表現力等の基礎」「学びに向かう力、人間性等」が明確化されたり、「幼児期の終わりまでに育ってほしい姿」を基にした小学校教育との円滑な接続について明記されたりするなど、家庭や地域社会と連携しながら、幼児期の教育活動のさらなる充実を図っていくことが示されました。

教育とは、人間に対して様々な働きかけを行い、その諸能力を育成することで、人格形成を行おうとする営みです。幼児期は、日々の生活や遊びの中で自分の興味や欲求に基づいた直接的・具体的な体験を通して、人格形成の基礎となる豊かな心情、物事に関わろうとする意欲、健全な生活を営むために必要な態度など、生涯にわたる人格形成の基礎を培う大切な時期です。そのため、遊びにおける達成感や充実感、満足感、挫折感、また仲間との関わりにおける葛藤や衝突、つまづきなど、この時期にふさわしい体験や発達に必要な経験を十分に得ることは、人間としてのその後の人生を大きく左右する重要なものといえます。

このように、幼稚園においては、環境との相互作用の中で生み出される生活や遊びといった直接的・具体的な体験を通して、次代を担う子どもたちの人と関わる力や思考力、感性や表現する力などを育んでいきます。人間として、また社会の一員として、子どもたちが心豊かにたくましく生きる力を身につけられるように、生涯にわたる人格形成の基礎を培うことが大切なのです。

memo

②環境を通して行う教育　―計画的な環境の構成の意味―

　幼児期は心身の発達が著しく、周囲の環境からの影響を大きく受ける時期です。子どもは、生活の中で自らが興味をもって環境に関わることで、失敗や試行錯誤を繰り返しながら、次第に様々なことを学んでいきます。それにより、子どもの人格形成の基盤となる豊かな心情、物事に自分から関わろうとする意欲、健全な生活を営むために必要な態度などを培っていく時期なのです。これは、みなさんが経験してきたような、言語を介した学習の時期（知識や技能を間接的に、効率的かつ一方的に教えられて身につけていく）とは異なるのです。

　そのため幼稚園教育では、保育のねらいを達成するために計画的な環境を構成し、子どもたちがその環境に対して主体的に関わって展開していく中で、望ましい方向に向かって子どもの発達を促すようにするという「環境を通して行う教育」が基本となっているのです。なお、ここでいう「環境」とは、物的な環境だけではなく、保育者やほかの子どもとの関わりを含めた状況すべてのことをいいます。また、保育所保育では、「環境を通して行う<u>保育</u>」（⤴p10〜12, p77〜79）が基本とされていますが、この考え方は、幼稚園教育でいう「環境を通して行う<u>教育</u>」と基本的には同じです。

　環境を通して行う教育は、保育者が環境を構成し、その後は子どもたちをただ遊ばせておくといった一方的なものではありません。なぜなら、環境にどのように関わっていくのかをすべて子どもに任せてしまえば、常に主体的に遊ぶかどうかもわからず、望ましい方向に発達していくかも偶然的なものでしかなくなってしまい、発達に必要な体験を保障することが難しくなるからです。そのため保育者には、まず常に日々の子どもたちの生活をする姿を捉えることが求められます。子どもたちはどんな興味や関心を抱いているのか、何を課題と感じ、何を乗り越えようとしているのか、そして何を行おうとしているのかなどについて的確に捉え、その捉えた姿からこれまでの子どもの生活や発達を考慮して指導の計画を立て、それに沿って環境を構成していくことが必要なのです。

　たとえば、子どもたちがままごとコーナーで何かの料理を作って遊んでいたとします。この日の遊ぶ姿だけを見れば、子どもたちはままごとをして楽しんでいるように見えるかもしれません。しかし、前日までの子どもたちの遊びの様子を知っていれば、それが単なるままごと遊びではなく、"ラーメン屋さんごっこを楽しんでいること""ラーメンの味の種類やトッピングは何があったかを話し合っていたこと""お店の看板やメニューをどのように掲示するのか悩んでいたこと"など、子どもたちの興味や関心、課題となっている点などについて的確に捉えることができます。そして、子どもの興味や関心、課題に応じた環境、すなわち前述のラーメン屋さんごっこの場合であれば、"具材や看板を作るために必要な素材や用具を事前に出しておく""お店が作れるような場所を確保しておく""ラーメン屋さんの広告を提示する""保育者がお客さんとなって来店する"などの環境を構成することで、子どもたちは試行錯誤を繰り返しながらも、自ら環境と関わりながら遊びを深め、自らの世界を広げていくことの充実感を味わうことができるのです。このように環境を通して行う教育は、環境の中に教育

memo

第3章 幼稚園の理解

的価値を含ませながら、子ども自らが環境に対して興味や関心をもって関わり、試行錯誤を繰り返しながら環境へのふさわしい関わり方を身につけていくことを意図した教育なのです。もし、保育者が子どもたちに対して、「ラーメン屋さんの看板は、段ボールで作って、色を塗りなさい」「そんなトッピングは無いよね？」などの一方的、否定的な働きかけをしてしまえば、子どもの活動意欲を低下させ、苦手意識を育ててしまいかねないのです。

また、環境を構成する際には、保育者が子どものまわりにある様々な事物、保育者やほかの子ども、さらには遊具や素材、用具などが子どもにどのように受け止められているのかを理解するとともに、遊びを通して子どもの発達にどう影響するのかについても考える必要があります。同じ環境にあったとしても、発達の過程や活動の状況、また興味や関心によって子ども一人ひとりの関わり方や感じ方は異なってくることを考えれば、保育者の援助は子ども一人ひとりに応じたふさわしい環境へと再構成していかなければならないのです。

さらに保育者は、子どもの発達の道筋を見通し、必要な体験を積み重ねていくことができるように、日や週などの短期計画だけでなく、月や学期、入園から修了までの生活、さらには小学校就学後の生活という長期的な視点に立って環境を構成していく必要があります。

以上のことから、一人ひとりの子どもに幼稚園教育のねらいが着実に実現されていくためには、子どもが必要な体験を積み重ねていくことができるように、発達の道筋を見通して、教育的に価値のある環境を計画的に構成していかなければならないのです。その際には、保育者自身が子どもにとっての重要な環境の一つであることに留意し、子どもと一緒の活動に参加するなど、子どもと興味や関心を共有して活動への取り組みを深める指導が大切となることを忘れてはなりません。

③幼稚園生活や指導において大切なこと

ⅰ.「幼児期にふさわしい生活の展開」とは

幼児期には、子どもは自分の存在が認められ、受け入れてくれる大人の存在があることで安心感をもち、そして次第に自分の世界を拡大し、自立した生活へと向かっていきます。それと同時に自分を守り、受け入れてくれる大人に対する信頼の気持ちが、子どもの発達を支えていきます。たとえば、【図3−③】は、保育者が子どもたちの書いた短冊を笹に結びつけており、その横で子どもたちが手を合わせてお願いごとをしている様子です。一見すると、単にかわいらしい保育の一場面ですが、このような子どもたちの姿が自然と生

【図3−③】 願いが叶いますように

み出されるためには、子どもと保育者との間に信頼関係が成立していなければなりません。保育者が、子どものありのままの姿を温かな気持ちで受け入れるとともに、子どもを信頼して見守っていくことが、結果として子どもたちの生き生きとした姿を生み出すこととなるのです。もし、保育者が短冊に願いごとを書いた子どもたちの気持ちに共感できていなければ、子どもたちの目の前で短冊を笹に結びつけることもなかったかもしれません。そうすれば、子どもたちが短冊に向かって手を合わせてお願いごとをする姿も生み出されなかったかもしれません。このように幼稚園においては、子どもが保育者を信頼し、その信頼する保育者によって受け入れられ、守られているという安心感をもてるような保育者との信頼関係に支えられた生活を営むことができるようにすることが必要です。

　また、子どもは、生活の中で興味や関心に沿った直接的で具体的な体験を通して、自分の生きる世界や環境について多くのことを学び、様々な力を獲得していきます。興味や関心に基づいた活動を十分に行うことは、子どもに充実感や満足感を与えることとなり、それが結果として活動に対する興味や関心をさらに高めていきます。たとえば、子どもたちが、ままごとコーナーにて"病院ごっこ"を始めました。初めは、子どもたちは医者役と患者役に分かれて、「どこが痛いんですか〜？」などと言いながら会話のやりとりを楽しんでいました。しかし、同じ遊びを何日か続けていくうちに、次第に子どもたちの中から、「聴診器作ろう」、「看護師さんの帽子作りたいな」、「診察券もあるよね」、「受付でもらうんだよ」などのような遊びのイメージが次々に出てきました。すると、子どもたちは自分たちのイメージを形にしようと、大型積み木を使って待合室や診察室、受付などの空間を作ったり、聴診器や看護帽、診察券、薬などの道具を作ったり、看護師や受付の事務員、薬剤師などの配役を決めたりするなど、仲間と協力し合いながら次々と遊びの世界を広げていきました。結局、この"病院ごっこ"は、子どもたちに充実感や満足感を与える活動となり、様々に形を変えながらも1か月間続きました。このように幼稚園の生活では、興味や関心に基づいた直接的・具体的な体験が得られる生活を十分に行い、充実感や満足感を味わうことができるようにすることが大切です。

　さらに幼稚園での生活は、家庭を離れ、同年代の子どもと一緒に過ごす初めての集団生活となります。子どもたちは、相互の関わりを通して、自己の存在感を確認し、自己と他者の違いに気づき、他者への思いやりを深め、集団への参加意識を高め、自律性や社会性を身につけていきます。このように子どもたちは、友達との関わりを通して互いに刺激し合い、様々なものや事柄に対する興味や関心を深め、それらに関わろうとする意欲をさらに高めていきます。そのため幼稚園生活では、子どもたちが友達と十分に関わって展開する生活を大切にすることが重要なのです。

ⅱ．「遊びを通しての総合的な指導」とは
　遊びは遊ぶこと自体が目的であり、当事者が遊びたいからするという自発的な活動です。ほかの目的をもって行ったり、何かのためにしたりするものではありません。子どもが時の経つのも忘れ、ほかの子どもやものと多様な仕方で関わること自体を楽しむ、このようなことが遊びの本質なのです。

memo

子どもの遊びには、子どもの成長や発達にとって重要な体験が多く含まれており、子どもは遊びの中で心身全体を働かせ、様々な体験を通して心身の調和のとれた全体的な発達の基礎を築いていきます。

たとえば、ある子どもが仲間を誘って鬼ごっこ遊びを始めようとしていたとします。鬼ごっこ遊びを始める前には、まず一緒に遊ぶ仲間を探さなければなりません。そして仲間が集まったら、今度は鬼ごっこ遊びのルールや鬼をみんなで話し合って決めなくてはいけません。そこで、もし自分の思っていたような遊び方

【図3-④】 鬼がきたよ。早く隠れて！

と異なっていた場合には、相手に理解してもらえるように懸命に説明することもあるでしょうし、自分の思いを制御し、相手の意見を聞き入れるなどしながら、協力して遊びを進めていくこともあるでしょう。また、やっと鬼ごっこ遊びが始まっても、足が速いか、隠れ方が上手でなければ、遊びを楽しく続けることができません。すぐに捕まって悔しい思いをすれば、足が速くなるように走る練習をしたり、友達が上手く隠れている様子を見て、次に遊ぶ時にはまねしようとしたりするでしょう。中には、遊んでいる途中に、「俺、やめた」と言ってほかの遊びを始めてしまう子どももいるでしょう。さらに、遊んでいた遊びがおもしろければ遊びは繰り返されますが、おもしろくなければ、遊びをやめてしまうでしょう。

このように子どもたちは、一つの遊びを展開する中で様々な経験をし、達成感や挫折感、葛藤や充実感などを味わうことを通して、多様な能力や態度を体験的に身につけていくのです。言い換えれば、遊び自体が幼児期特有の一つの学びの形態となっているのです。幼稚園における教育が遊びを通しての指導を中心に行うことが重要であるといわれるのは、このような遊びの教育的意義のためなのです。

遊びを展開する過程においては、子どもは心身全体を働かせて活動していくため、諸能力が個別に発達していくのではなく、心身の様々な側面の発達にとって必要な経験が相互に関連し合い、総合的に発達をとげていきます。遊びを通して総合的に発達をとげていくのは、一つの活動の中で子どもの様々な能力が要求され、かつ発達が促されていくための様々な体験が一つの活動の中で同時に行われるからです。一つの遊びを展開する中で、子どもはいろいろな経験を通して、様々な能力や態度を身につけていきます。したがって、幼稚園での具体的な指導においては、遊びの中で子どもたちがどのように発達していくのかを総合的に捉え、発達にとって必要な経験が得られるような状況をつくること、言い換えれば、子どもたちの遊びの展開に留意し、保育者が計画的に環境を構成することが大切なのです。

memo

ⅲ．「一人ひとりの特性に応じた指導」とは

　子どもは、一人ひとりの家庭環境や生活経験も異なっているため、人や事物への関わり方や環境への関わり方も異なってきます。そのため、同じ年齢の子どもであっても、その発達の姿は必ずしも同じとは限りません。子どもの行動の中には、同じ年齢の多くの子どもが示す発達の姿から見ると好ましくないと思えるものもありますが、行動の是非にかかわらず、自らの興味や関心に応じて環境に関わり、何かを実現しようとしていることがその子どもの発達にとって大事であることもあります。そのため保育者は、子どもが主体的に環境と関わって自分の世界を広げていく過程を発達と捉え、子ども一人ひとりの子どもらしい見方、考え方、感じ方、関わり方などの発達の特性を理解し、その特性やその子どもが抱えている発達の課題（子ども一人ひとりの発達の姿を見つめることにより見いだされるそれぞれの課題）に応じた指導をすることが大切です。

【図3－⑤】　みんなで富士山を作ろう！

　たとえば、入園間もない5月、砂遊び場にてみんなが遊んでいる姿を少し離れた場所から見ている3歳男児（ユウト）がいました。ほかの子どもは、次第に園生活にも慣れ、思い思いに遊び始めることができるようになっていきましたが、ユウトはいつも砂遊び場の近くに立ち尽くして、ほかの子どもが遊んでいる姿をずっと眺めているだけでした。保育者が声をかけ、遊びに誘ってみましたが、一緒に遊ぼうとはしませんでした。しかし、数日後、5歳男児が大きな砂山を作り、そこにトンネルを掘ろうとすると、トンネル作りが失敗してしまい、砂山が崩れてしまうことがありました。5歳男児は、「一回壊して、また作ろうぜ〜」と言い、みんなで笑い合いながら砂山を蹴って崩していると、何とユウトがそこへやって来て、笑いながら5歳男児と一緒になって砂山を蹴って崩し始めたのです。その様子を目にした保育者は、砂山を作ってみては怪獣になりきって、「ガウ〜」と言いながら砂山を崩して見せたり、「ユウトくんも怪獣に変身して、一緒に崩そう！」と誘ってみたりしました。すると、ユウトは保育者と一緒に怪獣になりきって、砂山を楽しそうに崩し始めたのです。それをきっかけにして、ユウトは緊張から解放され、砂遊び場で進んで遊び始められるようになりました。このように、保育者は子ども一人ひとりの発達の特性と発達の課題を把握し、子ども個々に応じた形で指導することが大切です。

　しかし、子ども一人ひとりに応じた指導とは、ただ単に子どもの要求に応えればよいというものではありません。保育者の応答は、幼稚園教育において育みたい資質・能力を育てるために、子ども一人ひとりの何に応じればよいのか考えたものでなければならず、時には子どもの要求に応えるだけではなく、子ども自身に考えさせたり、子ども同士で教え合うように促したりすることも必要です。そのため保育者は、子どもの具体的な要求や活動から心情の状態、活動に対する思いや願いなどの内面の動きを理解し、その子どもの発達にとって必要なものは何なのかをそれぞれの状況や場面に応じて適切に把握していくことが大切となります。その際、幼稚園は集団の教育力を生かす場であるため、保育者は子どもたちが互いに影響し合い、一人ひとりの発達が促されていくことのできる集団をつくり出すよう考えることが必要なのです。

④保育者の様々な役割

　幼稚園教育が環境を通して行う教育であることを考えると、人的環境としての保育者が果たす役割は極めて大きいものです。特に、子どもの主体的活動としての遊びを中心とした教育を実践することが何よりも大切とされていることから、保育者には子どもの活動が発達に即した主体的・対話的で深い学びとなるように教材を精選し、必要な教育環境を整えること、また、その教育環境を整えることができるよう日常的に教材について研究していくこと、さらには子どもとの信頼関係を十分に築き、子どもとともによりよい教育環境をつくり出していくことが求められています。

　たとえば、物的・空間的環境を構成する際には、物の質や量をどのように選択し、空間をどのように設定するのかを考えることが必要となります。その際、保育者が子どもたちに対して適切な関わりを行うためには、幼稚園生活の中で子ども一人ひとりの特性を的確に把握し、理解するという「活動の理解者」であることが求められます。また、「共同作業者」「子どもと共鳴する者」として子どもとともに活動を楽しんだり、同じように動いてみたりすることで、子どもの心の動きや行動、遊びに対する興味や関心を理解することも大切です。さらに「子どもの憧れを形成するモデル」「遊びの援助者」という役割として、保育者が意図的にある活動を楽しみ、集中して取り組む姿を見せることで子どもの興味や関心をひき、活動に対する意欲を生み出していくこともあります。さらにまた、子どもが生活において何か課題を抱えていたり、遊びが深まっていなかったりする際には、どこまで、いつまで援助するのかなど、保育者が援助のタイミングや方略などを状況に応じて判断することも大切です。

　これらの役割を果たすために、保育者は「子どもが精神的に安定するためのよりどころ」となることがとても重要です。子どもの主体的な活動を促すためには、幼稚園での生活が安定し、落ち着いて過ごすことができなければなりません。そのため保育者は、まず子どものありのままの姿を受け入れ、認めるとともに、子どもと生活をともにする中で多角的な視点から子どもの姿を捉え、子どもが安定して活動を行い、望ましい方向へ向かっていけるよう援助していかなければならないのです。

　また、多数の同年代の子どもが集団生活を営む幼稚園では、集団生活における保育者の役割も重要なものとなってきます。時期に応じた学級での集団づくり、異年齢交流が促されるような環境づくり、集団におけるきまりに気づき、必要性について考える機会の提供など、子どもの発達の特性を踏まえ、それぞれの集団の中で、子どもが主体的に活動し、集団の中で個人のよさが生かされるように、子ども同士が関わり合うことのできる環境の構成や援助をしていくことが求められています。

　さらに保育者同士が連絡を密にし、日々の保育をともに振り返ることは、子ども理解を深めることとなり、結果として適切な環境を構成し、援助していくことにつながっていきます。そのため日々の保育においては、保育者間の共通理解と協力体制を築くことが必要であり、これらの協力や話し合いを通して幼稚園教育の充実を図ることが大切なのです。保育者同士が各々の違いを尊重しながら、協力し合える開かれた関係をつくり出していくことが、保育者の専門性を高め、幼稚園教育を充実するためには大切なのです。

幼稚園における教育課程と指導計画の実際

ねらい おひさま幼稚園を参考に、指導計画がどのような考え方のもとに作成されているか理解しよう。

（1）教育課程を見てみよう

　教育課程とは、幼稚園において教育目標や園目標に向かって園生活全体において子どもたちが育っていくおおまかな道筋を示したものであるとしました。では、具体的に本節で取り上げるおひさま幼稚園を例に挙げ、次の教育課程を見ていきましょう。

3歳児				
目標半期	保育者や…基本的…	① 自分のしたい遊びをする中で、保育者や友達と関わる心地よさを味わう。 ・自分のことは自分でしようとし、のびやかに過ごす。		**発達の連続性**
期		Ⅲ		Ⅳ
月		9・10・11・12 月		1・2・3 月
子どもの姿	・初めての… ・保育者…姿が見… ・新しい…	・身支度など自分でできることが増えている。 ・体を動かして遊ぶことを好んでいる。 ・友達のしていることを自分もしてみようとする。		・園生活の流れがわかり、身のまわりのことが大体自分でできるようになっている。 ・クラスで行う遊びや活動を楽しみにする姿が見られる。 ・友達と同じイメージをもって遊び、やりとりを楽しむ。
ねらい	・保育者や… ・園の環境…	・自分のことは自分でしようとする。 ・体全体を使って活動することの楽しさを味わう。 ・好きな友達と一緒にいることを楽しむ。 ・好きな遊びを繰り返して楽しむ。		・保育者や友達との関わりの安定感が増し、のびやかに生活や遊びを楽しむ。 ・年中組への進級に期待をもって過ごす。 ・自分から進ん… 遊びのイメ… 簡単なルー…
内容	・自分のク…とに慣れ… ・好きな遊…	・自分でできることは自分でしようとする気持ちをもち、できたことに喜びを感じる。 ・運動遊びに興味を示し、元気に遊ぶ。 ・保育者や友達と飛んだり跳ねたりしてふれあいを楽しみ、心地よさを感じる。 ・保育者や友達に興味をもち、同じものをもったり、同じことをしたりして楽しむ。		・3歳児なり… ・年中児と遊… ・友達の遊び… ・自分に合っ…

> 入園当初は園の生活に慣れることがねらい及び内容の中心となりますが、Ⅲ期から保育者や友達との関わり等に移行していきます。

4歳児				
目標半期	・安心し… ・園生活…	・個々のイメージや考えを出し合って、工夫し、表現しながら遊びを進める。 ・保育者や友達と一緒に様々な活動をすることを通して、経験を広げていく。 ・ルールや約束を知り、守ろうとする。		
期		Ⅶ		Ⅷ
月		9・10・11・12 月		1・2・3 月
子どもの姿	・進級し… うとす… ・自分が… まねて遊… ・身のまわ…	・活動範囲が広がり、様々な場所で遊ぶようになる。 ・好きな遊びや毎日繰り返してする遊びが見つかり、自分の気持ちに沿って活動している。 ・自我が出せるようになり、友達とのトラブルが多くなる。		・関心が広がり、新しい活動や活動に進んで取り組むようになる。 ・気の合う友達と考えや気持ちを伝え合いながら遊びを楽しんでいる。 ・年長組になることに喜びを感じ、心待ちにする姿が見られる。
ねらい	・保育者や… ・新しい… 遊ぶ。 ・自分の身…	・園内の環境に自分から積極的に関わって遊ぶ。 ・自分なりの目的をもち、友達と一緒にいろいろな遊びを工夫することを楽しむ。 ・友達との遊びを通して、自己主張しながらも相手の話を聞いたり受け入れたりすることができる。		・自分の… ・友達と… ・保育者… 自信を…
内容	・新しい保… ・保育者… ・好きな… ・一日の…	・園内の様々な場所で五感を使って関わり、遊びの場や幅を広げていく。 ・自分のイメージや考えを出し合って工夫し、表現しながら友達と一緒に遊びを進める。 ・友達とのトラブルを通して相手の思いやきまりを守ることの大切さに気づく。		・自分の… たりし… ・友達同… 楽しむ。 ・保育者の手伝いや年長児のすることに興味をもち、やってみようとする。

> おひさま幼稚園では、3年保育を基本としているため、3歳児をⅠ期〜Ⅳ期、4歳児をⅤ期〜Ⅷ期、5歳児をⅨ期〜Ⅻ期としています。

5歳児				
目標半期	・年長組に… られる… ・意欲的…	・友達との関わりを通して生活における必要な態度を身につけ、みんなで協力したり役割を分担したりしながら、目的を達成することを喜ぶ。 ・様々な体験を豊かにし、表現したり、言葉にして伝え合ったりすることができるようになる。		
期		Ⅺ		Ⅻ
月		9・10・11・12 月		1・2・3 月
子どもの姿	・年長児に… ・新しい… ・今まで… うとす…	・やりたいこと、やらなければならないことに見通しをもってしようとする。 ・友達との仲間意識が強くなり、共通の目的をもって遊びを進めるようになる。 ・遊びの中で生じた問題点も自分たちの力で解決しようとする。		・難しいことにも挑戦し、積極的に遊びや役割に取り組みやり遂げようとする。 ・友達同士の関わりが盛んになり、力を合わせたり、ルールを決めたりして、遊びをおもしろくする工夫が見られる。 ・園生活の中で思ったこと、考えたことを話して伝えたり、友達の話に耳を傾けたりして、言葉による伝え合いを楽しむようになる。
ねらい	・探索し… ・友達に… ・新しい… する。	・自分の課題に取り組み、やり遂げる満足感を味わう。 ・友達と力を出し合い、話したり、工夫したりして遊びを深めていく。 ・友達と思いを伝え合い、遊びを進める楽しさを味わう。		・園生活や遊びに目的をもち、自分の力で取り組みながらやり遂げる達成感を味わう。 ・友達との安定した関係の中で協力しながら遊びを深めていく。 ・生活への見通しをもって、進んで活動をする。
内容	・新しい環… げ、十分… ・友達と話… ・自分の… する。	・自分なりの目標をもち、挑戦したり確かめたりして、遊びを楽しむ。 ・友達と協力したり分担したりして活動することを楽しむ。 ・友達と話し合い、自分の考えや意見を伝え、協力してまとめようとする。		・いろいろな遊びや役割に意欲的に取り組み、考えたり工夫したりするなど自分の力を十分に発揮し、達成したことを喜ぶ。 ・友達と協力して共通の目的に向かい、必要なものやルールを作って、充実感をもって最後までやり遂げる。 ・卒園を控え、一緒に生活した友達やお世話になった人々に感謝の気持ちを表す。

【図3−⑥】　おひさま幼稚園　教育課程（全文後掲p58、59）

おひさま幼稚園の教育目標は次の三つです。

> ○感じる心をもった子　　○活気あるたくましい子　　○よく考え協働する子

おひさま幼稚園では、子どもたちが園に通うことにより目標のような姿に育つことをめざしています。この目標に向かい、子どもたちがたどるべきおおまかな道筋を示したものがおひさま幼稚園の教育課程で、各年齢ごとに作成されています。

おひさま幼稚園の教育課程は、新入園の3歳児4月から5歳児の3月までを各年度4期ずつの12期に分け、それぞれの期における一般的な子どもの姿、及び、どの時期にどのような経験をして教育目標に示されている子どもに近づいていくのかといった「ねらい」及び「内容」を記しています。【図3-⑥】は各年齢における教育課程の一部を抜粋したものです。図中の❶は、Ⅲ・Ⅳ期（下半期）の目標「自分のしたい遊びをする中で、保育者や友達と関わる心地よさを味わう」です。この目標は図中に矢印で示しているように、Ⅰ・Ⅱ期（上半期）の目標「保育者や友達に親しみ、自分の好きな場所や遊びを見つけ、安心して過ごす」(↪p58、59、資料3) といった入園当初の目標の次の段階として設定されています。目標と同様に子どもの姿やねらい、内容も発達の連続性を意識して記されています。この教育課程を基に、各年齢の年間の指導計画が作成されます。

【図3-⑦】　みんなでジャンプ

（2）教育課程から指導計画へ

①年間の指導計画　（おひさま幼稚園　3歳児）

教育課程を基に実際の子どもたちの姿と照らし合わせながら指導計画を作成します。指導計画には、長期的な見通しをもった年、期、月の指導計画（月案）と、子どもたちの具体的な生活に即した短期的な指導計画である週の指導計画（週案）や1日の指導計画（日案）があります。では、おひさま幼稚園年少こあら組を例に指導計画について詳しく見ていきましょう。

次頁の【図3-⑧】は、3歳児年少組の年間指導計画の一部分を抜粋したものです。これは【図3-⑥】の教育課程を実践に向けてより具体的にしたものです。また、これは保育を実践するための指導計画ですから、計画を立てる前の前提として❷にあるように子どもの姿を捉えることが必要となりま

memo

す。多くの幼稚園が3歳児からの入園となりますので、年間計画を立案する前に3歳児の子どもの実態を捉えることは難しいのが実情です。たとえば、入園前の面談などで子どもの状態を父兄に聞くこと、面談の際に子どもの様子を観察することで子どもの状態を事前に把握し、実際に入園してくる3歳児の子どもたちの姿を想像しながらそれを計画に生かしていくことなどが必要でしょう。また、幼稚園によっても異なりますが、おひさま幼稚園では教育課程の項目に加え、環境構成・援助についての項目、主な行事の項目が加わっています。こうした保育者の援助の視点が加わることによって、教育課程と比べて、より保育実践に向けて具体的になっていることがわかるでしょう。

半期目標	・園生活の仕方に慣れ、自分のことは自分でしようとする。 ・保育者や友達とふれあいながら、のびのびと過ごす。 ・保育者や友達と関わりながらよく遊び、いろいろな遊びを楽しむ。	
期・月	Ⅲ期 9・10・11・12 月	Ⅳ期 1・2・3 月
❷ 子どもの姿	・夏休み明けで園生活のペースを取り戻すのに時間のかかる子どもがいる。 ・個人差はあるが、排泄や着替え、手洗い・うがい、食事を自分から進んで行う姿が見られる。 ・園内のあちらこちらで遊ぶことを好んでいる。 ・友達のしていることをまねて自分もしてみようとする。 ・興味のある遊びに数人が集まり、保育者に支えられながら遊ぶことを楽しむ。	・園生活の流れがわかり、身のまわりのことがほぼ自分でできるようになっている。 ・クラスで行う遊びや活動を楽しみにする姿が見られる。 ・友達と同じイメージをもって遊び、やりとりを楽しむ。 ・遊びのイメージの違いから、トラブルになることがある。 ・特定の友達だけでなく、遊びの中で出会った様々な友達と遊ぶ。
❸ ねらい	・進んで身のまわりのことをしようとする。 ・繰り返し好きな遊びを楽しんだり、やりたい遊びを見つけたりして遊ぶ。 ・いろいろな運動に興味をもち、十分に体を動かして遊ぶ。 ・秋の自然に触れ、自然物を使って遊ぶ。 ・新しい遊びや活動に興味や関心をもち、友達と一緒にやってみようとする。	・保育者や友達との関わりの安定感が増し、のびやかに生活や遊びを楽しむ。 ・年中組への進級に期待をもって過ごす。 ・遊びのイメージを自分なりに形にして遊びを進める。 ・自分から進んで友達を見つけ、いろいろな遊びを楽しむ。
内容	・園生活の仕方が大体わかり、自分から進んで身のまわりのことをしようとする。 ・いろいろな運動遊びを友達と一緒に楽しむ。 ・木の実や落ち葉を拾い集めるなど、秋の自然に触れて遊ぶ。 ・友達と同じように動いたり、同じものを身につけたりして遊ぶことを楽しむ。 ・友達や保護者と遊ぶ中で自分の気持ちや考えを様々な方法で表す。	・3歳児なりの園生活やきまりが身につき、のびのびと生活をする。 ・年中児と遊び、進級を楽しみにする気持ちをもつ。 ・友達の遊びがおもしろそうだと感じ、一緒にする。 ・友達に自分の気持ちや思いついたことを言葉で表現しようとする。 ・みんなで一緒に活動することを楽しむ。 ・遊びに必要なものがわかり、用意したり自分で場をつくろうとしたりする。
環境構成・援助	・自分の身のまわりのことや、保育者の手伝いなどをしようとする意欲を受け止め励ます。 ・体を動かす楽しさや心地よさを味わえるように、場や用具を用意したり遊びに誘いかけたりして、楽しさを共感し合えるようにする。 ・季節の移り変わりに興味をもって自然物と関わるようにする。 ・場面やものを用意する。 ・丁寧に関わる。	・簡単なルールが味わえるようにする。 ・子どもが自分の思いを友達に様々な方法で伝えられるように励ましたり、一緒に考えたりする。 ・進級に向けて、年中組保育室に行ったり、食事したりする機会をつくる。
行事	始業式／敬老のつどい／遠足／運動会／さつまいも掘り／クリスマス／発表会	もちつき／豆まき／造形祭／ひなまつり／卒園式

（保育者の援助の視点）

保育を実践する時の方向性が示されています。次頁では、この太枠内の3歳児Ⅲ期の指導計画について詳しく見ています。

【図3-⑧】 おひさま幼稚園　3歳児　年少組　年間の指導計画（全文後掲p60、61）

第3章 幼稚園の理解

②月の指導計画 （おひさま幼稚園　3歳児　こあら組　10月）

　年間計画より短い期間における保育について具体的に立案する計画が月の指導計画になります。年間計画は各年齢で1つ立案されますが、月の指導計画はすべてのクラスで1つずつ立案されます。
　【図3－⑩】は3歳児こあら組の10月における指導計画の一部です。まずは先月の子どもの姿❹、【図3－⑧】年間の指導計画における❸のねらいを参照しながら、今月の子どもの育ってほしい姿としてのねらい❺を設定します。【図3－⑩】にある❹の子どもの姿について見てみると、ここに子どもの名前は書かれていませんが、こあら組の具体的な子どものことについて記され、その子どもたちのねらいが❺となってきます。また行事や季節との関連を考慮しながら立案することによって、計画は保育実践に沿った、より具体的なものとなります。たとえば、【図3－⑧】年間の指導計画の第Ⅲ期の「いろいろな運動に興味をもち、十分に体を動かして遊ぶ。」というねらいは、10月に行われる行事を計画に盛り込んで「運動会に参加することを喜び、友達と一緒に活動することを楽しむ。」という内容によって達成されていきます。また、子どもたちの姿やその月の行事から内容が具体的になるとともに、それと関連させて環境構成や援助について年間の指導計画よりも実践に即した内容で記述されます。

【図3－⑨】　ようい、ドン！

❹ 子どもの姿	・夏休み明けで、生活リズムが乱れていたり保護者が恋しくなったりして不安定な様子が見られる。 ・保育者と一緒に砂場で水遊びを楽しむ中で、感じたことを言葉にして教師や友達に伝えられるようになってきている。 ・気の合う友達を見つけ、場や物を共有しながら一緒に遊ぼうとする姿が見られる。	❺ 今月のねらい	・身のまわりのことは、自分でできるようにする。 ・保育者や友達とふれあいながらのびのびと活動する。 ・友達との関わりの中で、自分で考えたことを表現する。 ・秋の自然に触れ、自然物を用いた遊びを楽しむ。
生活・安全	・手を洗う時に ・年長児がリ 　かないようにする。 ・廊下やテラスは走らない。	行事	3日（土）運動会　　　5日（月）運動会の振替休日 20日（火）遠足　　　21日（水）遠足予備日 23日（金）避難訓練　30日（金）誕生会

その月に行われる行事との関連から実践に即した具体的な環境構成や保育者の援助・配慮が記されます。

内　容	環境の構成及び保育者の援助・配慮
・所持品の始末や片づけなどを自分から進んでできるようにする。 ・運動会に参加することを喜び、友達と一緒に活動することを楽しむ。 ・友達と同じように動いたり、同じものを身につけ	・個々に手を添えたり励ましたりして、できた喜びを感じ、次への意欲につなげるようにする。 ・初めての運動会に向けて子どもの期待を高めるとともに、大勢の観客に驚き日ごろの様子が見られないこともあるので、事前に保護者に伝えておく。 ・友達と一緒のものを身につけて気に入った歌や踊りを繰り返し楽しめるよ

【図3－⑩】　おひさま幼稚園　3歳児　こあら組　10月の指導計画（全文後掲p62）

③週の指導計画　（おひさま幼稚園　3歳児　こあら組　10月第4週）

　月の指導計画よりもさらに短い期間における具体的な計画が週の指導計画です。【図3-⑫】は、こあら組10月の第4週における週の指導計画（週案）の一部です。子どもの姿の欄には前週のこあら組の子どもの姿が書かれており、その子どもの姿と今月のねらいを参照しながら、この一週間における子どもたちの課題としてのねらいを立てます。3つのねらいを達成するために、具体的に子どもたちがどのような経験をするのかということが内容に記されています。また、その週において具体的に展開されると予想される子どもの活動❻10月26日「自然物に触れる」「リズム体操」、10月27日には「自然物遊び」「かくれんぼ」に沿って、環境構成や保育者の援助・配慮❼についてに記されています。多くの幼稚園では、このような週の指導計画を基に保育を実践します。

【図3-⑪】　どんぐりたくさん見つけたよ

子どもの姿	・遠足を経験し、友達と手をつないで仲良く歩いたり、一緒に弁当を食べたりして、気の合う友達と一緒にいることを楽しんでいる。 ・気候も過ごしやすくなり、友達と一緒に戸外に出て体を動かして遊ぶ姿が見られるが、運動量と体力が見合わず疲れている様子もある。	行事・家庭連絡	・30日（金）－アツシくん誕生会（保育室） ・朝晩の気温差が大きくなってきたことや園での活動量が増えてきたことで、体調を崩したり疲れがたまっていたりするので、家庭でゆっくり過ごす時間を取るように伝える。
ねらい	・秋の自然を見つけ、自然物を使って遊ぶ。 ・保育者や友達と一緒に遊ぶことの楽しさを感じる。 ・自分の思っていることを言葉や動きで表現して伝える。	内容	・園庭のどんぐりや紅葉した葉、枯れ枝を集め、戸外のままごとやお店屋さんごっこに使ったり、友達と見せ合ったりして楽しむ。 ・保育者や友達と遊ぶ中で、役になりきったり、つもりになったりしてイメージを膨らませ、それを言葉や動きにして表現する。 ・友達の存在にも目を向け、友達と一緒に過ごす心地よさを感じる。

> 子どもの実態に沿った指導計画を作成するために、子どもの姿をしっかり捉えることが重要となります。

	予想される子どもの活動❻	環境の構成及び保育者の援助・配慮❼
26日（月）	○自然物に触れる ・秋の話からイメージを広げ、次の製作の準備を自ら取り組む。 ○リズム体操 ・運動会で踊ったたけのこ体操やパワフルキットちゃんの踊りを思い出し、友達と同じ動きをしたりなりきったりして楽しむ。	＜自然物に触れる＞ ・秋の季節に触れることができるような話をしたり、教材や製作の素材を選んだりする。 ＜リズム体操＞ ・運動会の余韻を楽しみながら、身体を積極的に動かすことを楽しめるような活動にする。 ・友達と一緒に、全身を使ってなりきったり、身体を動かす楽しさが味わえたりするようにする。 ・遊びを通して出会う子ども同士の関係から生まれた共通の体験や思いを大切に扱う。
27日（火）	○自然物遊び ・どんぐりや落ち葉などを集め、大きさや色を比べたり、ままごとなどに使ったりして楽しむ。 ○かくれんぼ ・保育者が鬼になり、友達と一緒にかくれたり、捕まるスリルを味わったりする。	＜自然物遊び＞ ・秋ならではの自然物に気づくことができるように保育者も一緒にその発見を楽しみ、その子どもなりの気づきや発見をもとに、遊びが発展するように関わっていく。 ・自分たちから遊び始めることを尊重し、好きな遊びが繰り返し楽しめるように一緒に行う。 ＜かくれんぼ＞ ・周囲の子どもたちに伝えたり、誘ったりしながら全体の遊びとし、集団で遊ぶことのおもしろさを感じられるようにする。
28	○製作（森のきのこ） ・傘と軸の部分の工作紙を用意し、部分のり付けを経験する。傘の部分に	・自分でやってみようとする気持ちを大切に考え、扱いやすい素材の用意とその配置も配慮する。

> ❻の予想される子どもの活動に対応させ、❼の環境の構成及び保育者の援助・配慮が記されています。

【図3-⑫】　おひさま幼稚園　3歳児　こあら組　週の指導計画（全文後掲p63）

第3章 幼稚園の理解

④日の指導計画（おひさま幼稚園　3歳児　こあら組　10月28日）

　1日の保育について立案した計画が日の指導計画（日案）になります。【図3-⑬】はこあら組の10月28日の指導計画です。みなさんが実習を行う際には、週の指導計画よりも1日の指導計画、さらには、1日のうちのある一部分だけの活動を取り上げて指導計画を立案することがほとんどでしょう。また、指導計画の形式も幼稚園によって異なると思いますが、ここではこのテキストで具体的に書き方を学んでいく形式を取り上げています。考え方はこれまで解説をしてきた月の指導計画や週の指導計画の立案の仕方と同様です。まずは指導案の前日までの子どもの姿を捉え、週のねらいを参考にしながらその日のねらいを立てます。そのねらいを達成するための具体的な保育の内容を考慮し、❽のように保育時間の時間軸に沿って子どもの姿を予測し記していきます。続いて、子どもの姿に沿って環境の構成や保育者の援助・配慮について記します（参考⤴p64、65、資料7）。

　【図3-⑬】のように、ある1日、あるいはその1日のうちの一部分の活動を取り出して計画を立てる場合においても、ここで見てきたように、短期の指導計画は子どもの育ちの大きな道筋の中に位置付いており、<u>先月の先週の、そして昨日の保育の続きである</u>ということを念頭に計画を立てることを忘れてはいけません。また指導計画は案であって、必ずその通りに保育を展開しなければいけないというものではありません。大切なことは<u>子どもに即して対応できる保育を展開すること</u>であり、またそうした保育を展開することを可能にするための計画を立案することだといえるでしょう。おひさま幼稚園の全体像はp55～p65の資料1～7を参照してください。

●●年10月28日（水曜日）　3歳児　こあら組　計23名　実習生名○○○○

子どもの姿	ねらい
・運動会が終わった後でも、子どもたちは引き続き保育者や友達と外で思い切り走ったり踊ったりすることを楽しんでいる。年中児・年長児の遊戯に興味をもち、鳴子やポンポンを持って年中・年長児に踊り方を教えてもらっている姿が見られる。 ・自分のペットボトルバッグを持ち、落ち葉やどんぐりなどを集めたり友達と見せ合ったりして楽しんでいる。 ・秋の自然物をままごとに取り入れ、イメージを膨らませ、葉にして友達に伝えるなどしている。	・保育者や友達と関わりながら遊びや生活を楽しむ。 ・イメージを膨らませながら友達と一緒に製作を楽しみ、でき上がった喜びを感じる。
	内容
	・友達の遊びを見たり仲間に入ったりして、一緒に遊ぶ。 ・秋の自然物である森のきのこに親しみ、そのイメージを膨らませて、自分の気に入った色を使って「森のきのこ」づくりに取り組む。

（前日までの子どもの姿から、その日の活動に合わせて「ねらい」や「内容」を考えます。）

（時間軸に沿って子どもの活動が記入されています。）

時間	環境の構成	❽予想される子どもの姿	保育者の援助・配慮
8：40	・前日の遊びの流れを意識して、ままごとや積み木、プラレールなど、すぐに遊び出せるように遊具や素材を用意しておく（子どもの登園前に上記の準備を行っておく）。 保育室　　　　出入口 　　　ままごと 　　　　　　　ロッ	○登園する。 ・保育者や友達と朝の挨拶をする。 ・靴をしまい、保育室に入る。 ・友達とおしゃべりをしながら保育室の様子を見る。 ○身支度を整える。 ・コップと手拭きタオルをかける。 ・かばんをかける。 ・ハンカチとティッシュをポケットから出して制服を脱ぎ、スモックに着替える。	・一人ひとりの表情をよく見ながら、1日が気持ちよく始められるように明るく挨拶をして受け入れる。 ・視診して気になることがあれば、保護者から様子を聞く。 ・一人で身支度ができた姿をみんなの前で認め、自信をもって身支度ができるようにする。 ・ティッシュやハンカチの出し忘れ、入れ忘れがないか確認する。また、スモックの後ろ前に気をつけるよう声をかける。

【図3-⑬】　おひさま幼稚園　3歳児　こあら組　日の指導計画

53

（3）教育課程に係る教育時間の終了後等に行う教育活動などの留意事項

　幼稚園教育要領第1章第3-3（3）では、『1日の教育課程に係る教育時間は、4時間を標準とする』と規定されています。しかし近年、保護者の要請により、通常の保育時間の終了後などに希望する者を対象として行う教育活動として預かり保育や長期休業の預かり保育を行う幼稚園が、次の【図3-⑭】に示す通り、増加傾向にあります。

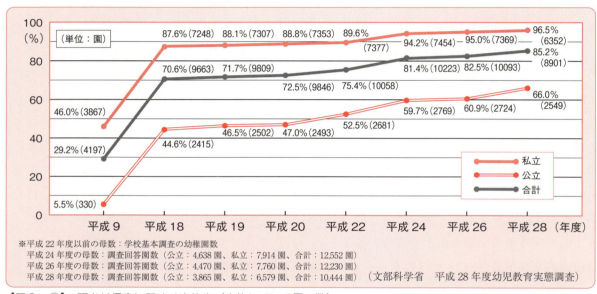

【図3-⑭】　預かり保育に関する実施率（実施している園の数）

　この預かり保育や長期休業の預かり保育は通常の保育時間ではないことから、ケガやケンカがないように単に子どもを見ていればいいとしている幼稚園や、あるいは通常の保育のつけ足しという意味合いにおいて、パートやフリーの保育者が保育を担当しているという幼稚園も多いようです。教育課程に係る教育時間としての保育とは異なりますが、生活の連続性という観点から、幼稚園教育要領では留意事項として以下のように示しています。

> 　家庭や地域での幼児の生活も考慮し、教育課程に係る教育時間の終了後等に行う教育活動の計画を作成するようにすること。その際、地域の人々と連携するなど、地域の様々な資源を活用しつつ、多様な体験ができるようにすること。
> 〔幼稚園教育要領第3章1-（2）〕

　通常の教育時間において指導計画を作成するとされているように、預かり保育においても計画を作成することが求められているのです。

第3章　幼稚園の理解

　預かり保育や夏季保育のように異年齢児の交流をもてる機会だからこそできる保育活動や、ボランティアや保育を学ぶ学生などを活用した多世代の人との交流の場をもつことなども計画できるでしょう。預かり保育の計画を作成する際に重要なことは、幼稚園の教育活動との関連を考慮することです。たとえば運動会前の練習が続いているような週であれば、預かり保育においてできるだけゆっくりと体を休められるような時間の工夫や環境の構成が必要となってきます。担任保育者と預かり保育の担当者で連携し、子どもの生活全体を見通しながら預かり保育の計画を組み立てていくことが大切です。

（4）おひさま幼稚園の全体像

　本章2節においておひさま幼稚園の教育課程や指導計画の一部を取り上げ、その作成の流れについて見てきました。ここではおひさま幼稚園の全体像を捉えるために、1日の生活や環境図なども含めた詳細な資料を掲載します。この資料は、3、7章のワークや、やってみよう1、2のワークに取り組む時の参考資料となります。保育の流れを意識しながら、全体に目を通しておきましょう。

資料1　おひさま幼稚園　概要

園児数（園児定員）：5歳児70名　4歳児69名　3歳児70名

	年少3歳児			年中4歳児		年長5歳児	
学年	こあら	りす	うさぎ	きりん	ぱんだ	ぞう	くま
男児	12	11	12	17	17	17	18
女児	11	12	12	17	18	18	17
計	23	23	24	34	35	35	35
担任教諭	1	1	1	1	1	1	1

職　　員：園長1名／主任教諭1名／教諭10名／バス運転手2名／事務職員2名
教育方針：・子ども同士のふれあいを大切に、「明日も幼稚園に行きたいな」と思う主体的な生活を培います。
　　　　　・地域の自然を生かし、遊ぶ中からやさしさ、たくましさ、考える力を育みます。
　　　　　・生活習慣や社会のルールを身につけ、生きる力を育てます。
　　　　　・良い子育てをしあうために、家庭との連携を深めます。
教育目標：感じる心をもった子／活気あるたくましい子／よく考え協働する子
園の特色：・造形遊びを通して美しいものを見たり触れたりする中で感動する心が育まれます。

memo

・体育遊びを十分に行い、身体を動かして自由にのびのびと遊び、集団で様々な活動を体験します。
・音楽遊びを通して、音や動きを五感を使って受け止めていくことで、豊かな表現力が芽生えます。
・劇遊びを行い、自分の気持ちを言葉で表現し、伝え合う喜びを味わいます。
・縦割り保育を通して様々な年齢の子どもと関わることで、あこがれる気持ちや優しい心が育ちます。
・絵本の時間を取り入れ、好きな絵本を選び、読んでもらったり自分で読んだりする中で想像力が豊かになります。

沿　　革：・昭和50年11月に県公認として、学校法人ひので学園として発足する。
・昭和51年度より５歳児70名（２学級）、４歳児35名（１学級）で開園する。
・平成５年度、園児増員（３歳児保育開始）のため園舎を増築する。
・平成18年度より預かり保育、給食（週３回）を開始する。
・平成23年度８月園舎建て替え、９月より新園舎にて保育開始する。園舎は耐震性に優れた設計となっている。

地域環境：市営地下鉄ホワイトライン線、中央タウン駅より徒歩10分、中央タウンの２街区と３街区に立地。隣接して保育所、小学校、中学校、高等学校がある。裏側には、市立緑地公園が広がり、緑の多い地域である。

幼稚園の１日の生活： 8：40　　登園
　　　　　　　　　　 9：00　　自由遊び
　　　　　　　　　　 9：40　　全体朝礼（リズム体操　お話や歌）
　　　　　　　　　　10：00　　クラス活動（朝のつどい　主活動など）
　　　　　　　　　　11：30　　昼食〔給食（月水金）・お弁当（火木）〕
　　　自由遊び
　　　　　　　　　　13：30　　絵本の時間
　　　　　　　　　　13：40　　クラス帰りのつどい
　　　　　　　　　　14：00　　全体帰りのつどい
　　　　　　　　　　14：15　　降園
※保育時間終了後に、17時まで預かり保育を行っています。

第3章 幼稚園の理解

資料2　おひさま幼稚園　全体環境図

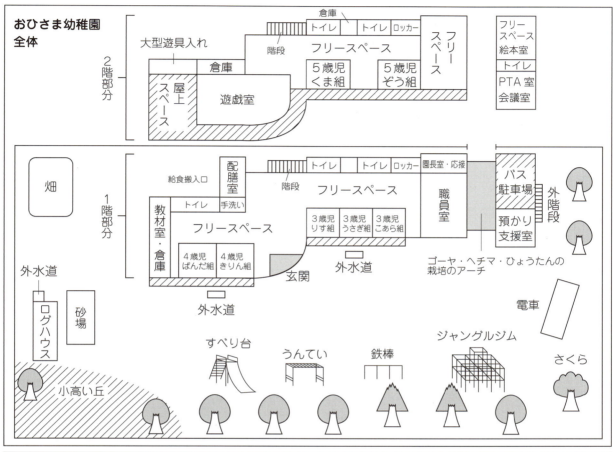

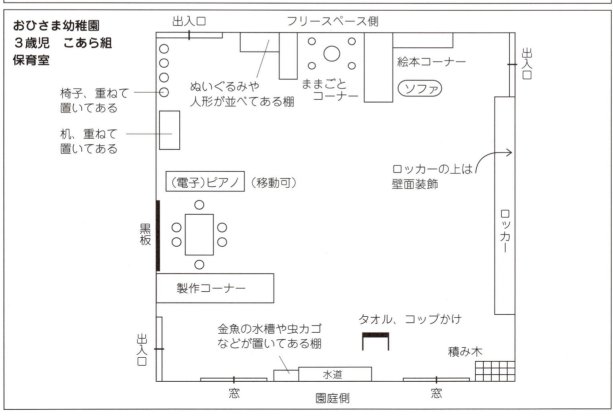

資料3 おひさま幼稚園　教育課程

3歳児 目標半期	・保育者や友達に親しみ、自分の好きな場所や遊びを見つけ、安心して過ごす。 ・基本的な園生活の流れを知り、園生活の仕方に慣れる。	
期	I	II
月	4・5 月	6・7・8 月
子どもの姿	・初めての園生活に緊張や不安、戸惑いをもっている。 ・保育者に受け止められながら落ち着き、安心して生活をする姿が見られる。 ・新しい環境に好奇心をもち、何でも触れようとしている。	・保育者や友達に親しみ、園生活に慣れる。 ・身のまわりのことを自分なりにするようになる。 ・いろいろな遊びに興味を示している。 ・子どもが集まって、平行して同じ遊びをする姿が見られる。
ねらい	・保育者や友達に親しみを感じ、安心して園生活を始める。 ・園の環境に興味をもち、喜んで遊ぶ。	・園生活を安心して過ごし、身のまわりのことがわかるようになってくる。 ・身近な素材に触れながら興味をもって遊ぶ。 ・遊びや園生活を通して、友達の存在に気づく。
内容	・自分のクラスがわかり、担任保育者や友達と一緒に過ごすことに慣れる。 ・好きな遊びを見つけ、保育者と一緒に遊ぶ。	・園生活の仕方を知り、保育者と一緒に身支度や片づけを行う。 ・自分の好きな遊具や場所を見つけ、遊ぶことを楽しむ。 ・いろいろな遊びをしながら、保育者や友達とふれあう。

4歳児 目標半期	・安心して自分から好きな遊びを見つけ、友達と思い切り遊ぶ。 ・園生活に必要な生活習慣を身につける。	
期	V	VI
月	4・5 月	6・7・8 月
子どもの姿	・進級したことを喜び、今までの園生活の経験から積極的に遊ぼうとする。 ・自分が見つけた遊びを友達と一緒に楽しんだり、友達の遊びをまねて遊んだりする。 ・身のまわりのことは自分でしようとするが個人差が見られる。	・遊びへの欲求が高まり行動も活発になる。 ・気の合う友達ができ、新しい友達とも遊ぶようになる。 ・園生活のリズムに合わせ、自分のことは自分でする。
ねらい	・保育者や友達に親しみ、喜んで登園する。 ・新しい環境の中で、好きなものや場を見つけ、友達に関わって遊ぶ。 ・自分の身のまわりのことを自分でする。	・体を十分に動かし、好きな遊びを楽しむ。 ・友達とふれあう中で、友達のよさに気づく。 ・毎日の園生活の中で率先して自分のことを行う。
内容	・新しい保育者や友達に自分から関わりをもつ。 ・保育者や友達とふれあいながら様々な環境の中で遊ぶ。 ・好きな遊びを見つけて友達と活動することを楽しむ。 ・一日の園生活の流れや自分の身のまわりの始末を自分からする。	・十分に体を動かす中で、いろいろな遊びに取り組むことを楽しむ。 ・友達と遊び、ふれあうことを繰り返しながら、関わりを広げていく。 ・園生活の流れに沿って自分なりに考えて行動する。

5歳児 目標半期	・年長組になった喜びと自覚をもち、保育者や友達と一緒に園生活を楽しむ。 ・意欲的に遊びや生活に取り組むとともに、主体的に行動して充実感を味わう。	
期	IX	X
月	4・5 月	6・7・8 月
子どもの姿	・年長児になったことを喜び、いろいろなことに挑戦する姿が見られる。 ・新しい友達に積極的に関わりをもつようにしている。 ・今まで経験してきたことを生かしながら、安定した場をつくろうとする。	・できなかったことに挑戦し、自分の力を試そうとする。 ・友達同士のつながりが強くなり、ぶつかり合いが見られるが遊びを進めていこうとする。 ・当番活動などの仕事を進んでしようとする。
ねらい	・探索したり、園生活や遊びに積極的に取り組んだりする。 ・友達に親しみ、互いのよさを認め合えるようにする。 ・新しい環境に喜びや自信をもち、積極的に園生活を楽しもうとする。	・試行錯誤しながら目的をもって活動する。 ・友達とのつながりを深め、思いを伝え合いながら遊びを進め、友達と遊びを広げていく。 ・身のまわりのことに興味をもって知ろうとする。
内容	・新しい環境に慣れ、自分から遊びを見つけながら遊びの場を広げ、十分に楽しむ。 ・友達に親しみや思いやりの気持ちをもって、一緒に遊ぶ。 ・自分のしたいこと、できることがわかり、進んで活動しようとする。	・いろいろな遊びの中で、考えたり工夫したりしながら、めあてをもって遊ぶことを楽しむ。 ・互いの考えを出し合ったり、試したりして友達と遊ぶことを楽しむ。 ・生活の仕方や当番活動の役割を知り、自分から進んで行動する。

第3章 幼稚園の理解

- 自分のしたい遊びをする中で、保育者や友達と関わる心地よさを味わう。
- 自分のことは自分でしようとし、のびやかに過ごす。

Ⅲ	Ⅳ
9・10・11・12 月	1・2・3 月
・身支度など自分でできることが増えている。 ・体を動かして遊ぶことを好んでいる。 ・友達のしていることを自分もしてみようとする。	・園生活の流れがわかり、身のまわりのことが大体自分でできるようになっている。 ・クラスで行う遊びや活動を楽しみにする姿が見られる。 ・友達と同じイメージをもって遊び、やりとりを楽しむ。
・自分のことは自分でしようとする。 ・体全体を使って活動することの楽しさを味わう。 ・好きな友達と一緒にいることを楽しむ。 ・好きな遊びを繰り返して楽しむ。	・保育者や友達との関わりの安定感が増し、のびやかに生活や遊びを楽しむ。 ・年中組への進級に期待をもって過ごす。 ・自分から進んで友達を見つけ、いろいろな遊びを楽しむ。 ・遊びのイメージを友達と一緒に形にして遊ぶ。 ・友達とやりとりしながら遊ぶ楽しさを感じる。
・自分でできることは自分でしようとする気持ちをもち、できたことに喜びを感じる。 ・運動遊びに興味を示し、元気に遊ぶ。 ・保育者や友達と飛んだり跳ねたりしてふれあいを楽しみ、心地よさを感じる。 ・保育者や友達に興味をもち、同じものをもったり、同じことをしたりして楽しむ。	・3歳児なりの園生活やきまりが身につき、のびのびと生活をする。 ・年中児と遊び、進級を楽しみにする気持ちをもつ。 ・友達の遊びがおもしろそうだと感じ、一緒に体を動かして遊ぶ。 ・友達に自分の気持ちや思いついたことを言葉で表現しようとする。 ・簡単なルールのある遊びや、集団遊びをクラスの友達と楽しむ。

- 個々のイメージや考えを出し合って、工夫し、表現しながら遊びを進める。
- 保育者や友達と一緒に様々な活動をすることを通して、経験を広げていく。
- ルールや約束を知り、守ろうとする。

Ⅶ	Ⅷ
9・10・11・12 月	1・2・3 月
・活動範囲が広がり、様々な場所で遊ぶようになる。 ・好きな遊びや毎日繰り返してする遊びが見つかり、自分の気持ちに沿って活動している。 ・自我が出せるようになり、友達とのトラブルが多くなる。	・関心が広がり、新しい活動や遊びに進んで取り組むようになる。 ・気の合う友達と考えや気持ちを伝え合いながら遊びを楽しんでいる。 ・年長組になることに喜びを感じ、心待ちにする姿が見られる。
・園内の環境に自分から積極的に関わって遊ぶ。 ・自分なりの目的をもち、友達と一緒にいろいろな遊びを工夫することを楽しむ。 ・友達との遊びを通して、自己主張しながらも相手の話を聞いたり受け入れたりすることができる。	・自分の力を発揮し、活動や遊びに取り組む。 ・友達と協力して遊ぶことを楽しむ。 ・保育者や友達とのつながりを深め、安定した園生活を送り、進級への自信と期待をもつ。
・園内の様々な場所で五感を使って関わり、遊びの場や幅を広げていく。 ・自分のイメージや考えを出し合って工夫し、表現しながら友達と一緒に遊びを進める。 ・友達とのトラブルを通して相手の思いやきまりを守ることの大切さに気づく。	・自分の思っていることや考えていることを自分なりに試したり確かめたりしながら工夫して表現する。 ・友達同士力を合わせて、同じ目的に向かって遊びを進めていくことを楽しむ。 ・保育者の手伝いや年長児のすることに興味をもち、やってみようとする。

- 友達との関わりを通して生活における必要な態度を身につけ、みんなで協力したり役割を分担したりしながら、目的を達成することを喜ぶ。
- 様々な体験を豊かにし、表現したり、言葉にして伝え合ったりすることができるようになる。

Ⅺ	Ⅻ
9・10・11・12 月	1・2・3 月
・やりたいこと、やらなければならないことに見通しをもってしようとする。 ・友達との仲間意識が強くなり、共通の目的をもって遊びを進めるようになる。 ・遊びの中で生じた問題点も自分たちの力で解決しようとする。	・難しいことにも挑戦し、積極的に遊びや役割に取り組みやり遂げようとする。 ・友達同士の関わりが盛んになり、力を合わせたり、ルールを決めたりして、遊びをおもしろくする工夫が見られる。 ・園生活の中で思ったこと、考えたことを話して伝えたり、友達の話に耳を傾けたりして、言葉による伝え合いを楽しむようになる。
・自分の課題に取り組み、やり遂げる満足感を味わう。 ・友達と力を出し合い、話したり、工夫したりして遊びを深めていく。 ・友達と思いを伝え合い、遊びを進める楽しさを味わう。	・園生活や遊びに目的をもち、自分の力で取り組みながらやり遂げる達成感を味わう。 ・友達との安定した関係の中で協力しながら遊びを深めていく。 ・生活への見通しをもって、進んで活動をする。
・自分なりの目標をもち、挑戦したり確かめたりして、遊びを楽しむ。 ・友達と協力したり分担したりして活動することを楽しむ。 ・友達と話し合い、自分の考えや意見を伝え、協力してまとめようとする。	・いろいろな遊びや役割に意欲的に取り組み、考えたり工夫したりするなど自分の力を十分に発揮し、達成したことを喜ぶ。 ・友達と協力して共通の目的に向かい、必要なものやルールを作って、充実感をもって最後までやり遂げる。 ・卒園を控え、一緒に生活した友達やお世話になった人々に感謝の気持ちを表す。

59

資料4　おひさま幼稚園　3歳児　年少組　年間の指導計画

半期目標	・基本的な園生活の流れを知り、安心して過ごす。 ・保育者や友達と一緒に好きな遊びをする。 ・園の環境に興味をもつ。	
期・月	Ⅰ期 4・5 月	Ⅱ期 6・7・8 月
子どもの姿	・初めての環境や生活の仕方に戸惑い、不安や緊張が見られる一方で、新しい環境に興味をもち、触れてみようとする姿も見られる。 ・保育者と一緒に過ごそうとする姿が見られる。 ・入園前までの家庭での経験などにより、生活習慣の慣れ方や排泄、言葉などに個人差がある。	・保育者や友達に親しみ、園生活が安定し行動範囲が広がる。 ・園生活の仕方や流れがわかってきて、自分でできることは自分なりにしようとする。 ・いろいろな遊びに興味を示し、試している。 ・同じ遊びに興味をもち、子ども同士が集まって平行して遊ぶ姿が見られる。
ねらい	・園や保育者に親しみをもち、喜んで登園する。 ・興味のある遊びを見つけて楽しむ。 ・園の環境に興味をもって関わる。	・保育者と一緒に身のまわりのことをしようとする。 ・身近な素材に触れ、感触遊びを楽しむ。 ・遊びや生活を通して、友達と一緒に行動することを楽しむ。
内容	・保育者と身のまわりの始末をする。 ・好きな遊びを見つけ、保育者とふれあい、一緒に遊ぶ。 ・様々なものを見たり触れたりして遊び、のびのびと安心して過ごす。	・衣服の着脱、食事の準備など、身のまわりの始末を自分でしようとしたり、保育者と一緒にしたりする。 ・水や砂、土などの感触を楽しみ、のびのびと遊ぶ。 ・友達と同じ遊びをしたり、食事をしたりして、一緒に過ごすことを楽しむ。
環境構成・援助	・一人ひとりの不安や緊張の気持ちを受け止め、安心感がもてるよう丁寧に関わる。 ・身のまわりの支度は保育者がやって見せたり、一緒にしたりしながら身につくように伝える。 ・家庭にあるような親しみやすい遊具などを準備し、安心して好きな遊びができるようにする。	・着替えや片づけなど、必要に応じて手を貸しながらも、自分でしようとする姿を認め、自信や次への意欲につなげていく。 ・身近な素材に直接触れる機会を設け、感触を楽しんだり、解放感を味わったりできるようにする。 ・十分な時間をとり、楽しさに共感したり、認めたりしながら子ども同士の仲立ちをする。
行事	通年（誕生会・避難訓練）・学期ごとに身体測定／入園式／園内探検／親子遠足／子どもの日（こいのぼり）／保育参観	おうちのひととあそぼうday／七夕（夕方〜）／プール開き／終業式／夏期保育／おひさままつり（泥遊び、カレーライス）

第3章 幼稚園の理解

- 園生活の仕方に慣れ、自分のことは自分でしようとする。
- 保育者や友達とふれあいながら、のびのびと過ごす。
- 保育者や友達と関わりながらよく遊び、いろいろな遊びを楽しむ。

Ⅲ期	Ⅳ期
9・10・11・12 月	1・2・3 月
・夏休み明けで園生活のペースを取り戻すのに時間のかかる子どもがいる。 ・個人差はあるが、排泄や着替え、手洗い・うがい、食事を自分から進んで行う姿が見られる。 ・園内のあちらこちらで遊ぶことを好んでいる。 ・友達のしていることをまねて自分もしてみようとする。 ・興味のある遊びに数人が集まり、保育者に支えられながら遊ぶことを楽しむ。	・園生活の流れがわかり、身のまわりのことがほぼ自分でできるようになっている。 ・クラスで行う遊びや活動を楽しみにする姿が見られる。 ・友達と同じイメージをもって遊び、やりとりを楽しむ。 ・遊びのイメージの違いから、トラブルになることがある。 ・特定の友達だけでなく、遊びの中で出会った様々な友達と遊ぶ。
・進んで身のまわりのことをしようとする。 ・繰り返し好きな遊びを楽しんだり、やりたい遊びを見つけたりして遊ぶ。 ・いろいろな運動に興味をもち、十分に体を動かして遊ぶ。 ・秋の自然に触れ、自然物を使って遊ぶ。 ・新しい遊びや活動に興味や関心をもち、友達と一緒にやってみようとする。	・保育者や友達との関わりの安定感が増し、のびやかに生活や遊びを楽しむ。 ・年中組への進級に期待をもって過ごす。 ・遊びのイメージを自分なりに形にして遊びを進める。 ・自分から進んで友達を見つけ、いろいろな遊びを楽しむ。
・園生活の仕方が大体わかり、自分から進んで身のまわりのことをしようとする。 ・いろいろな運動遊びを友達と一緒に楽しむ。 ・木の実や落ち葉を拾い集めるなど、秋の自然に触れて遊ぶ。 ・友達と同じように動いたり、同じものを身につけたりして遊ぶことを楽しむ。 ・友達や保護者と遊ぶ中で自分の気持ちや考えを様々な方法で表す。	・3歳児なりの園生活やきまりが身につき、のびのびと生活をする。 ・年中児と遊び、進級を楽しみにする気持ちをもつ。 ・友達の遊びがおもしろそうだと感じ、一緒にする。 ・友達に自分の気持ちや思いついたことを言葉で表現しようとする。 ・みんなで一緒に活動することを楽しむ。 ・遊びに必要なものがわかり、用意したり自分で場をつくろうとしたりする。
・自分の身のまわりのことや、保育者の手伝いなどをしようとする意欲を受け止め励ます。 ・体を動かす楽しさや心地よさを味わえるように、場や用具を用意したり遊びに誘いかけたりして、楽しさを共感し合えるようにする。 ・季節の移り変わりに興味をもって自然物と関わるようにする。 ・イメージを共有し合えるような場面やものを用意する。 ・個々のペースに合わせながら、丁寧に関わる。	・全身を使ってなりきったり、身体を動かしたりする遊びを取り入れる。 ・簡単なルールのある遊びを取り入れ、集団で遊ぶ楽しさが味わえるようにする。 ・子どもが自分の思いを友達に様々な方法で伝えられるように励ましたり、一緒に考えたりする。 ・進級に向けて、年中組保育室に行ったり、食事したりする機会をつくる。
始業式／敬老のつどい／遠足／運動会／さつまいも掘り／クリスマス／発表会	もちつき／豆まき／造形祭／ひなまつり／卒園式

資料5　**おひさま幼稚園　3歳児　こあら組　10月の指導計画**

子どもの姿	・夏休み明けで、生活リズムが乱れていたり保護者が恋しくなったりして不安定な様子が見られる。 ・保育者と一緒に砂場で水遊びを楽しむ中で、感じたことを言葉にして教師や友達に伝えられるようになってきている。 ・気の合う友達を見つけ、場や物を共有しながら一緒に遊ぼうとする姿が見られる。	今月のねらい	・身のまわりのことは、自分でできるようにする。 ・保育者や友達とふれあいながらのびのびと活動する。 ・友達との関わりの中で、自分で考えたことを表現する。 ・秋の自然に触れ、自然物を用いた遊びを楽しむ。
生活・安全	・手を洗う時には、袖をまくって洗う。 ・年長児がリレーなどをしている時は、近くに寄っていかないようにする。 ・廊下やテラスは走らない。	行事	3日（土）運動会　　5日（月）運動会の振替休日 20日（火）遠足　　21日（水）遠足予備日 23日（金）避難訓練　30日（金）誕生会

内　容	環境の構成及び保育者の援助・配慮
・所持品の始末や片づけなどを自分から進んでできるようにする。 ・運動会に参加することを喜び、友達と一緒に活動することを楽しむ。 ・友達と同じように動いたり、同じものを身につけたりして遊ぶことを楽しむ。 ・秋の自然を見つけ、集めたり友達と見せ合ったりして楽しむ。 ・保育者や気の合う友達との関わりの中で、自分の思いを言葉や行動で表そうとする。	・個々に手を添えたり励ましたりして、できた喜びを感じ、次への意欲につなげるようにする。 ・初めての運動会に向けて子どもの期待を高めるとともに、大勢の観客に驚き日ごろの様子が見られないこともあるので、事前に保護者に伝えておく。 ・友達と一緒のものを身につけて気に入った歌や踊りを繰り返し楽しめるように、衣装や製作に用いる素材や用具、音楽などを用意しておく。 ・友達と一緒ということが嬉しく感じられるように、保育者がその楽しさや嬉しさを代弁し、互いの気持ちを伝えられるようにする。 ・ペットボトルで作ったバッグなどを用意し、園内のどんぐりや紅葉した葉を見つけ集めたり、保育者や友達に見せたりして楽しむ。 ・もっとたくさんのどんぐりや落ち葉、木の実、昆虫などが緑地公園では見つけられることを知らせ、期待を高める。 ・保育室についたてで少人数が集まって遊べるスペースをつくったり、段ボールの車や列車などを用意したりすることで気の合う友達と一緒に過ごし、自分の思ったことを表現できる機会を増やす。

クラス活動	・リズム体操（たけのこ体操・パワフルキットちゃんなど） ・おおかみさん　・表現遊び ・自然物遊び ・製作活動（ポシェット、森のきのこ、どんぐり、コマなど） ・誕生会	自由遊び	・製作（お面ベルト、○△□♡☆型の紙、紙テープ広告棒など） ・リズム体操　・ヒーローごっこ　・Bブロック ・砂場　　　　・巧技台　　　　・三輪車 ・段ボール電車　・かくれんぼ　　・お店屋さんごっこ ・運動会ごっこ（かけっこ・リズム体操など） ・プラレール ・自然物遊び（どんぐりや落ち葉集めなど）
歌	・運動会の歌 ・どんぐりころころ ・大きな栗の木の下で ・き、き、きのこ	絵本	・パオちゃんのうんどうかい　・14ひきのあさごはん ・どうぞのいす ・おだんごぱん ・いもむしれっしゃ

第3章 幼稚園の理解

資料6　おひさま幼稚園　3歳児　こあら組　10月第4週の指導計画

子どもの姿	・遠足を経験し、友達と手をつないで仲良く歩いたり、一緒に弁当を食べたりして、気の合う友達と一緒にいることを楽しんでいる。 ・気候も過ごしやすくなり、友達と一緒に戸外に出て体を動かして遊ぶ姿が見られるが、運動量と体力が見合わず疲れている様子もある。	行事・家庭連絡	・30日（金）－アツシくん誕生会（保育室） ・朝晩の気温差が大きくなってきたことや園での活動量が増えてきたことで、体調を崩したり疲れがたまっていたりするので、家庭でゆっくり過ごす時間を取るように伝える。
ねらい	・秋の自然を見つけ、自然物を使って遊ぶ。 ・保育者や友達と一緒に遊ぶことの楽しさを感じる。 ・自分の思っていることを言葉や動きで表現して伝える。	内容	・園庭のどんぐりや紅葉した葉、秋の花を集め、戸外でのままごとやお店屋さんごっこに使ったり、友達と見せ合ったりして楽しむ。 ・保育者や友達と遊ぶ中で、役になりきったり、つもりになったりしてイメージを膨らませ、それを言葉や動きにして表現する。 ・友達の存在にも目を向け、友達と一緒に過ごす心地よさを感じる。

	予想される子どもの活動	環境の構成及び保育者の援助・配慮
26日（月）	○自然物に触れる ・秋の話からイメージを広げ、次の製作の準備を自ら取り組む。 ○リズム体操 ・運動会で踊ったたけのこ体操やパワフルキットちゃんの踊りを思い出し、友達と同じ動きをしたりなりきったりして楽しむ。	＜自然物に触れる＞ ・秋の季節に触れることができるような話をしたり、教材や製作の素材を選んだりする。 ＜リズム体操＞ ・運動会の余韻を楽しみながら、身体を積極的に動かすことを楽しめるような活動にする。 ・友達と一緒に、全身を使ってなりきったり、身体を動かす楽しさが味わえたりするようにする。 ・遊びを通して出会う子ども同士の関係から生まれた共通の体験や思いを大切に扱う。
27日（火）	○自然物遊び ・どんぐりや落ち葉などを集め、大きさや色を比べたり、ままごとなどに使ったりして楽しむ。 ○かくれんぼ ・保育者が鬼になり、友達と一緒にかくれたり、捕まるスリルを味わったりする。	＜自然物遊び＞ ・秋ならではの自然物に気づくことができるように保育者も一緒にその発見を楽しみ、その子どもなりの気づきや発見をもとに、遊びが発展するように関わっていく。 ・自分たちから遊び始めることを尊重し、好きな遊びが繰り返し楽しめるように一緒に行う。 ＜かくれんぼ＞ ・数人で始まった遊びを周囲の子どもたちに伝えたり、誘ったりしながら全体の遊びとして盛り上がるよう配慮し、集団で遊ぶことのおもしろさを感じられるようにする。
28日（水）	○製作（森のきのこ） ・傘と軸の部分の工作紙を用意し、部分のり付けを経験する。傘の部分に☆や○などの型抜きしたケント紙を全面にのり貼りする。	＜製作：森のきのこ＞ ・自分でやってみようとする気持ちを大切に考え、扱いやすい素材の用意とその配置も配慮する。 ・方法や技術面については、視覚的な手掛かりをもとに子どもたちに伝え、丁寧に援助するようにする。 ・子どもたちが自分で作った喜びを感じられるようにする。 ・のりの使い方や量を丁寧に伝えていく。手が汚れた時に使えるよう手拭きを用意する。終了後の手洗いはしっかりとさせ、様子を見守っていく。
29日（木）	○おおかみさん ・歌に合わせて、みんなで同じ動きをしたり、おおかみが来るというスリル感を味わったりして楽しむ。 ・おおかみと7匹の子ヤギのストーリーと合わせて発展させて楽しむ。	＜おおかみさん＞ ・つどいや遊びを通して、クラスの友達と一緒に楽しめる活動として取り入れていくようにする。 ・参加については、個々のペースや、育ちを把握しながら誘っていくようにする（おおかみが怖い子ども等）。 ・その子なりの気づきや思いを大切にしながら、遊びを楽しめるように関わっていく。
30日（金）	○アツシくんの誕生会 ・みんなでハッピーバースデーの歌を歌ったり、玩具のケーキを食べたりして祝い、アツシくんが大きくなったことをみんなで喜ぶ。 ・担任出し物－エプロンシアター	＜誕生会＞ ・誕生日を祝えるような環境を整えておく。誕生児の特技のけん玉の披露やスライドで写真を見るなど、みんなで祝う気持ちを高めていけるようにする。 ・エプロンシアターは、前に出てきてしまう子どもには、友達の存在に気づけるよう援助していく。また途中で気持ちが切れてしまった子どもには、場面の内容を個別に伝えながら、再び気持ちが向かうよう関わっていく（おおかみと7匹の子ヤギ）。

資料7　おひさま幼稚園　3歳児　こあら組　10月26日(月)の指導計画

●●年10月26日（月曜日）　　3歳児　　こあら組　　計23名　　実習生名○○○○

子どもの姿	ねらい
・運動会が終わった後でも、子どもたちは引き続き保育者や友達と外で思い切り走ったり、踊ったりするなど、運動会での経験を再現して楽しむ姿が見られる。中には年中児・年長児の遊戯に興味をもち、年中児・年長児の近くで一緒になって踊っている子どももいるが、近くで様子を見ている子どももいる。 ・先週の遠足を思い出しながら、園庭の落ち葉やどんぐりなどに触れてみたり、ペットボトルで作ったパックを使って集めたりすることを楽しんでいる。 ・遠足での経験を思い出し、友達と手をつないで歩いたり、一緒に昼食を食べたりするなど、気の合う友達と一緒にいることを楽しんでいる姿が見られる。	・友達とともに体を十分に動かして遊ぶことを楽しむ。 ・身近な自然に触れ、それらを使って遊ぶ。 **内容** ・友達と同じ動きをしたり、役になりきったりして、全身を思い切り動かして遊ぶ。 ・園庭にある秋の自然物を集めたり、友達と見せ合ったりすることを楽しむ。

時間	環境の構成	予想される子どもの姿	保育者の援助・配慮
8:40	・前週の遊びの流れを意識して、ままごとや積み木、プラレールなどすぐに遊び出せるように遊具や用具、素材を用意しておく（子どもの登園前に上記の準備を行っておく）。	○登園する。 ・保育者や友達と朝の挨拶をする。 ・靴をしまい、保育室に入る。 ・友達とおしゃべりをしながら保育室の様子を見る。 ○身支度を整える。 ・コップと手拭きタオルをかける。 ・かばんをかける。 ・ハンカチとティッシュをポケットから出して制服を脱ぎ、スモックに着替える。 ・ほかの子どもの遊びが気になってしまい、なかなか支度が進まない子どもがいる。	・一人ひとりの表情をよく見ながら、一日が気持ちよく始められるように明るく挨拶をして受け入れる。 ・視診して気になることがあれば、保護者から様子を聞く。 ・一人で身支度ができた姿をみんなの前で認め、自信をもって身支度ができるようにする。 ・ティッシュやハンカチの出し入れ忘れがないか確認する。また、スモックの後ろ前に気をつけるように声をかける。 ・なかなか支度が進まない子どもには、支度後の遊びに対する期待が高まるように声をかけて促したり、一緒に支度をしたりする。
9:00	（図：保育室の配置図） 保育室　　出入口 ままごと ピアノ　△ 制作コーナー　ロッカー 出入口　積み木 　　　水道 ●保育者（実習生） △担任保育者　○子ども ・保育室が落ち着いてきたら担任保育者と相談し園庭に出る。 ・運動会で年中・年長児が使用したポンポンや鳴子を準備しておき、子どもがそれらを使い、踊ってみたくなるような	○好きな遊びを楽しむ。 ・プラレールをつなぎ、電車を走らせて一人遊びをする。 ・電車やプラレールを取り合う子どもがいる。 ・スカートやエプロンをつけ、お母さんやお姉さんになりきってままごとをする。 ・猫や犬、アイドルやプリンセスになりきり、その役に合った身振りをしたり、セリフを言ったりして楽しむ。また、役に合ったお面を作り、それを身につけて遊ぶ。 ・年中児や年長児が踊りを踊っている所へ近寄っていき、そばで一緒に踊りを踊る。中には、近くでその様子を見ている子どももいる。	・プラレールの遊びでは、使いたい道具が重なることが多く、取り合いなどのトラブルが起こることがあるため、相手に自分の気持ちが伝えられるように、一緒に話をしたり、後で道具の貸し借りができたりするように促していく。 ・動物や役になりきっている子どもたちには、それぞれの役のイメージができるように道具を用意したり、具体的な声かけをしたりする。また、製作コーナーに用意しておいたお面ベルトとケント紙を用い、保育者自身がお面を作ってみせることで、子どもたちがお面作りに興味をもてるようにする。 ・保育者も子どもの近くで一緒に踊りをして体を動かすことで、その楽しさを共感していく。また、ポンポンや鳴子を使い、保育者がそれらを使って楽しそうに踊る姿を見せることで、やってみたいと思えるようにする。

64

第3章 幼稚園の理解

（一部省略）

時間	環境の構成	予想される子どもの姿	保育者の援助・配慮
	環境をつくっておく。	・友達と手をつないで一緒に園庭を歩きながら、ペットボトルバッグの中に木の実や落ち葉を拾い集める。中には友達が拾ったものに興味をもっている子どもがいる。 ・砂場で、ケーキやドーナツを作って、どんぐりや花で飾る。	・秋の自然物を集めている子どもには、その色や形、大きさや集めた量に驚いてみたり、「きれいだね」と共感したりして楽しんで遊べるようにする。また、まわりにいる子どもも興味がもてるように保育者が見せたり、子ども同士で見せ合ったりするような雰囲気をつくったりする。
9：25		○片づける。 ・なかなか気持ちの切り替えがつかずに遊び続ける子どもがいる。 ・一生懸命片づけている子どもや友達の分も片づけている子どもがいる。	・次の活動に期待がもてるように声かけをして片づけを促しつつ、子どもと一緒に片づけをする。 ・自発的に片づけを行っている子どもなど、よいところはみんなの前で認めるなどして、意欲的に取り組めるようにする。
9：40		○全体朝礼をする。 ・全員で集まり、挨拶し、歌を歌う。 ・遊びに集中してしまい、なかなか集まれない子どもがいる。 ・リズム体操を行う。	・クラスごとに集まるよう声をかけ、集まれない子どもは呼びに行く。 ・1日が気持ちよく過ごせるように、保育者も一緒に元気に挨拶や体操をして、気持ちを合わせていく。
9：50	保育室 ピアノ　ロッカー 水道	○手洗い・うがい・排泄をする。 ・長袖をまくらず手を洗ってしまい、袖が濡れてしまう子どもがいる。 ・手洗い・うがいを終えた子どもから席につく。	・手洗いは腕まくりをしてからするように声をかけていく。濡れてしまった子どもには、冷たかったことに共感し、次は気をつけようという気持ちがもてるよう促す。
10：00	・歌 「どんぐりころころ」 「大きな栗の木の下で」 ・運動会のリズム体操で使用した音楽や衣装などを用意しておく。	○朝のつどいをする。 ・歌を歌う。 「どんぐりころころ」 「大きな栗の木の下で」 ・出欠席の確認をする。 ・「たけのこ体操踊ったよね」「私も綱引きやりたい！」「お兄さんの踊りできるよ！」などと口々に言う。 ・運動会で使用した衣装を受け取り、衣装に着替える。着替え終わったら、園庭へ移動する。	・運動会での様子について具体的に振り返り、クラスのみんなが運動会に対して具体的なイメージがもてるようにする。 ・運動会で使用したなじみのある音楽や衣装などを用意しておくことで、次の活動に対して期待がもてるようにする。
10：20	園庭 園舎 園庭	○リズム体操を踊る。 ・保育者の説明を聞く。 ・みんなでリズム体操を踊る。 「たけのこ体操」 「パワフルキットちゃん」	・運動会の時に踊ったリズム体操を踊ることを伝える。 ・子どもたちが思い切り体を動かすことができるように、友達との間隔を十分にとるよう声をかけ、その後、安全かどうかを確認する。

（5）やってみよう　3章まとめワーク

3章で学んだことを思い出しながら、次の質問に答えてみましょう。

①下の文は、幼稚園の教育について書かれた文章です。正しい文章には〇、誤っている文章には×を（　）に書きましょう。

| 子どもは遊びを通して心身の全体的な発達の基礎を築いていくため、遊びを通しての総合的な指導を中心としてねらいが達成されるようにする。（　　） | 幼児期における教育は生涯にわたる人格形成の基礎を培う重要なものであるため、間接的な経験としての授業が幼稚園における教育の基本となる。（　　） | 幼稚園教育は環境を通して行うことが基本とされている。そのため、保育者の役割は重要ではない。（　　） |

②次の文章が説明する事柄は何といいますか。それぞれ書きましょう。
1. 幼稚園における教育課程や保育内容について示した国の基準のことを何といいますか。（　　　　　　　　　　）
2. 1.によって編成するものとして規定されており、幼稚園の入園から卒園までの園生活全体において子どもたちが育っていくおおまかな道筋を示したものを何といいますか。（　　　　　　　　　　）
3. 1.では幼稚園における1日の教育時間について4時間を標準としています。その教育時間修了後等の時間において希望する者を対象にして行う教育活動を一般的に何といいますか。（　　　　　　　　　　）

③p55～p65のおひさま幼稚園の資料を見て、次の質問に答えましょう。
1. おひさま幼稚園の概要を見て、教育目標を3つ書きましょう。
（　　　　　　　）（　　　　　　　）（　　　　　　　）

2. おひさま幼稚園3歳児年少組の教育課程を見て、Ⅲ・Ⅳ期の半期目標を2つ書きましょう。
（　　　　　　　　　　）（　　　　　　　　　　）

3. おひさま幼稚園3歳児年少組年間の指導計画から、Ⅲ期の「子どもの姿」から遊びの様子を2つ書きましょう。（　　　　　　　　　　）（　　　　　　　　　　）

4. おひさま幼稚園3歳児こあら組の10月の指導計画から10月の行事を3つ選んで書きましょう。
（　　　　　　　）（　　　　　　　）（　　　　　　　）

5. おひさま幼稚園3歳児こあら組10月第4週の指導計画を見て、10月28日の予想される子どもの活動を書きましょう。（　　　　　　　　　　　　　　　　）

第4章
保育所の理解

　みなさんは"保育所"についてどのようなイメージをもっていますか。
　公園などに散歩に出かける保育所の子どもたちや、子どもたちの手をひく保育者の姿を見かけることはよくあっても、実際保育所での保育に触れる機会は少ないかもしれません。保育所の実習に行く前のみなさんに保育所のイメージを聞くと、両親が共に働いている家庭の子どもたちが通う"家"のようなところという答えが返ってくることがあります。もちろん保育所は乳幼児が一日の大半を過ごす場所ですから、安心して過ごせる家庭的な雰囲気であることは大切です。しかし、保育所で大切にされていることはもっとたくさんあります。
　この章では、保育所の役割やそこで行われている保育について理解を深めていきます。そして具体的な全体的な計画や指導計画を基にしながら、指導計画の成り立ちについて学んでいきます。それらのつながりを意識しながら、保育所での保育をイメージしてみましょう。

1 保育所の基本

ねらい 「保育所保育指針」の内容に沿って、保育所の役割や保育所保育の基本について理解しよう。

　乳幼児期は、子どもが生涯にわたる人間形成の基礎を培う重要な時期であるにもかかわらず、子どもや子育て家庭をめぐる環境には、課題や問題点が多く存在しています。たとえば、少子化や核家族化の進行による家庭や地域の子育て力の低下、労働環境の変化による共働き家庭の増加、就業形態の変化による生活時間の多様化など、子どもを育て、育てられる環境は急激に変化しています。このような環境の中、子どもたちの一人ひとりの健やかな育ちを保障するとともに、保護者に対する子育ての支援を行っていくためには、保育所はどのようにあるべきなのでしょうか。

　本節では保育所の基本的なあり方について、保育所における保育の内容やこれに関連する運営等について定めている「保育所保育指針」の内容について詳しく見ていきます。

(1) 保育所とは

①保育所の生活

　保育所は、『保育を必要とする乳児・幼児を日々保護者の下から通わせて保育を行うことを目的とする』児童福祉法第39条に基づいた児童福祉施設です。保育の対象は、乳児から幼児までであり、保護者に代わって保育を行う場となっています。ここでいう「保育を必要とする乳児・幼児」とは、児童福祉法第24条第1項の規定により、保護者が労働や疾病等で児童を保育することができない家庭の子どもはもちろんのこと、保育を必要とするすべての人が該当し、誰しも必要な時に必要なサービスを安心して利用できるようにすることが求められているのです。近年では、女性の就労機会の増加や共働き世帯の増加、労働時間の長時間化や変則勤務、また核家族化の進行など、就労形態やライフスタイルの多様化に応じて保育ニーズも多様化しており、子育てを取り巻く様々な環境の変化によって多くの家庭の子どもが保育所への入所を必要としているのが現状です。右の

※平成27年からは、保育所数に認定こども園を含みます。
平成31年の保育所の実数は (23573) です。
(厚生労働省『保育所関連状況とりまとめ [平成31年4月1日]』より作成)

【図4-①】 保育所の利用者数と保育所数の推移

memo

【図4－①】は、近年の保育所の利用者数と保育所数の推移を表したものです。保育所数と利用者数は、年々大幅に増えていることから見ても、多くの家庭の子どもが保育所への入所を希望していることがわかるでしょう。

　保育所の生活では、大きく分けて二つのことを大切にしなければなりません。それは第一に、『入所する子どもの最善の利益を考慮し、その福祉を積極的に増進する』[1]ことです。ここでは、大人の利益が優先されるのではなく、何よりもまず子どもの最善の利益を優先させ、それを守るよう努めなければならないことや、子どもたち一人ひとりが生きる主体として受け入れられ、乳幼児期にふさわしい体験が得られるような生活を保障することが保育所の責任であることを明らかにしています。子どもは、"保護の対象"であると同時に、"権利の主体"としても尊重されることが大切なのです。ここでいう「子どもの最善の利益」とは、子どもの権利を象徴する言葉です。言い換えれば、子どもの人権を尊重することの重要性を表している言葉であり、子どもに関わることを決めたり、行ったりする際には、何よりもまず優先すべきできごとの判断する基準を指し示している言葉なのです。

　そして第二に、保育所に入所する子どもにとって、『最もふさわしい生活の場でなければならない』[2]ことです。近年、少子化や核家族化、都市化、地域社会の教育力の低下、人間関係の希薄化など、子育て環境の変化により、乳幼児期にふさわしい生活を送ることが難しくなってきているという状況を踏まえ、子どもたちの健やかな育ちを保障するために、保育所での生活について子どもの福祉を積極的に増進する観点から捉え直すことが求められています。たとえば、保育者との信頼関係に支えられた温かな雰囲気の中で生活することができること、また、子どもの興味や関心に基づいた直接的な体験が得られる環境が保障されていること、さらには、子どもが同年代の仲間や異年齢の子ども、保育者などの様々な人と出会い、十分に関わって生活できる空間や時間が確保されていること、家庭との連携を通し、子どもと保護者との安定した関係に配慮することなど、このような乳幼児期にふさわしい生活の場を積極的につくり上げていくことが、今日の保育所には求められているのです。

②保育所の役割

ⅰ．保育所の特性

　「保育所保育指針」第1章総則1（1）イでは、保育所の特性について、「専門性を有する職員による保育」「家庭との緊密な連携」「子どもの状況や発達過程を踏まえた保育」「環境を通して行う保育」「養護と教育の一体化」という5つのポイントが示されています。以下では、それぞれについて見ていきましょう。

　保育所では、主に子どもたちと生活をともにする保育者だけではなく、調理員や栄養士、看護師や嘱託医など、それぞれの専門性を有した職員が連携を図りながら保育を行っています。保育所の責務を果たすためには、職員同士が協働し、職員全体の一員としての役割をしっかりと担うことが必要で

1）保育所保育指針、第1章1（1）アより抜粋
2）同上

す。その際、保育所職員はそれぞれの専門性を認識するとともに、子どもや保護者、地域の方々などと関わる対人援助職であることを常に自覚し、関わりの中で自己を省察していくことが大切です。

　また、子どもの最善の利益を守り、子どもたちを心身ともに健やかに育てる保育を行っていく上で、家庭との緊密な連携は欠かせません。したがって保育所では、家庭と保育所での連続した子どもの生活を視野に入れ、相互の連携を密にしながら保育を行っていくことが求められています。それは保育所が、3歳以上児の保育を行う幼稚園とは違い、乳児や3歳未満児の保育をも行う施設であるとともに、子どもたちが1日の生活時間の大半を保育所で過ごすという長時間にわたる生活を行う場でもあるからです。そのためにも、まず保育者等は、保護者との安定した信頼関係を構築していくことが必要です。具体的には、連絡ノート、送迎時の対話などを通してコミュニケーションを重ね、子どもへの愛着や成長を喜ぶ気持ちを伝え合うこと、さらには保護者の気持ちに寄り添って理解を示すことなどを通して、保育所と家庭との生活の連続性に配慮し、ともに子どもを育てていこうとする意識を育むことが大切です。また、保育所の保育が、より乳幼児期の子どもの成長をサポートし、保護者が安心して子育てできるよう、保育者による保育指導、看護師や保健師による保健指導、栄養士が行う栄養指導などといった保護者支援を効果的に行うことが期待されています。

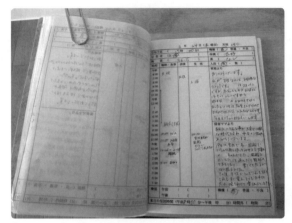

【図4－②】　家庭と保育所をつなぐ連絡ノート

　さらに、保育所における保育では、児童福祉法等の規定に基づいた保育所の目的や目標が達成されるよう、乳幼児の生活の状況や発達過程を踏まえ、適切な援助や環境の構成を行っていくことが重要です。ここでいう「発達過程」とは、『ある時点で何かが「できる、できない」といったことで発達を見ようとする画一的な捉え方ではなく、それぞれの子どもの育ちゆく過程の全体を大切にしようとする考え方』[3]です。それは、子どもたちの発達は年齢に応じた均一的なものではないものの、子どもたちの発達の道筋やその順序性には共通性があるため、子ども一人ひとりの発達について理解し、援助していこうとする際に、それを「発達過程」として"一定の目安"としようとするものです。このように保育所では、「発達過程」を子どもの発達のプロセスを捉えるための"一定の目安"としながら、子ども一人ひとりの発達の道筋や心身の状態や家庭での生活の状況などを踏まえ、発達の個人差に留意しながら家庭との連携を密にして丁寧に保育を行うことが求められています。

　そして、環境を通して養護と教育が一体的に展開されることも保育所保育の特性として挙げられます。ここでいう養護と教育が一体的に展開されるとは、『保育士等が子どもを一人の人間として尊重し、その命を守り、情緒の安定を図りつつ、乳幼児期にふさわしい経験が積み重ねられていくよう丁寧に援助すること』[4]を意味します。保育が豊かなものとなるためには、たとえば、乳児が発する泣

---

[3] 厚生労働省『保育所保育指針解説』フレーベル館、2018年（平成30年）、p14
[4] 同上、p15

き声や動きなどに対して優しく応えたり、遊びの中で生じる幼児の喜びや悔しさなどの感情に共感したりするなど、まず生活をともにする保育者等が子どもたちの心に寄り添い、一人ひとりの存在を認めていくことが大切です。そして、子どもたちは保育者等や友達に支えられ、認められるという相互的なやりとりを重ねていくことで、情緒的な安定を獲得していき、次第に自ら環境に関わり、主体的に活動することができるようになっていくのです。このように保育所保育では、子ども一人ひとりの状況や発達過程を踏まえつつ、子どもが望ましい方向へ向かうために必要な経験ができるように、養護と教育の視点から環境を計画的に構成していくことが必要です（⤴p77〜79）。

　最後に、前でも述べましたが、保育所の生活では、養護と教育が一体的に展開されていくことが特性として挙げられます。保育所保育指針の第2章「保育の内容」では、保育者等が「ねらい」や「内容」を具体的に把握するための視点として、主に教育に関わる側面から「乳児保育」「1歳以上3歳未満児」「3歳以上児」の年齢区分ごとの基本的事項、ねらい及び内容、配慮事項が記されています。しかし実際の保育所の生活では、第1章「2養護に関する基本的事項」に記されている養護に関するねらい及び内容を踏まえ、養護と教育が相互に関連し、両者が一体となって保育が行われていくことを考慮しなければなりません。たとえば、3歳未満児におけるトイレットトレーニングについて考えてみましょう。基本的な運動機能の発達に伴い、子どもは身のまわりのことは自分でしたいと思うようになっていきます。しかし、子どもが自分でやりたいと思っていても、すべてが急にできるようになるわけではありません。排泄が自分でできるようになるためには、トイレへ行きたいと思えなければなりませんし、トイレへ行くまで排泄を我慢できるようにならなければなりません。また、排泄の準備をするためには、衣服の着脱も

【図4-③】　うまく座れたね

一人でできなければなりませんし、排泄後の後始末もできなければなりません。そのため、保育者は子どもが自分で排泄をしようとする思いに寄り添い、現在のその姿を見守っていくことが必要です。また、「ちっち（うんち）でたね」などと優しく声をかけたり、一人ひとりのペースに合わせたりしながら、子どもの育ちに対する見通しをもち、子どもなりの意欲を引き出すことができるよう丁寧に援助していくことが大切です。このように養護と教育は切り離せるものではなく、環境を通して一体的に展開されてこそ、子どもは保育所での生活を豊かに、かつ安心して営むことができるのです。

　また、保育者等は、養護と教育が一体的に展開される保育所保育を計画したり、自身の保育を反省し評価したりする上でも養護と教育の視点をもつことは大切です。実習の前には、保育所保育指針の第1章「2養護に関する基本的事項」と第2章「保育の内容」の内容に目を通し、理解を深めておきましょう。

ii．子育て支援

　保育所における保護者への子育て支援は、すべての子どもの健やかな育ちを実現することができるよう行わなければなりません。それは保育者等の保育所職員の業務であり、職員間の連携を図りながら、子どもの健やかな育ちを実現できるよう保育所に入所する子どもの保護者に対する支援を積極的に行っていくことが必要です。特に保育者は、保護者が支援を求めている子育ての問題や課題に対して、保護者の気持ちを受け止めつつ、安定した親子関係や養育力の向上をめざして支援することが求められます。保育所は、以下のような5つの子育て支援の特性をもっており、保育者等はこの特性や保育環境を生かし、保護者の多様化した保育の需要に応じた子育て支援を進めていくことが必要です。

> ○子どもが毎日通うことで、継続的に子どもの発達援助を行うことができること
> ○子どもの送迎時などに、毎日保護者と接触する機会があること
> ○保育士をはじめとした、調理員や栄養士、嘱託医や看護師等、各種専門職が配置されていること
> ○子どもの生命と生活を守るとともに、保護者の仕事と生活の調和（ワーク・ライフ・バランス）の実現を支えるという社会的使命があること
> ○地域の公的施設として、児童相談所や福祉事務所、保健センターや療育センター、教育委員会等の様々な社会資源との連携や協力が可能であること

　また保育所には、入所する子どもの保護者だけではなく、地域の子育て家庭に対する支援等を行う役割もあります。児童福祉法第48条の4では、『保育所は、当該保育所が主として利用される地域の住民に対してその行う保育に関し情報の提供を行い、並びにその行う保育に支障がない限りにおいて、乳児、幼児等の保育に関する相談に応じ、及び助言を行うよう努めなければならない』として、地域の子育て家庭に対する支援を保育所の努力義務と規定しています。近所や地域とのつながりが失われ、子育て家庭が孤立している現代では、保育所は地域に開かれた子育て支援の拠点として、入所児の保護者への支援はもちろんのこと、地域の子育て力の向上にも貢献していくことが求められているのです。具体的には、子育て家庭が気軽に利用できる交流の場を提供したり、絵本の読み聞かせ会や子育てセミナーを開催したり、また、職員が子育て家庭に出向いて出前相談を行ったり、さらには多様な保育ニーズに応えるための一時保育を行ったりするなど、地域の子育て支援の拠点として、保護者が子どもの成長する姿や子育てすることの喜びを感じられるよう、様々な支援が行われています。このような保育所における子育て支援は、子ど

【図4-④】　地域に開かれた夏祭り

memo

もの人権擁護、児童虐待防止の観点からも重要な役割を担っています。

ⅲ．保育士等の専門性

　2003年に改正された児童福祉法第18条の４では、『この法律で、保育士とは、第18条の18第１項の登録を受け、保育士の名称を用いて、専門的知識及び技術をもって、児童の保育及び児童の保護者に対する保育に関する指導を行うことを業とする者をいう』と規定されています。この法律に基づき国家資格となった保育士には、保育の専門家としての役割を果たすことが求められます。そのため保育所の保育士には、『①これからの社会に求められる資質を踏まえながら、乳幼児期の子どもの発達に関する専門的知識を基に子どもの育ちを見通し、一人一人の子どもの発達を援助する知識及び技術、②子どもの発達過程や意欲を踏まえ、子ども自らが生活していく力を細やかに助ける生活援助の知識及び技術、③保育所内外の空間や様々な設備、遊具、素材等の物的環境、自然環境や人的環境を生かし、保育の環境を構成していく知識及び技術、④子どもの経験や興味や関心に応じて、様々な遊びを豊かに展開していくための知識及び技術、⑤子ども同士の関わりや子どもと保護者の関わりなどを見守り、その気持ちに寄り添いながら適宜必要な援助をしていく関係構築の知識及び技術、⑥保護者等への相談、助言に関する知識及び技術』[5]など、高度かつ幅広い専門的知識や技術が必要とされるのです。

　また、それぞれの職務内容に応じた保育士等の専門性を高め、質の高い保育実践を行うためには、これらのような知識や技術を習得するだけではなく、子どもや保護者等との日々の関わりの中で常に自己の関わりについて省察を行い、絶え間なく変化する状況に応じた適切な判断（知識や技術、倫理観に裏付けされた判断）をしていくことが求められます。そのため、保育士等は専門家としての自覚をもって日々の職務に取り組むとともに、日々の職務内容について振り返り、子どもの行動と内面の理解を深めたり、自己評価等に基づく様々な課題に応じて職場内外の研修会に参加したりなどして、日常的に職員同士が主体的に学び合い、自己研鑽を積んでいこうと努めなければなりません。また、保育の場以外でも、自らの日々の生活を振り返り、一人の生活者としてどうあるべきなのかなどについて、常に自省しながら生活していこうとする姿勢をもつことも必要です。さらに、休日には趣味や特技などに興じるなど、様々な事象に対して興味や関心をもって主体的に生活することを通して、保育士等としての資質を高めていくこと、また一人の人間としての魅力や人間性を高めていくことも大切です。

（2）保育所保育の基本

①保育所保育でめざされていること

　保育所における保育では、保育の目標として大きく二つのことがめざされています。それはまず第

5）厚生労働省『保育所保育指針解説』フレーベル館、2018年（平成30年）、p17

一に、『子どもが現在を最も良く生き、望ましい未来をつくり出す力の基礎を培う』[6]こと、そして第二に、『入所する子どもの保護者に対し、(中略)その援助に当たらなければならない』[7]ことです。以下では、それぞれについて見ていきましょう。

保育所では、生涯にわたる人間形成の基礎を培う重要な時期にある"現在"の子どもが、一個の主体として大事にされ、心地よさや安心感に包まれた中で幸せに、かつ主体的に楽しんで生活できること、また、子どもの望ましい"未来"を見据えて、今後の生涯に

【図4-⑤】 これは何だろう？

わたる生きる力の基礎を培うことを目標として保育を行っていくことが重要です。これは、保育の営みが子どもの"現在"のみを対象としているのではなく、子どもの成長の可能性を信じて"未来"を展望し、長期的視野をもって行われるものであることを示しています。そのため、保育所における保育では、保育所が子どもにとって安心して過ごせる場となるように、子どもの"現在"のありのままの姿を受け止め、その心身の状態に応じてきめ細かな関わりをしていく養護的側面と、子どもが"未来"へ向かって健やかに成長し、子ども自らの活動が主体的、かつ、より豊かに展開するように援助していく教育的側面とが一体的に展開しながら日々の保育が行われていくようにすることが大切です。

また、保護者に対する援助においては、常に子どもの最善の利益を考慮しつつも、保護者一人ひとりの声を聞き入れ、その気持ちを受け止めつつ、適切に対応することが必要です。それは、日頃から子どもの姿や生活について説明し、対話を重ねるなど、保護者との緊密な連携のもとに行われることが重要であり、援助の過程では保護者一人ひとりの選択や決定が尊重されるよう保育者等が支援していくことが大切です。この保育所保育の目標を達成すべく行われる日々の保育が、子どもや保護者との関係を軸にしながら相互の関わりの中で豊かに繰り広げられていくこと、さらにはそれらの関係を通して子どもや保護者、保育者やその他の職員等をも含めたみなが育ちあえるような保育の場が展開されることが求められます。具体的には、保護者と保育者等が日々の子どもの様子を互いに伝え合うことを通して、子どもの成長をともに喜んだり、保育者等が子どもの様子に合わせて子どもの気持ちや行動の理解の仕方を伝える、保護者を励ましたりすることで、子育てに対する意欲を高められるよう支援していきます。また、気軽に相談・助言を行うことができる相談会等を設け、保護者の気持ちや悩みを直接聴き取る機会を増やしたり、保護者会や保育参観などを行い、保護者に日々の保育の内容や意図を伝え、保育所生活に対する理解を深めてもらったりするなどして、保護者との相互理解を深めていきます。さらには延長保育や夜間保育、病児・病後児保育など、保護者のニーズに応じた多様な保育サービスの提供や、育児不安等が見られる保護者に対する個別支援などの援助も行われています。

---

6) 保育所保育指導第1章1(2)ア
7) 同上、第1章1(2)イ

②保育所保育で大切にするべきこと

　保育所保育の目標を達成するため、保育者等は子どもの保育や保護者への援助を行う上で大切にしなければならないことがいくつかあります。以下では、それらについて見ていきましょう。

　まず保育所保育では、一人ひとりの子どもの生活の実態を把握するとともに、活動主体である子どもの思いや願いを受け止め、尊重することが大切です。本節（1）②－ⅰ.保育所の特性でも述べましたが、保育者等は家庭や地域、保育所で営まれる子どもたちの生活全体を把握した上で、これらの生活の連続性に配慮した保育を行うこと、またその際には子どもの主体性が尊重され、ひいては自己肯定感が育まれるような関わりをめざすことが求められています。そのために保育者等は、日頃から子どもを肯定的に受け入れ、温かなまなざしで優しく応えていくことが必要です。こうしたやりとりを積み重ねていくことで、子どもは自分が認められ、愛されていることを感じることができ、保育所での生活を安心して過ごすことができるようになっていくのです。

　また、健康で安全な環境のもとで自己発揮ができるよう、子どもの保育環境を適切に整備することが重要です。幼稚園の生活とは異なり、長時間にわたる保育所の生活では、次第に乳幼児期にふさわしい生活リズムとなるよう努めるとともに、健康、安全で情緒の安定した生活が送れるようにすることが大切です。たとえば、子どもは保護者の就労状況や家庭での食生活、生活時間などの影響を受けています。中には、保護者の生活リズムの影響から、就寝時間が遅くなり、睡眠が不十分なために、心身の疲れがたまってしまう子ども

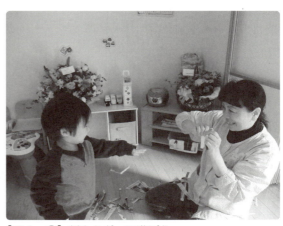
【図4－⑥】紙をちぎって遊ぼう

もいます。そのため保育者等は、子どもの生活を見通した上で、家庭と連携しながらも保護者や子どもに対して適切な支援や援助をしていくことが必要です。また、子どもがいつでも安心して休息できる場を確保して心身の疲れを癒すことができるようにしたり、保育中の事故を防止するために、安全点検表を作成して日々の安全管理を行ったりするなど、子ども一人ひとりがのびのびと安心して園生活を過ごせるように配慮することが大切です。さらに、子どもたちが自ら積極的に環境と関わり、自己を十分に発揮できるような魅力的な保育環境を整えることが必要です。そのためには、子どもたちがどのようなことに興味や関心をもっているのかを的確に理解し、子どもたちの発達の道筋を見通した上で、それに応じた環境を構成していくことが求められるのです（⤴p77～79）。

　さらに、乳幼児の発達について理解し、一人ひとりの発達過程と個人差に応じて保育を行うことや子ども同士の相互関係を大切にし、集団活動における成長を援助することが必要です。たとえば、同じ月齢や年齢の子どもであっても、保護者の心身の状態や家庭での生活状況などにより、心身ともに

発達に個人差が生じることは容易に想像できます。特に３歳未満児は、発達の個人差が大きい時期でもあります。また、同じ活動をしていても、子どもたちが何に興味をもっているのか、何をしたいのかは、それぞれ異なっていることも多くあります。そのため保育者は、子どもの平均的な姿に合わせた保育をするのではなく、子どものありのままの姿を的確に捉え、一人ひとりの興味や関心、発達過程に応じた保育を行っていく必要があるのです。

　保育所での生活は、家庭を離れ、同年代の子どもと一緒に過ごす初めての集団生活の場であり、子どもたちは仲間との関わりの中で、互いに影響し合いながら育っていきます。友達と協同して遊ぶなどする中で、自己主張したり、時には我慢をしたりしながら、次第に感情をコントロールすることや相手の気持ちを思いやることを学び、徐々に社会性や道徳性を身につけていくのです。そのため保育者等は、子どもの遊びや行動、心の動きに十分配慮し、時には子どもの気持ちを代弁したり、互いの気持ちを受容したりしながらもそれぞれのよい所を認め、ほかの子どもに伝えていくなどして、仲間のよい所に気づいていくことができるよう援助していくことが大切です。また、個が成長することで集団の成長も促されるというように、それぞれの育ちが相補的な関係性にあることを理解した上で保育をすることが重要です。

　そして保育所保育では、生活や遊びを通して総合的に保育することが重要です。子どもにとっての遊びは、何かを学んだり能力を獲得したりするために行うものではなく、遊ぶことそれ自体が目的となる活動です。子どもは遊びに没頭し、夢中になって遊ぶ経験を通して、活動に対する充実感を味わっていきます。この遊びにおける充実感や達成感は、子どもの成長を促し、身のまわりの環境に対して自発的に関わろうとする意欲や態度を育てることにつながっていきます。子どもは様々な環境へと繰り返し関わり、遊びを深めて

【図４-⑦】ペープサートが始まるよ

いく経験を通して、思考力や想像力、仲間との協調性や生活における規範意識などを体得していきます。しかし、これらの諸能力は、「○○をしたから、○○ができるようになった」というように別々に発達していくのではなく、相互に関連し合い、総合的に発達していくのです。このことからも、子どもが自発的、意欲的に関われるような環境を構成し、乳幼児期にふさわしい体験が得られるような保育を計画的に行っていくことが必要です。

　最後に、保護者の支援を行うためには、保護者との信頼関係を構築することが大切です。そのためには、まず保護者のおかれている状況やその思いについて理解しながらも、子どもに対する愛情や成長を喜ぶ気持ちを共有し、日頃の子育てについて認めたり、励ましたりすることが必要です。また、日頃より保育所での取り組みについて説明する、家庭や地域での生活について話し合うなど、保護者との継続的な対話を重ねていくことも大切です。

③保育所保育における環境

　保育所における保育の基本は、前述した幼稚園と同じように、人的環境、物的環境、自然や社会の事象などの環境を通して行うことです（⤴p10～12、p42～43）。これらの環境が相互に関連し合いながら、保育の環境が形成されていきます。保育者等は様々な環境の特性や性質を理解した上で、子どもが様々な環境と関わりながら成長していく姿を予測し、それらの状況に合わせて応答性のある環境を構成していくことが重要です。また、子どもたちの興味や関心、活動の状況が変われば、それに応じたふさわしい環境を再構成していくことも大切です。では、保育所保育における環境は、具体的にどのようなことを留意していくべきなのでしょうか。

　保育所保育における環境を通して行う保育は、以下の4つの点に留意して行う必要があります。第一に、子ども自らが環境に関わり、様々な経験を重ねていくことができるようにすることです。保育者は、子どもの興味や関心などが触発されるような魅力ある環境を構成したり、これまでの遊びの経験から得た能力を十分に発揮できるような環境を工夫したり、さらには保育者等が自ら遊びの中で子どもとともに環境との関わりを楽しんでみせたりすることが大切です。たとえば、保育の現場では以下のエピソードのようなことがよく見られます。

> **エピソード①　子どもの興味や関心を生み出す環境づくり**
>
> 　運動会にて4歳児がダンスを披露した際、それを見ていた3歳児はダンスをまねして、その場で楽しそうに踊っている姿がありました。それを目にした3歳児クラスの保育者は、「楽しそうに踊る4歳児の姿を見て、自分たちもダンスを踊りたくなったのだな」「身近なお兄さん・お姉さんみたいに踊りたいなと憧れを抱いているのかな」と推測しました。そこで、運動会後に3歳児がそのダンスを自ら楽しく踊れるようにするにはどのような環境を構成すればよいのかを考えてみました。
>
> 　数日後の朝、3歳児クラスの保育者は運動会で4歳児が使用していた衣装を借りてくると、それを保育室前のテラスに置いておきました。すると、それに気づいた3歳児は、衣装を身につけたのち、見よう見まねで4歳児のダンスを踊り始めました。その様子を見た保育者は、続けて踊りで使った音楽を流し、保育者も自らダンスを楽しそうにして踊ってみました。すると、3歳児だけでなく、運動会で踊った4歳児も集まって来て、みんなでダンスを踊ることとなりました。
>
> 【図4－⑧】　みんなで踊るの楽しいな

このように、保育者は子どもの興味や関心を理解し、発達の道筋を見通した上で、人、物、場を相互に関連させた、魅力的な保育の環境をつくっていくことが必要です。その際には、保育者が一方的な活動を想定し、展開させるような環境ではなく、子どもの気づきや発想を大切にして、子どもとともに環境の再構成をしていくことが大切です。

　また第二に、保健的環境や安全確保の観点から、保育所の環境整備に努めることです。保育所では全職員が常に心を配り、確認を怠らず、保育環境を整えていくことが必要です。なぜなら、それは子どもの健康と安全を守ることであり、保育所の基本的かつ重大な責任であるからです。たとえば、保育室や子どもの身のまわりの環境、衣類や寝具、遊具などについて衛生的な環境の保持に努めるべく、細やかに清掃したり、子どもが安心して探索活動をし、思い切り身体を動かして遊ぶことができるような場や環境を確保したりするなどの配慮が必要です。そのためには、職員は日頃から衛生知識の向上に努めることが大切です。また、健康な生活の基本としての「食を営む力」を育成するため、食に関わる保育環境に配慮すること

【図4－⑨】みんなで「いただきます」

も大切です。たとえば、咀嚼（そしゃく）や嚥下（えんげ）などの子どもの身体発達に応じて、食品の大きさや固さ、量等を調節することで、食に関わる体験が広がるようにしてみたり、園庭等で実際に野菜を育て、収穫し、調理をして食べるという継続的な経験を通して、自然の恵みに対して感謝する気持ちを育むことができるように工夫したりすることが必要です。さらに、施設・設備の安全確保、災害発生時の対応や避難への備えをしておくことも大切です。たとえば、日頃から地域の関係機関との連携を図り、防火設備の点検や避難経路の確認、避難訓練を定期的に行うなどして、安全性の確保に努めたり、火災や地震等の災害発生時に備えた具体的な緊急対応マニュアルを作成し、保護者等との連絡体制や子どもの引渡し方法の確認等をしたりすることが必要です。

　第三に、保育所では「温かなくつろぎの場」と「生き生きと活動できる場」という２つの側面から環境を構成することです。保育所は子どもが長時間生活をする場であることからも、ゆったりとした温かなくつろぎの場が保障されるとともに、生き生きと思い切り体を動かすような遊びの場が確保されるなど、様々な活動に取り組めるような時間と空間が保障される場であることが重要です。延長保育や夜間保育の場合には、家庭的でゆったりとくつろげる環境をつくり、子どもが負担なく落ち着いて過ごせるように配慮していきます。このように、保育者は子どもの生活時間全体に留意しながら、１日の生活の流れを見通し、静（一人でじっくり絵を描くなど）と動（仲間と一緒に外で鬼ごっこをするなど）の活動のバランスや調和を図るようにすることが必要です。

　そして第四に、周囲の人との関わりを育むような環境構成を行うことです。子どもは身近な人々

memo

の影響を受けて成長していくことから、同年齢や異年齢の子ども、保育所の職員、地域の方々など、子どもと人とのやりとりが促され、楽しむことができるような保育の環境を構成していくことが求められます。そのため、保育室に製作コーナーを設定したり、遊戯室に大型積み木や巧技台が使えるよう設定しておくなど、複数の子どもが関わって遊ぶことのできる保育所の環境を設定するだけではなく、地域の小学校への訪問や図書館などの公共施設の利用、地域の高齢者との交流など、地域の方々と交流ができるような保育の環境づくりも求められています。このような環境構成を行うためには、家庭や地域社会を含めた子どもの生活全体を視野に入れながら、保育者等が家庭や地域社会と日常的に十分な連携をとり、子どもの興味や関心、生活状況等に応じた環境の構成を考えることが大切です。

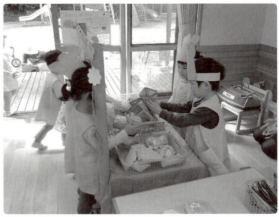

【図4-⑩】開店準備に大忙し

memo

2 保育所における全体的な計画と保育の実際

ねらい 指導計画がどのような考え方のもとに作成されているか理解を深めよう。

（1）全体的な計画を見てみよう

全体的な計画とは、保育所の生活全体において子どもたちが育っていく道筋を示したものであるとしました（→p20）。では、具体的に本書で取り上げる桃の木保育園を例に挙げ、全体的な計画を見ていきましょう。

桃の木保育園の保育の目標は、右の4つで、全体的な計画は以下の【図4－⑪】です。

桃の木保育園の保育目標

- 自然に親しみ、生きる喜び命の大切さを知る子ども
- 思ったことを素直に話し、表現する子ども
- 協調性や社会性を身につけた子ども
- 自分で考えて行動できる子ども

保育所の保育は養護と教育が一体となって展開されるため、全体的な計画の保育の内容に養護の項目があります。
「養護」とは、子どもの生命の保持及び情緒の安定を図るために保育士等が行う援助や関わりのことをいいます。

保育理念	・子ども一人ひとりを大切にし、子どもの最善の利益を守り、創意工夫を図り保育する。		
保育方針	・一人ひとりの育ちの背景に配慮し、乳幼児期にふさわしい生活の場を保障する。 ・保育士等の専門性を生かし、養護と教育を一体的に行う。 ・子ども同士の学び合いを大切にした異年齢児保育を行う。		

【発達過程について】
・子どもの発達の特性や子ども一人一人の実態を基本とし、年間指導計画を作成する。家庭と保育所における生活の連続性を大切に発達段階を踏まえ、養護と教育を一体的に展開する。

【基本的社会的責任】
・人権尊重（児童福祉法・子どもの権利条約）
・保育の説明責任（懇談会、個人面談、保育参加）
・地域交流（行事参加の案内）　・個人情報保護
・小学校との連携（児童要録の送付）　・苦情処理解決

保育の内容❷

		0歳児	1歳児	2歳児
年齢別保育目標		・一人ひとりの生理的欲求を満たした生活リズムが整う。 ・遊びを通して五感の発達が育まれる。	・一人遊びや探索活動を十分に楽しむ。 ・安定した生活の中で基本的生活習慣の獲得をめざす。	・自我の芽生える中で、気持ちのぶつかり合いを通して友達との関わり方がわかる。 ・基本的生活習慣の確立をめざす。
養護	生命の保持	・子どもの発達過程に応じた生活リズムをつくる。 ・安全で清潔な環境を整え、健康増進を図る。	・保育者との信頼関係を深め、愛着を育む。	・保育者が見守る中、食事、排泄、衣服の着脱など簡単な身のまわりのことを自分でしようとする気持ちを育てる。
養護	情緒の安定	・保育者に見守られながら、安心安定した生活を送ることができる環境を整える。	・一人ひとりの子どもが安心感をもって過ごせるようにする。	・保育者との安定した信頼関係のもとで子どもが自分の気持ちを表現できるように見守る。
教育	健康	【3つの視点】 健やかにのびのびと育つ ・はう、立つ、歩くなど体を動かすことを楽しむ。 ・食事、睡眠、排泄などの生活リズムが徐々に整う。 身近な人と気持ちが通じ合う ・特定の大人との温かい関わりを通して愛着が形成される。 ・発声や喃語を受け止めてもらい、やりとりの心地よさを感じる。 身近なものと関わり感性が育つ ・身の回りのものに親しみ、興味、関心をもつ。 ・身体の諸感覚を使って、身近なものを自ら関わろうとする。	・行動が広がり、探索活動が活発になる。 ・身の回りの簡単なことを自分でしようとする。	・十分に体を動かし、遊びを楽しむ。 ・生活に必要な習慣に気づき、自分でしようとする。
教育	人間関係	↑	・保育者に関心をもち、自分から関わろうとする。	・人と関わる心地よさを感じる。 ・友達との関わりを通して簡単な約束事があることを知る。
教育	環境	↑	・安全で○○やすい環境の中で自由に体を○○○身近な物に興味をもつ。	・様々な環境とふれあう中で好奇心や探究心が芽生える。
教育	言葉	↑	・日常生活に必要な言葉がわかり、言葉で気持ちを表そうとする。	・生活や遊びの中で自分のしたいことしてほしいことを自分なりに言葉で表す。
教育	表現	↑	・歌、手遊びなどを模倣しながら、のびのびと表現し楽しむ。	・自分なりに表現し、遊びを楽しむ。
食育	食を営む力の基礎	・離乳を進め様々な食べものに慣れ、食べる中で意欲が育つ。	・様々な食べものを見る、触る、味わうなどの経験を通して自分で進んで食べようとする。	・食事に必要な習慣を知り、友達と一緒に食べる楽しさを味わう。

発達の連続性 →

❸ 発達を捉える視点

【図4－⑪】桃の木保育園　全体的な計画　（全文後掲p90、91）

第4章 保育所の理解

【図4-⑪】で、保育所の生活全体を通して子どもがこのように育ってほしいという保育目標が❶、次に、各年齢における保育目標や保育の内容が❷のように示されています。これは、各年齢における発達の状況や発達の連続性を考慮して設定されています。たとえば、1歳児の保育目標が「安定した生活の中で基本的生活習慣の獲得をめざす」とされ、それが2歳児になると「基本的生活習慣の確立をめざす」となります。基本的生活習慣の"獲得"→"確立"と連続していることがわかります。

各年齢における保育目標に向かって、発達の視点からさらに細かく捉えたものが❸になり、養護における視点、教育における視点について分けて記されています。しかし、たとえば「好きな遊びをする」ということを考えてみると、子どもの情緒が安定せず、保育所で安心して過ごすことができなければ、好きな遊びを見つけたり遊びを充実させたりすることが難しいように、通常保育の場面においては養護と教育は一体化して捉えることが多いといえます。また、特に0歳児、1歳児などの乳児に関しては、発達の状況において保育の内容を養護や教育という側面に分けて捉えること、及び5領域に分けて捉えることが難しい場合もあります。このような園における全体的な計画を基に、実際の子どもの姿を捉えながら、それぞれの年齢における年間の指導計画が作成されます。

・地域全体がともに手を取り合い、保護者からも信頼され、愛される保育園をめざす。	
保育目標 ❶ ・自然に親しみ、生きる喜びや命の大切さを知る子ども ・思ったことを素直に話し、表現する子ども	・協調性や社会性を身につけた子ども ・自分で考えて行動できる子ども

【地域の実情に応じた事業】	【保育時間】
・住宅地の中にあり、駅にも近く、地域の保育ニーズが高い。地域家庭の子育て支援事業（一時保育、育児相談、地域の子育て支援）と地域交流事業（園庭開放、講演会、行事参加）などの実施をしている。	早朝保育：7：00～8：30　通常保育：8：30～18：00　延長保育18：00～19：30 【主な行事】 入園式　卒園式　運動会　発表会　親子山登り会（幼児、2歳児自由参加）　季節の行事　月の行事

保育の内容 ❹

3歳児	4歳児	5歳児
・保育者や友達との関わりを通して、自分の思いや感じたことを言葉や態度で表現する。 ・基本的生活習慣がおおむね確立する。	・保育者や友達とつながる中、葛藤しながら人の気持ちに気づき、自己調整力やコミュニケーション力を身につける。 ・様々な経験を通して日常の生活に必要な習慣、態度、言葉を身につける。	・自然や身近な社会事象に興味や関心をもち、遊びや活動を通して豊かな心情や知的な好奇心を高める。 ・様々な遊びの経験を通して得た判断力をもって、就学に向けて基本的な生活や態度を身につける。
・基本的生活習慣を身につけ、自信をもってのびのびと生活できるようにする。 ・衛生的で安全な環境の中で、心身ともに快適な生活を送れるようにする。	・基本的生活習慣が身につき、主体的に行動している姿を認めていく。	・自分でできることの範囲を広げながら生活を送る姿を見守る。
・一人ひとりの欲求を受け止めて、子どもが自信をもって楽しんで生活できるようにする。	・様々な経験を通し自己肯定感が育まれ、保育者との信頼関係が深まるようにする。	・他者から自分の存在を認めてもらうことの喜びを感じ、達成感や自信をもてるようにする。
・外遊びを十分にし、積極的に体を動かす楽しさを味わう。 ・基本的生活習慣が身につく。	・全身を使いながら様々な遊具や遊びに挑戦し、積極的に遊ぶ。 ・健康で安全な生活の仕方に気づく。	・いろいろな遊びの中で十分に体を動かし、充実感を味わう。 ・健康で安全な生活の仕方が身につく。
・友達と簡単なルールのある遊びを通して約束を守る大切さを知る。	・身近な人と関わり、思いやりや親しみをもつ。 ・友達とルールを守って楽しく遊ぶ。	・異年齢や地域の人々と関わり親しみをもつ。 ・身近な人との関わりの中で相手の立場を理解して行動する。
・身近な事物や社会、自然事象に触れ、親しみをもって遊ぶ。	・身近な事物や社会、自然事象に興味や関心をもって関わり考えたり試したりして、工夫して遊ぶ。	・日常生活における事物の働きやしくみ・性質に興味や関心をもち、試したり工夫したりして多様な関わりを楽しむ。
・自分の思いや経験したことを保育者や友達に話し、会話を楽しむ。	・保育者や友達との会話を楽しみながら、自分の思いや経験したことを相手に伝わるように話す工夫をする。	・身近な人の話をよく聞き会話を楽しみ、日常生活に必要な言葉を適切に伝え合う。 ・日常生活の中で文字や記号などに興味をもち、遊びに取り入れる。
・様々な表現方法を知り、そのおもしろさに気づき自由に表現しようとする。	・友達とイメージを共有する中でおもしろさ不思議さ美しさに気づき、一緒に表現することを楽しむ。	・自分のイメージしたことを、いろいろな方法で表現したり、友達と伝えあったりし、優しさ尊さなどの感性を豊かにする。
・食事に必要な習慣を身につけ、何でも食べる大切さを知る。	・様々な食品に親しみ、食べ物と体の関係に興味をもち、友達と一緒に楽しく食事ができる。	・食べ物と体の関係について興味をもち、食事をすることの大切さがわかり、落ち着いて食事をすることができる。

> 4歳児の年齢別の目標に示される、自己調整力やコミュニケーション力を身につけるという過程を経て、最終的な子どもの姿として保育目標に示されている「協調性や社会性を身につけた子ども」に育つことが保育の中でめざされています。
>
> このように、子どもたちがどのような育ちの過程をたどって保育目標に近づいていくのかを記したものが全体的な計画となります。

> 次頁から4歳児の指導計画について詳しく見ていきます。

（2）全体的な計画から指導計画へ

①年間の指導計画 （桃の木保育園　4歳児）

【図4-⑫】は、桃の木保育園4歳児の年間の指導計画になります。これは前頁【図4-⑪】全体的な計画の❹が示す「4歳児における保育の内容」を参照し、実際の4歳児の子どもの姿から年間計画を作成したものです。桃の木保育園では、❺のように進級時期の4、5月をⅠ期、6～8月をⅡ期、9月～12月をⅢ期、1月～3月をⅣ期と4つの時期に分けて、期ごとに育てていきたい子どもの姿としてのねらいを設定しています。このねらいは、❻の示す4歳児の「Ⅰ期からⅣ期の子どもの姿」を基に作成されます。たとえば、全体的な計画の4歳児における年齢別保育目標「保育者や友達とつながる中、葛藤しながら人の気持ちに気づき、自己調整力やコミュニケーション力を身につける」に対して、❻の「友達とのつながりができてくる一方で、お互いの気持ちが違ってトラブルになることがある」とい

年間目標	・保育者や友達と遊びながらつながりを広げ、自己調整力やコミュニケーション力を身につける。 ・様々な体験を通して基本的な生活習慣や態度、言葉を身につけ意欲的に楽しく生活する。			❼ 食育目標	・食事に関する ・様々な人と一
		Ⅰ期（4～5月）	❺ Ⅱ期（6～8月）	Ⅲ期（9～	
❻ 子どもの姿		・進級したことを喜び、新しいことに積極的に関わろうとする姿がある一方で、新しい生活や環境に緊張感や不安をもつ子どももいる。 ・戸外で自然とふれあいながら好きな遊びを楽しむ姿が見られる。	・生活の流れに慣れ、身のまわりのことはほとんど自分でできるが、保育者の言葉かけや援助が必要な子どももいる。 ・夏ならではの遊びを楽しみに登園する姿が見られる。 ・友達とのつながりができてくる一方で、お互いの思いが違ってトラブルになることもある。	・意欲的に自分のことは、自分で ・様々な体験を通し全身運動が活	
ねらい		・身のまわりのことを自分でしようとしながら生活の流れに見通しをもち、様々な活動に取り組もうとする。 ・自由に活動できる環境設定のもとで、様々な遊びを通して保育者等との信頼関係を築く。	・休息や水分を十分に摂り健康的に過ごす。 ・友達と関わりながら梅雨時の遊びや夏の遊びの楽しさを味わう。 ・自分の思いや気持ちを伝え、相手の思いや気持ちにも気がついていく。	・秋の自然物を使って遊びを味わう	
内容	養護	・生活の流れや仕方がわかり、自分でできることは自分でしようとするように働きかける。 ・日々の生活に安心感をもち、友達や保育者とのびのびと遊べるようにする。	・夏の暑さを知り、自ら水分補給ができるよう環境を整える。 ・友達との遊びの中でトラブルを体験しながら、徐々に自己を出せるようにする。		
	教育	・春の自然に触れながら戸外で体を動かして遊ぶ。 ・友達といることの喜びや楽しさを感じながらつながりを深める。 ・体験したことや思ったことを話し、言葉で伝える楽しさを味わう。 ・様々な道具や用具、遊具の安全な使い方や遊び方を知る。 ・季節にあった歌や手遊び、製作を楽しむ。	・夏ならではの遊びを思う存分楽しむ。 ・友達のよさに気づき、一緒に遊んだり活動したりする楽しさを知る。 ・自分のイメージしたことを表現したり、音楽に合わせて体を動かしたりする楽しさを味わう。 ・様々な用具の扱い方がわかり、生活の中で積極的に使おうとする。 ・友達と協力して製作活動を行うことを楽しむ。	・楽しさを味わう。 ・友達とルールのある遊びを楽し ・運動会への参加を通し、達成感む。	
❽ 環境構成と援助		・戸外遊びの環境を整備し、子どもたちの遊びを見守る。また散歩に出かけるなどし、春の自然にふれあう機会をつくる。 ・個人差や生活経験の違いを考慮し、一人ひとりの状態に合わせて丁寧に援助していく。	・気温の差や日差しに留意し、暑さ対策として帽子、水分補給、日陰の用意をする。 ・夏の遊びを楽しめるような遊具や用具を準備するとともに、水の事故防止の環境を整える。	・個々の体力や運動機能の発達を ・行事に追われてゆとりを失わな ・運動用具を整え、子どもが意欲	
食育		・楽しい雰囲気の中で友達や保育者と一緒に食事をする。	・じゃがいも掘りを体験し、収穫の喜びを感じる。 ・食事のマナーを身につけ、楽しんで食べる。	・クッキングを体験して楽しく食 ・食べ物と身体との関係について	

【図4-⑫】桃の木保育園　4歳児　年間の指導計画（全文後掲p92、93）

一年間を4つの期に分けて捉えています。

●子どもの姿
●ねらい…保育士等が行わなければならない事項／子どもが身につけることが望まれる資質・能力
●内容…ねらいを達成するために子どもの生活やその状況に応じて保育士等が適切に行う事項／子どもが経験する事項

memo

うⅡ期の子どもの姿を受け、子ども同士の関わりを深めるという視点から「自分の思いや気持ちを伝え、相手の思いや気持ちにも気がついていく」というねらいが立てられています。桃の木保育園では全年齢において食育にも力を入れているため、年間目標のほかに❼のように食育目標も設定しています。

また年間指導計画には、❽の環境構成と援助欄のⅡ期に「気温の差や日差しに留意し、～」や、Ⅳ期に「年長組になることへの期待と喜びがもてるように～」などとあるように、季節や年度末などの期の特徴を考慮して具体的に記されているとともに、保育者が保育を行う際の視点について記されています。この年間の指導計画を基にしながら、より詳しい実践計画としての月の指導計画が立案されます。

【図4-⑬】 仲良し

②月の指導計画（桃の木保育園4歳児　ぶどう組　6月）

年間の指導計画は、その年齢の子どもを対象にして立案されます。その年間の指導計画を基に、それぞれのクラスのその月の子どもたちを想定して立案されるものが月の指導計画（月案）です。そのため年間計画はそれぞれの年齢に1つ立案されますが、月案はすべてのクラスで1つずつ立案されます。次頁の【図4-⑭】は、桃の木保育園4歳児ぶどう組の6月の指導計画です。

前月の子どもの姿の欄❾に具体的な子どもの名前は出てきませんが、ぶどう組の保育者が6月の指導計画を作成する時には、○○ちゃんの着替えの様子や△△くんの友達との関わりの様子を思い浮かべながら書きます。前頁の年間の指導計画の❺における4歳児Ⅱ期の「自分の思いや気持ちを伝え、相手の思いや気持ちにも気がついていく」というねらいと「好きな遊びを通して友達との関わりが増えてきたが、自己主張も出てきてぶつかり合いが見られ始める」という❾の前月の子どもの姿を踏まえ、6月における月のねらいを❿のように「友達との関わりを楽しみ、自分の思いを伝えたり、相手の気持ちをわかろうとしたりする」として立てています。こうした月のねらいとその月の行事等を念頭に入れながら、具体的な保育活動としての保育内容を組み立てて、環境構成と援助の欄⓫にあるように「トラブルが起きた時は子ども同士で解決しようとする姿を見守る。また、必要に応じて保育者が仲立ちをしてそれぞれの思いを伝えていく」と保育者の援助を想定するなど、ぶどう組の子どもたちの姿や保育の場に応じて保育者がどのように保育を行っていくかの具体的な方向性を記しています。

さらに⓬の「反省と評価」のようにぶどう組の保育や子どもの育ちを捉える視点を設定しておくことで、次月における保育の課題が明らかになります。この課題を基に次月の7月の指導計画を立案していきます。

❾ 前月の子どもの姿	・生活の流れに慣れ、自分のことを進んでやろうとする子どもが増えてきているが、時間がかかったり保育者の声かけや援助を必要としたりする子どももいる。 ・好きな遊びを通して友達との関わりが増えてきたが、自己主張も出てきてぶつかり合いが見られ始める。 ・戸外での遊びに興味が広がり、自分の好きな遊びを見つけて遊ぶ姿が多く見られる。	❿ 今月のねらい	・健康、清潔な生活を送りながら、梅雨の遊びを楽しむ。 ・生活の仕方がわかり、助け合いながら見通しをもって生活する。 ・友達との関わりを楽しみ、自分の思いを伝えたり、相手の気持ちをわかろうとしたりする。 ・身近な素材に興味をもち、自分なりの表現を楽しむ。
今月の行事	3日　避難訓練（火災） 4日　歯科検診（虫歯予防デー） 10日　身体測定 16日　誕生会 25日　じゃがいも掘り（雨天順延） 第3週　保育参加週間	今月の食育	・食事のマナーに気をつける。 ・友達と話をする時は同じ机の子どもに聞こえるくらいの声で話す。 ・じゃがいも掘りを楽しみ、食べる喜びを感じながらみんなでおいしくいただく。

（前月の子どもの姿から今月のねらいへ）
（月の行事を考慮して、具体的な保育の展開を組み立てていきます。）

内容	養護	・湿度が高くなるので、気温の変化に留意して心地よく生活できるように工夫する。 ・一人ひとりの欲求を受け止め、安心して自分の気持ちや考えを表すことができるようにする。 ・歯科医との連携を図りながら子どもの虫歯予防に関する意識を高めていく。
	教育	・身のまわりのことをやろうとし、難しくても最後まで頑張ろうとする。 ・手洗い、うがい、歯磨き、汗の始末などの大切さを知り、自分からしようとする。 ・生活や遊びの中で必要な言葉や自分の思いを声に出して伝える。 ・栽培物や身近な小動物の世話をし、成長に関心をもったり、親しみを感じたりする。 ・砂、土、泥、水を使い、ダイナミックな遊びを友達と楽しむ。 ・園外保育に出かけ、園とは違った場所でのルールやマナーを知ったり、楽しく遊んだりする。 ・身近な素材や用具を使って、様々な物を作ることを楽しむ。

⓫ 環境構成と援助	・梅雨期の衛生面に気を配り、園内の環境を整えながら心身の疲れを和らげ、快適な生活を送れるようにする。 ・虫歯予防について関心をもてるように話をしたり、絵本や紙芝居を用意したりしておく。 ・トラブルが起きた時は子ども同士で解決しようとする姿を見守る。また、必要に応じて保育者が仲立ちをしてそれぞれの思いを伝えていく。 ・壊れた玩具等危ないものがないか点検し、安全に遊べるように整えておく。 ・日中は気温が高くなる日も多くなるため、水を使った泥遊びなども十分に楽しむ。 ・野菜作りの過程を十分に楽しみ、一人ひとりが満足できるようにしていく。 ・保育者も遊びに加わり、ルールや約束ごとを伝えていく。 ・一人ひとりの発想や工夫を大切に認め、素材や用具の扱い方を知らせ、作る楽しさが味わえるようにする。

（今月のねらい・内容から、具体的な援助を想定し、どのような環境を構成するのか考えます。）

保護者支援	・第3週に行う保育参加週間は、保育内容を提示し参加しやすい雰囲気をつくり、日常保育の子どもの様子が伝わるように工夫をする。 ・じゃがいも掘りに行くので、汚れてもよい衣服や靴の用意を依頼する。

⓬ 反省と評価	**自らの保育を捉える視点** ・生活習慣面での個人差を配慮し、個々に合わせた援助や関わりができたか。 ・一人ひとりの健康状態の変化や気持ちを受け止め、適切な配慮ができたか。 **子どもの育ちを捉える評価の視点** ・身のまわりのことを自分でしていたか。 ・約束ごとやルールを守って生活していたか。

【図4-⑭】桃の木保育園　4歳児　ぶどう組　6月の指導計画（全文後掲p94）

memo

③週の指導計画（桃の木保育園4歳児　ぶどう組　6月第4週）

　【図4-⑮】は、桃の木保育園ぶどう組6月第4週の指導計画（週案）の一部です。先週の子どもの姿を参考にしながら、一週間の具体的な子どもの活動を中心に援助や環境構成を構想していきます。この週はじゃがいも掘りを予定しているため、❸の日毎の予想される子どもの活動にあるように、じゃがいも掘りに向けた子どもたちの活動、「じゃがいもの畑を見に行く」などの活動を中心に、それに対応した保育者の援助と環境構成について具体的に記されています。保育を行う保育者にとって、最も実践に即した計画がこの週の指導計画になります。

子どもの姿	・日々の生活の中での身のまわりのこと（衣服の着脱や物の始末など）が少しずつ身についてきている。 ・ダイナミックな遊びをしながら一人ひとりが好きな物を作ったり、友達と協力して作ったりした物をつなぎ合わせ、砂場で山やトンネルが大きくつながっていく喜びを感じながら思い切り楽しむ姿が見られる。 ・身近な素材を使った製作遊びに取り組む中で、はさみやのりなどの用具の使い方に個人差が見られる。	今週のねらい	・保育者に見守られながら、衣服の着脱、歯磨き、うがい、手洗いができるようになる。 ・<u>じゃがいも掘りを心待ちにし、一連の活動を楽しんで取り組む。</u> ・友達と協力しながら遊び、自分の思いを伝えたり相手の気持ちをわかろうとしたりする。 ・行事への関心をもって製作を楽しむ。
今週の行事	<u>25日　じゃがいも掘り</u>	今週の食育	・掘ってきたじゃがいもを洗ったり、数えたり、分けたりする。 ・じゃがいもを調理してもらい、みんなでおいしくいただく。

（※「具体的な活動を基に、今週のねらいが立てられています。」の注記あり）

	❸ 予想される子どもの活動	保育者の援助と環境構成
22日（月）	じゃがいも掘りに向けての活動 　じゃがいもの畑を見に行く。 　自然公園に行って遊ぶ。	・じゃがいも掘りに向けての最終確認であることを伝える。畑に入る時の約束ごとの確認をする。 ・畑から自然公園までは安全に移動できるように配慮をする。 ・自然公園では体を動かして遊べるよう見守る。
23日（火）	泥んこ遊びをする。 じゃがいもの絵本を見る。 （じゃがいもポテトくん）	・泥んこ遊びをする前に遊びやすいように遊具や用具を整え、安全点検を行う。また終了後は衛生面に十分配慮をする。 ・泥んこ遊びに消極的な子どもには一緒に関わりながら楽しさを伝える。 ・じゃがいもにちなんだ絵本を選び、じゃがいもに親しみをもてるようにする。
24日（水）	七夕飾りを作る。 じゃがいも掘りの話を聞く。 （約束ごとや持ち物について）	・七夕の絵本を見たり、歌ったりし、行事について関心を高めていく。 ・□□□□□□□七夕飾りを作成するが、個々の製作意欲□□□□□□ ・□□子どもと保護者へ準備物の最終確認を行う。
25日（木）	じゃがいも掘り（雨天順延） （雨天時はホールでサーキット遊び）	・前日にじゃがいも掘りの用具や持ち物を整え、朝のうちに畑の様子を見てしっかりと準備をする。 ・個々の様子を見ながら必要な援助をしたり一緒に楽しんだりする。 ・衛生に配慮するとともに休息を十分に確保する。

（※「日々の活動に沿って、保育者の援助と環境構成について記されています。」の注記あり）

【図4-⑮】桃の木保育園　4歳児　ぶどう組　6月第4週(22～27日)の指導計画　（全文後掲p95）

85

④日の指導計画

　みなさんが実習を行う際には、実際には週の指導案よりも日案、さらには１日のうちのある一部分だけの活動を取り上げて指導計画（部分指導案）を立てることが多いでしょう。しかし、考え方はこれまで解説をしてきた月の指導計画や週の指導計画の立案の仕方と同様です。まずは前日の子どもの姿を捉え、週のねらいを参考にしながらその日のねらいを立てます。そのねらいを達成するための具体的な保育の内容を考慮し、時間軸に沿って子どもの姿を予測しながら、環境構成や保育者の援助・配慮について記していきます（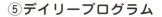p96、97、資料7）。１日の指導計画や部分の指導計画を立案する際には、その日だけ、その部分だけを切り取って計画を立案するのではなく、長期計画との関連性や生活の連続性を意識しながら計画を立てます。

⑤デイリープログラム

　保育所では指導案以外に年齢ごとにデイリープログラムを作成します。【図４-⑰】は、桃の木保育園０歳児のデイリープログラムの一部です。デイリープログラムとは、１日の生活時間の流れに沿って主な活動内容を示したものです。これは保育所において長時間を過ごす子どもたちが、日々安定した生活を送れるようにするための生活時間の指標です。１日の指導計画はこのデイリープログラムを基に時間軸に沿って立案しますが、保育所では週案とデイリープログラムで実践を行っていることもあります。

【図４-⑯】　じゃがいも掘り

時間	０歳児
7：00	早朝保育開始 順次登園（健康観察・連絡事項） 検温（保護者）おむつ交換
8：30	通常保育開始・順次登園
9：30	保育士との遊び 睡眠
10：00	ミルク・離乳食
10：30	おむつ交換 外気浴・自由遊び（戸外・室内）
11：00	散歩
12：00	沐浴・水分補給・おむつ交換 睡眠
13：00	（目覚めている子は外気浴など） 検温・おむつ交換
14：00	ミルク・離乳食 おむつ交換
15：00	保育者と遊ぶ

【図４-⑰】桃の木保育園０歳児のデイリープログラム（全文後掲p99）

memo

第4章 保育所の理解

（3）乳児クラスの指導計画について

これまで指導計画について見てきましたが、たとえば0歳児や1歳児などの乳児クラスでは、在籍児の月齢によって発達の差が大きくなります。同じ0歳児でも寝返りできるようになった6か月の子どもと、歩くことができる12か月の子どもでは保育者の援助や配慮は異なり、個別の対応が必要となります。また、睡眠時間や食事の様子など家庭での生活の状況が子どもの育ちに大きく関連する時期でもあるため、クラス単位での計画だけでなく子ども一人ひとり個別の指導計画を立てることが必要となってきます。保育所保育指針

【図4－⑱】ひとりで食べられるよ

においては、発達過程に応じた保育として3歳未満児の指導計画について以下のように示しています。

> 3歳未満児については、一人一人の子どもの生育歴、心身の発達、活動の実態等に即して、個別的な計画を作成すること。　〔保育所保育指針第1章3（2）イ（ア）〕

次の【図4－⑲】は1歳児クラスの個別指導計画の一部です。睡眠や食事など、おおむね同じ時にそろってとれるようになってきますが、❶にあるように個別な対応が求められます。保育所によって形式は様々ですが、一人ひとりの子どもの状況に合わせ、どのような点に配慮しながら援助を行っていけばよいかということが記されています。個別計画に基づいた保育における一人ひとりの育ちを基盤とし、次第にグループやクラスといった集団生活での計画へと移行していきます。

桃の木保育園の全体像については、p88～99の資料1～9を参照してください。

	さやか（1歳5か月）	ともき（1歳10か月）
子どもの姿	・スプーンやフォークを使って食べようとするが、うまくいかず手づかみで食べる。 ・保育士や友達が遊んでいる様子を見てまねをする。	・手づかみになることもあるが、スプーンやフォークを使って食べる。 ・保育士や友達のまねをしたり、ふれあったりするが、おもちゃの取り合いになることがある。
育てていきたい子どもの姿	・スプーンやフォークを持って食べようとする。 ・保育士や友達と同じ場で遊び、関わろうとする。	・スプーンやフォークを使い、自分から食べようとする。 ・自分の気持ちを動作や言葉で伝えようとする。
保育士の関わりと配慮 ⓮	・自分で食べようとする気持ちを大切にし、スプーンですくおうとしている時は手を添えたりする。 ・子どもの好きな遊びに友達を誘って繰り返し楽しむ。	・食べこぼしを入れる容器を置くなどして環境を整え、声をかけながら楽しく食べられるようにする。 ・子どもの伝えたいことを保育士が言葉で伝えたり、補ったりして、やりとりを楽しめるようにする。

【図4－⑲】　桃の木保育園　1歳児　個別計画

（4）桃の木保育園の全体像

 本章2節において桃の木保育園の全体的な計画と指導計画の一部を取り上げ、その作成の流れについて見てきました。ここでは桃の木保育園についての理解を深めるために、環境図や年齢ごとのデイリープログラム、1日の生活の流れに沿った配慮事項も含めた詳細な資料を掲載します。この資料は4、6、7章のワークや、やってみよう1、2のワークに取り組む時の参考資料となります。保育の流れを意識しながら、全体に目を通しておきましょう

資料1　桃の木保育園　概要

園児数

	さくらんぼ	いちご	みかん	りんご	ぶどう	めろん	
年齢	0歳児	1歳児	2歳児	3歳児	4歳児	5歳児	合計
園児数	12名	18名	24名	26名	28名	28名	136名

職員組織：園長1名／副園長1名／主任保育士1名／0歳児担任4名／
　　　　　1歳児担任3名＋非常勤保育士1名／2歳児担任4名／3歳児担任2名／
　　　　　4歳児担任1名＋非常勤保育士1名／5歳児担任1名／フリー保育士1名／
　　　　　看護師1名／栄養士1名／調理員3名／事務員1名／用務員1名／
　　　　　特例保育パート2名／嘱託医他　2名

保育方針：一人ひとりの育ちの背景に配慮し、乳幼児期にふさわしい生活の場を保障する。
　　　　　保育士等の専門性を生かし、養護と教育を一体的に行う。
　　　　　子ども同士の学び合いを大切にした異年齢児保育を行う。

園の特色：就学前の養護と教育の一体となった保育の実施
　　　　　自然の中で十分に身体を動かす遊びの充実
　　　　　自園給食による食育の実施
　　　　　異年齢児の関わりを重視した保育
　　　　　保小連携の推進（近隣の小学校との連携）
　　　　　子どもの育ちに応じた様々な行事の実施（保護者参加行事もあり）
　　　　　早朝保育（7：00〜8：30）　延長保育（18：00〜19：30）
　　　　　地域家庭の子育て支援事業（一時保育、育児相談、地域の子育て支援など）
　　　　　地域交流事業（園庭開放、講演会、行事参加の案内など）

設　置　者：設置主体…社会福祉法人桃の木会

沿　　革：昭和48年4月1日　社会福祉法人桃の木会認可
　　　　　昭和48年9月1日　桃の木保育園認可され開園
　　　　　平成17年3月2日　園舎老朽化に伴い園舎改築
　　　　　平成17年4月1日　0歳児（12名）受け入れ及び1歳児（6名）、2歳児（6名）の増員

環　　境：みどりの線本町駅より徒歩10分、市の南西部に位置し、近隣は住宅地である。徒歩
　　　　　圏には幼稚園や小学校、こども自然公園、駅前商店街などがある。

資料2　桃の木保育園　環境図

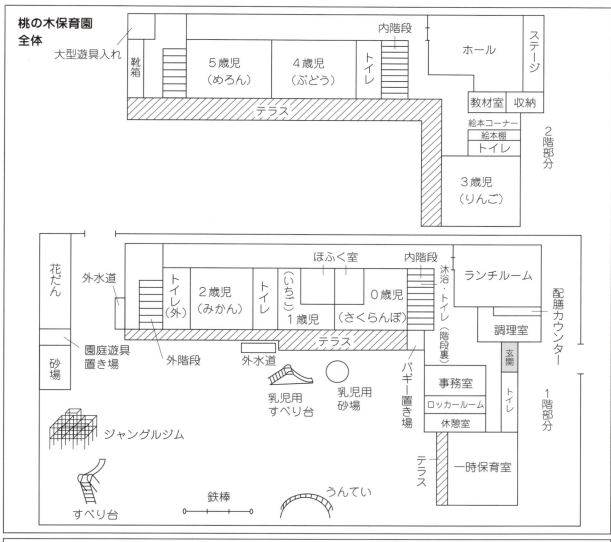

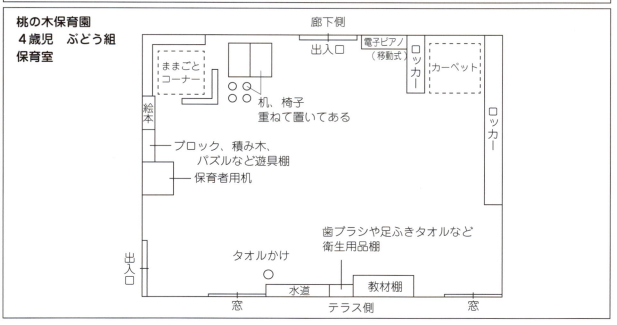

資料3　桃の木保育園　全体的な計画

保育理念	・子ども一人ひとりを大切にし、子どもの最善の利益を守り、創意工夫を図り保育する。
保育方針	・一人ひとりの育ちの背景に配慮し、乳幼児期にふさわしい生活の場を保障する。 ・保育士等の専門性を生かし、養護と教育を一体的に行う。 ・子ども同士の学び合いを大切にした異年齢児保育を行う。

【発達過程について】	【基本的社会的責任】
・子どもの発達の特性や子ども一人一人の実態を基本とし、年間指導計画を作成する。家庭と保育所における生活の連続性を大切に発達段階を踏まえ、養護と教育を一体的に展開する。	・人権尊重（児童福祉法・子どもの権利条約） ・保育の説明責任（懇談会、個人面談、保育参加） ・地域交流（行事参加の案内）　・個人情報保護 ・小学校との連携（児童要録の送付）　・苦情処理解決

保育の内容

		0歳児	1歳児	2歳児
年齢別保育目標		・一人ひとりの生理的欲求を満たした生活リズムが整う。 ・遊びを通して五感の発達が育まれる。	・一人遊びや探索活動を十分に楽しむ。 ・安定した生活の中で基本的生活習慣の獲得をめざす。	・自我の芽生える中で、気持ちのぶつかり合いを通して友達との関わり方がわかる。 ・基本的生活習慣の確立をめざす。
養護	生命の保持	・子どもの発達過程に応じた生活リズムをつくる。 ・安全で清潔な環境を整え、健康増進を図る。	・保育者との信頼関係を深め、愛着を育む。	・保育者が見守る中、食事、排泄、衣服の着脱など簡単な身のまわりのことを自分でしようとする気持ちを育てる。
	情緒の安定	・保育者に見守られながら、安心安定した生活を送ることができる環境を整える。	・一人ひとりの子どもが安心感をもって過ごせるようにする。	・保育者との安定した信頼関係のもとで子どもが自分の気持ちを表現できるように見守る。
教育	健康	【3つの視点】 健やかにのびのびと育つ ・はう、立つ、歩くなど体を動かすことを楽しむ。 ・食事、睡眠、排泄などの生活リズムが徐々に整う。 身近な人と気持ちが通じ合う ・特定の大人との温かい関わりを通して愛着が形成される。 ・発声や喃語を受け止めてもらい、やりとりの心地よさを感じる。 身近なものと関わり感性が育つ ・身の回りのものに親しみ、興味、関心をもつ。 ・身体の諸感覚を使って、身近なものを自ら関わろうとする。	・行動範囲が広がり、探索活動が活発になる。 ・身のまわりの簡単なことを自分でしようとする。	・十分に体を動かし、遊びを楽しむ。 ・生活に必要な習慣に気づき、自分でしようとする。
	人間関係		・保育者や友達に関心をもち、自分から関わったりしようとする。	・人と関わる心地よさを感じる。 ・友達との関わりを通して簡単な約束事があることを知る。
	環境		・安全で活動しやすい環境の中で自由に体を動かし、身近な物に興味をもつ。	・様々な環境とふれあう中で好奇心や探究心が芽生える。
	言葉		・日常生活に必要な言葉がわかり、言葉で気持ちを表そうとする。	・生活や遊びの中で自分のしたいことしてほしいことを自分なりに言葉で表す。
	表現		・歌、手遊びなどを模倣しながら、のびのびと表現し楽しむ。	・自分なりに表現し、遊びを楽しむ。
食育	食を営む力の基礎	・離乳を進め様々な食べものに慣れ、食べる中で意欲が育つ。	・様々な食べものを見る、触る、味わうなどの経験を通して自分で進んで食べようとする。	・食事に必要な習慣を知り、友達と一緒に食べる楽しさを味わう。
健康支援		全園児健康診断（年3回）／0歳児健康診断（月2回）／身体測定（毎月）／歯科検診（2歳児以上、年2回）／日々の健康視診／食育の推進／保健指導（手洗い・歯磨き・うがい）／保健・栄養計画の作成／保健だより・栄養だよりの発行／感染症の発生及び対応の広報		
環境・衛生管理		保育室・園舎・園庭・周辺道路の清掃及び安全確認／0歳児玩具の洗浄・消毒／遊具乾燥／職員細菌検査（毎月）／感染症の早期発見・周知徹底／感染予防の実施／衛生管理マニュアルの確認		
安全対策事故防止		避難・消火訓練（毎月）／保護者引き取り訓練（年1回）／消防設備点検（年2回）／遊具・施設設備安全点検／防火管理者講習の受講／MFAの受講／事故記録簿の作成（毎月確認）		
保護者・地域への支援		保護者会（各年齢年3回程度）／保育参加（随時）／個人面談（随時）／連絡帳による情報交換（毎日）／園だより・クラスだよりの発行／地域育児相談（随時）／一時保育／行事参加／育児講座の開催／園庭開放／ベビー休憩所／高齢者施設との交流（5歳児）／実習生・中高生職場体験・ボランティアの受け入れ／ウェブサイトの運営／第三者評価・利用者調査と公表		

第4章 保育所の理解

- 地域全体がともに手を取り合い、保護者からも信頼され、愛される保育園をめざす。

保育目標	・自然に親しみ、生きる喜びや命の大切さを知る子ども　・協調性や社会性を身につけた子ども ・思ったことを素直に話し、表現する子ども　・自分で考えて行動できる子ども

【地域の実情に応じた事業】 ・住宅地の中にあり、駅にも近く、地域の保育ニーズが高い。地域家庭の子育て支援事業（一時保育、育児相談、地域の子育て支援）と地域交流事業（園庭開放、講演会、行事参加）などの実施をしている。	【保育時間】 早朝保育：7：00～8：30　通常保育：8：30～18：00　延長保育18：00～19：30 【主な行事】 入園式　卒園式　運動会　発表会　親子山登り会（幼児、2歳児自由参加）　季節の行事　月の行事

保育の内容

3歳児	4歳児	5歳児
・保育者や友達との関わりを通して、自分の思いや感じたことを言葉や態度で表現する。 ・基本的生活習慣がおおむね確立する。	・保育者や友達とつながる中、葛藤しながら人の気持ちに気づき、自己調整力やコミュニケーション力を身につける。 ・様々な経験を通して日常の生活に必要な習慣、態度、言葉を身につける。	・自然や身近な社会事象に興味や関心をもち、遊びや活動を通して豊かな心情や知的な好奇心を高める。 ・様々な遊びの経験を通して得た判断力をもって、就学に向けて基本的な生活や態度を身につける。
・基本的生活習慣を身につけ、自信をもってのびのびと生活できるようにする。 ・衛生的で安全な環境の中で、心身ともに快適で安心した生活を送れるようにする。	・基本的生活習慣が身につき、主体的に行動している姿を認めていく。	・自分でできることの範囲を広げながら生活を送る姿を見守る。
・一人ひとりの欲求を受け止めて、子どもが自信をもって楽しんで生活できるようにする。	・様々な経験を通し自己肯定感が育まれ、保育者との信頼関係が深まるようにする。	・他者から自分の存在を認めてもらうことの喜びを感じ、達成感や自信をもてるようにする。
・外遊びを十分にし、積極的に体を動かす楽しさを味わう。 ・基本的生活習慣が身につく。	・全身を使いながら様々な遊具や遊びに挑戦し、積極的に遊ぶ。 ・健康で安全な生活の仕方に気づく。	・いろいろな遊びの中で十分に体を動かし、充実感を味わう。 ・健康で安全な生活の仕方が身につく。
・友達と簡単なルールのある遊びを通して約束を守る大切さを知る。	・身近な人と関わり、思いやりや親しみをもつ。 ・友達とルールを守って楽しく遊ぶ。	・異年齢児や地域の人々と関わり親しみをもつ。 ・身近な人との関わりの中で相手の立場を理解して行動する。
・身近な事物や社会、自然事象に触れ、親しみをもって遊ぶ。	・身近な事物や社会、自然事象に興味や関心をもって関わり考えたり試したりして、工夫して遊ぶ。	・日常生活における事物の働きやしくみ・性質に興味や関心をもち、試したり工夫したりして多様な関わりを楽しむ。
・自分の思いや経験したことを保育者や友達に話し、会話を楽しむ。	・保育者や友達との会話を楽しみながら、自分の思いや経験したことを相手に伝わるように話す工夫をする。	・身近な人の話をよく聞き会話を楽しみ、日常生活に必要な言葉を適切に伝え合う。 ・日常生活の中で文字や記号などに興味をもち、遊びに取り入れる。
・様々な表現方法を知り、そのおもしろさに気づき自由に表現しようとする。	・友達とイメージを共有する中でおもしろさ不思議さ美しさに気づき、一緒に表現することを楽しむ。	・自分のイメージしたことを、いろいろな方法で表現したり、友達と伝えあったりし、優しさ尊さなどの感性を豊かにする。
・食事に必要な習慣を身につけ、何でも食べる大切さを知る。	・様々な食品に親しみ、食べ物と体の関係に興味をもち、友達と一緒に楽しく食事ができる。	・食べ物と体の関係について興味をもち、食事をすることの大切さがわかり、落ち着いて食事をすることができる。

小学校との連携	保育所児童保育要録の送付（5歳児全員）／就学支援シートの作成（保護者より要請時のみ）／小学校見学（5歳児）／小学校との交流会／幼保小連携会議の実施
研修計画	私立保育園連合会主催研修（保育一般・給食栄養・保健・新人職員）／こども保育課主催研修／その他外部研修（適宜）／園内研修（保育テーマ研究・事例検討）
特色ある保育	親子山登り会／芸術鑑賞会
町への行事参加	町内会夏祭りの共催／市民芸術祭参加（4、5歳児）／高齢者施設主催行事参加（5歳児）

資料4　桃の木保育園　4歳児　年間の指導計画

年間目標	・保育者や友達と遊びながらつながりを広げ、自己調整力やコミュニケーション力を身につける。 ・様々な体験を通して基本的な生活習慣や態度、言葉を身につけ意欲的に楽しく生活する。	
	Ⅰ期（4～5月）	Ⅱ期（6～8月）
子どもの姿	・進級したことを喜び、新しいことに積極的に関わろうとする姿がある一方で、新しい生活や環境に緊張感や不安をもつ子どもがいる。 ・戸外で自然とふれあいながら好きな遊びを楽しむ姿が見られる。	・生活の流れに慣れ、身のまわりのことはほとんど自分でできるが、保育者の言葉かけや援助が必要な子どももいる。 ・夏ならではの遊びを楽しみに登園する姿が見られる。 ・友達とのつながりができてくる一方で、お互いの思いが違ってトラブルになることもある。
ねらい	・身のまわりのことを自分でしようとしながら生活の流れに見通しをもち、様々な活動に取り組もうとする。 ・自由に活動できる環境設定のもとで、様々な遊びを通して保育者等との信頼関係を築く。	・休息と水分を十分に摂り健康的に過ごす。 ・友達と関わりながら梅雨時の遊びや夏の遊びの楽しさを味わう。 ・自分の思いや気持ちを伝え、相手の思いや気持ちにも気がついていく。
内容　養護	・生活の流れや仕方がわかり、自分でできることは自分でしようとするように働きかける。 ・日々の生活に安心感をもち、友達や保育者とのびのびと遊べるようにする。	・夏の暑さを知り、自ら水分補給ができるよう環境を整える。 ・友達との遊びの中でトラブルを体験しながら、徐々に自己を出せるようにする。
内容　教育	・春の自然に触れながら戸外で体を動かして遊ぶ。 ・友達といることの喜びや楽しさを感じながらつながりを深める。 ・体験したことや思ったことを話し、言葉で伝える楽しさを味わう。 ・様々な道具や用具、遊具の安全な使い方や遊び方を知る。 ・季節にあった歌や手遊び、製作を楽しむ。	・夏ならではの遊びを思う存分楽しむ。 ・友達のよさに気づき、一緒に遊んだり活動したりする楽しさを知る。 ・自分のイメージしたことを表現したり、音楽に合わせて体を動かしたりする楽しさを味わう。 ・様々な用具の扱い方がわかり、生活の中で積極的に使おうとする。 ・友達と協力して製作活動を行うことを楽しむ。
環境構成と援助	・戸外遊びの環境を整備し、子どもたちの遊びを見守る。また散歩に出かけるなどし、春の自然にふれあう機会をつくる。 ・個人差や生活経験の違いを考慮し、一人ひとりの状態に合わせて丁寧に援助していく。	・気温の差や日差しに留意し、暑さ対策として帽子、水分補給、日陰の用意をする。 ・夏の遊びを楽しめるような遊具や用具を準備するとともに、水の事故防止の環境を整える。
食育	・楽しい雰囲気の中で友達や保育者と一緒に食事をする。	・じゃがいも掘りを体験し、収穫の喜びを感じる。 ・食事のマナーを身につけ、楽しんで食べる。

memo

食 育 目 標	・食事に関する基本的な習慣や態度を身につける。 ・様々な人と一緒に食べる楽しさを味わう。	
	Ⅲ期（9〜12月）	Ⅳ期（1〜3月）
	・意欲的に自分のことは、自分でしようとする。 ・様々な体験を通し全身運動が活発になり、運動会に向けて競争心の芽生えも見られる。 ・友達を思いやる姿が見られるようになり、ルールのある遊びや共同で取り組む活動ができるようになってくる。 ・秋の自然物を使った遊びが見られる。	・身のまわりの始末や生活の基本となる行動が身につき、年長児になることに期待をもつ。 ・発表会では気の合う友達とイメージを共有し、自分のしたい役を選び、表現を工夫して楽しむ姿が見られる。 ・友達とのつながりが深まり、我慢したり相手の思いを受け入れたりするようになる。
	・やればできるという達成感や喜びを味わう。 ・秋の自然に触れ、興味や関心をもつ。 ・共通の目的をもって考えやイメージを出し合い、友達と一緒に作り上げる楽しさを味わう。	・生活に必要な習慣や態度、言葉を身につけ、年長児になることに期待をもつ。 ・冬の自然に触れ、不思議さを感じ興味をもつ。 ・友達との仲間意識が深まり、意欲的に園生活を楽しむ。
	・基本的な生活習慣や態度をおおむね身につけられるようにする。 ・友達や保育者との安定した生活の中で、満足感や達成感を感じながら意欲的に生活できるようにする。	・基本的な生活習慣や態度を身につけ、主体的に行動できるようにする。 ・責任をもって与えられた役割を果たし、年長児になる自覚を高める。
	・秋の自然現象に興味や関心をもって触れたり遊んだりする。 ・遊びの中で相手を思いやる気持ちをもちながら友達との関わりを深めていく。 ・友達とイメージを言葉にして共有し、一緒に表現することの楽しさを味わう。 ・友達とルールのある遊びを楽しむ。 ・運動会への参加を通し、達成感から次の遊びにつなげて楽しむ。	・冬の遊びや自然現象の不思議さを味わう。 ・友達とのつながりを広げ、自分の力を発揮し、意欲的に活動する。 ・遊びに必要な物を友達と一緒に工夫して作ったり遊んだりすることを楽しむ。 ・人の話を聞くことや自分の考えを相手に伝わるように話すことの大切さに気づく。 ・友達と楽しく活動するためにルールや約束を守ろうとする。
	・個々の体力や運動機能の発達を考慮する。 ・行事に追われてゆとりを失わないように配慮する。 ・運動用具を整え、子どもが意欲的に取り組めるようにする。	・暖房器具などの安全、室温や換気に気を配る。 ・子どもの興味や遊びの流れをつかんで環境や遊具を整え、集団での遊びがより深まるようにしていく。 ・一人ひとりの成長を認め、年長組になることへの期待と喜びがもてるようにする。
	・クッキングを体験して楽しく食べる。 ・食べ物と身体との関係について興味や関心をもつ。	・正しい食事の仕方を身につけ楽しく食事をする。 ・食べることによって命の大切さを知る。

資料5　桃の木保育園　4歳児　ぶどう組　6月の指導計画

前月の子どもの姿	・生活の流れに慣れ、自分のことを進んでやろうとする子どもが増えてきているが、時間がかかったり保育者の声かけや援助を必要としたりする子どももいる。 ・好きな遊びを通して友達との関わりが増えてきたが、自己主張も出てきてぶつかり合いが見られ始める。 ・戸外での遊びに興味が広がり、自分の好きな遊びを見つけて遊ぶ姿が多く見られる。	今月のねらい	・健康、清潔な生活を送りながら、梅雨の遊びを楽しむ。 ・生活の仕方がわかり、助け合いながら見通しをもって生活する。 ・友達との関わりを楽しみ、自分の思いを伝えたり、相手の気持ちをわかろうとしたりする。 ・身近な素材に興味をもち、自分なりの表現を楽しむ。
今月の行事	3日　避難訓練（火災） 4日　歯科検診（虫歯予防デー） 10日　身体測定 16日　誕生会 25日　じゃがいも掘り（雨天順延） 第3週　保育参加週間	今月の食育	・食事のマナーに気をつける。 ・友達と話をする時は同じ机の子どもに聞こえるくらいの声で話す。 ・じゃがいも掘りを楽しみ、食べる喜びを感じながらみんなでおいしくいただく。

内容	養護	・湿度が高くなるので、気温の変化に留意して心地よく生活できるように工夫する。 ・一人ひとりの欲求を受け止め、安心して自分の気持ちや考えを表すことができるようにする。 ・歯科医との連携を図りながら子どもの虫歯予防に関する意識を高めていく。
	教育	・身のまわりのことをやろうとし、難しくても最後まで頑張ろうとする。 ・手洗い、うがい、歯磨き、汗の始末などの大切さを知り、自分からしようとする。 ・生活や遊びの中で必要な言葉や自分の思いを声に出して伝える。 ・栽培物や身近な小動物の世話をし、成長に関心をもったり、親しみを感じたりする。 ・砂、土、泥、水を使い、ダイナミックな遊びを友達と楽しむ。 ・園外保育に出かけ、園とは違った場所でのルールやマナーを知ったり、楽しく遊んだりする。 ・身近な素材や用具を使って、様々な物を作ることを楽しむ。

環境構成と援助	・梅雨期の衛生面に気を配り、園内の環境を整えながら心身の疲れを和らげ、快適な生活を送れるようにする。 ・虫歯予防について関心をもてるように話をしたり、絵本や紙芝居を用意したりしておく。 ・トラブルが起きた時は子ども同士で解決しようとする姿を見守る。また、必要に応じて保育者が仲立ちをしてそれぞれの思いを伝えていく。 ・壊れた玩具等危ないものがないか点検し、安全に遊べるように整えておく。 ・日中は気温が高くなる日も多くなるため、水を使った泥遊びなども十分に楽しめるよう準備しておく。 ・野菜作りの過程を十分に楽しみ、一人ひとりが満足できるようにしていく。 ・保育者も遊びに加わり、ルールや約束ごとを伝えていく。 ・一人ひとりの発想や工夫を大切に認め、素材や用具の扱い方を知らせ、作る楽しさが味わえるようにする。
保護者支援	・天候不順等で体調を崩しやすい時期になるので、手洗い、うがい、汗の始末、衣服の調整などの重要性を伝え、健康に過ごしていくことについて理解が深まるようにしていく。 ・歯科検診の結果を報告し、歯磨きの励行を家庭と園とで協力して行っていく。 ・第3週に行う保育参加週間は、保育内容を提示し参加しやすい雰囲気をつくり、日常保育の子どもの様子が伝わるように工夫をする。 ・じゃがいも掘りに行くので、汚れてもよい衣服や靴の用意を依頼する。
反省と評価	**自らの保育を捉える視点** ・生活習慣面での個人差を配慮し、個々に合わせた援助や関わりができたか。 ・一人ひとりの健康状態の変化や気持ちを受け止め、適切な配慮ができたか。 **子どもの育ちを捉える評価の視点** ・身のまわりのことを自分でしていたか。 ・約束ごとやルールを守って生活していたか。

第4章 保育所の理解

資料6 桃の木保育園　4歳児　ぶどう組　6月第4週の指導計画

子どもの姿	・日々の生活の中での身のまわりのこと（衣服の着脱や物の始末など）が少しずつ身についてきている。 ・ダイナミックな遊びをしながら一人ひとりが好きな物を作ったり、友達と協力して作ったりした物をつなぎ合わせ、砂場で山やトンネルが大きくつながっていく喜びを感じながら思い切り楽しむ姿が見られる。 ・身近な素材を使った製作遊びに取り組む中で、はさみやのりなどの用具の使い方に個人差が見られる。	今週のねらい	・保育者に見守られながら、衣服の着脱、歯磨き、うがい、手洗いができるようになる。 ・じゃがいも掘りを心待ちにし、一連の活動を楽しんで取り組む。 ・友達と協力しながら遊び、自分の思いを伝えたり相手の気持ちをわかろうとしたりする。 ・行事への関心をもって製作を楽しむ。
今週の行事	25日　じゃがいも掘り	今週の食育	・じゃがいも掘りを楽しみに待つ。 ・掘ってきたじゃがいもを洗ったり、数えたり、分けたりする。 ・じゃがいもを調理してもらい、みんなでおいしくいただく。

	予想される子どもの活動	保育者の援助と環境構成
22日(月)	じゃがいも掘りに向けての活動 　じゃがいもの畑を見に行く。 　　　　　自然公園に行って遊ぶ。	・じゃがいも掘りに向けての最終確認であることを伝える。畑に入る時の約束ごとの確認をする。 ・畑から自然公園までは安全に移動できるように配慮をする。 ・自然公園では体を動かして遊べるよう見守る。
23日(火)	泥んこ遊びをする。 じゃがいもの絵本を見る。 　(じゃがいもポテトくん)	・泥んこ遊びをする前に遊びやすいように遊具や用具を整え、安全点検を行う。また終了後は衛生面に十分配慮をする。 ・泥んこ遊びに消極的な子どもには一緒に関わりながら楽しさを伝える。 ・じゃがいもにちなんだ絵本を選び、じゃがいもに親しみをもてるようにする。
24日(水)	七夕飾りを作る。 じゃがいも掘りの話を聞く。 　(約束ごとや持ち物について)	・七夕の絵本を見たり、歌ったりし、行事について関心を高めていく。 ・身近な素材や用具を使って七夕飾りを作成するが、個々の製作意欲など個人差に配慮していく。 ・じゃがいも掘りに関して子どもと保護者へ準備物の最終確認を行う。
25日(木)	じゃがいも掘り（雨天順延） 　　(雨天時はホールでサーキット遊び)	・前日にじゃがいも掘りの用具や持ち物を整え、朝のうちに畑の様子を見てしっかりと準備をする。 ・個々の様子を見ながら必要な援助をしたり一緒に楽しんだりする。 ・衛生に配慮するとともに休息を十分に確保する。
26日(金)	じゃがいもを洗う。 　(持ち帰れるように分ける。) 　　　　　大型積み木で遊ぶ。	・昨日掘ったじゃがいもは、テラスに並べて干しておく。また、平等に持ち帰れるように配慮する。 ・友達と一緒にダイナミックな遊びを展開できるよう、遊びに入れない子どもには声かけをしていく。
27日(土)	異年齢合同保育	・幼児組異年齢との関わりの中では、トラブルの解決を見守ったり、時には解決の方法を伝えたりする。 ・異年齢ならではの遊びを楽しめるようにし、ゆったりとした環境を整える。
保護者支援	・じゃがいも掘りや泥んこ遊びが多くなるので、汚れてもよい衣服や靴の用意を依頼する。 ・掘ってきたじゃがいもは金曜日に持ち帰るので、家庭での食育につなげてもらうよう伝える。	
反省		

資料7　桃の木保育園　4歳児　6月22日(月)の指導計画(一部省略)

●●年6月22日（月曜日）　4歳児　ぶどう組　計28名　実習生名○○○○

子どもの姿	ねらい
・朝夕の身支度や午睡前の衣服の着脱時、進んで支度や着替え遊びに入れる子どもが多いが、支度や着替えより遊びに夢中になってしまう子どもや、かばんや着替えた衣服の始末がおろそかになっている子どもが数名見られる。 ・じゃがいもの絵本や図鑑を見る、畑のじゃがいもの花を見るなどの活動からじゃがいも掘りへの期待が徐々に高まってきている。 ・梅雨の晴れ間の少しの時間を大事に外で遊ぶ、傘をさして外の様子を見に行くなど、戸外遊びへの欲求が見られる。	・生活習慣の一つひとつを丁寧に行い気持ちよく過ごす。 ・植物の変化や不思議さに気づく。 ・戸外で体を十分に動かし遊ぶ。
	内容
	・保育者に見守られたり声をかけられたりしながら、友達と生活を進めようとする。 ・畑に行き、じゃがいもの変化を観察し収穫が近いことを知ることで期待が高まる。 ・鬼ごっこなどの集団遊びをのルールを知り、体を思い切り動かし楽しむ。

時間	環境の構成	予想される子どもの姿	保育者の援助・配慮
7：00	・保育室の換気を行う。 ・保育室やトイレ、園庭などの点検や拭き掃除を子どもの登園前に行う。 上靴入れを用意する。	○早朝保育室から自分の保育室に移動する。	・早朝保育の保育者からの引き継ぎ事項をしっかりと確認する。
8：30	・園庭で色水遊びやジュース屋さんができるように道具を出しておく。 ●保育者（実習生） △担任保育者　○子ども	○通常保育開始。 ○順次登園、身支度を行い、室内遊びを楽しむ。 ・保育者と元気に挨拶をする。 ・週末の家庭でのできごとなどを話す子どもがいる。 ・家庭での生活から切り替わらず元気のない子どももいる。 ・かばんやタオルなどの持ち物、パジャマや着替え、上靴、歯ブラシなどの始末をし、身支度を整える。 ・進んで支度を行える子どももいるが、遊びながら行っていてなかなか進まない子どもがいる。また、遊びたくて支度が雑な子どももいる。	・一人ひとりと挨拶を交わし、週明けから気持ちよく過ごせるように笑顔で元気に迎え入れる。子どもの表情、機嫌、体調をよく見ながら視診して、週末の様子などを保護者から聞くようにする。 ・週はじめなのでパジャマや着替え、上靴、歯ブラシが所定の場所にしまえるよう個々に伝える。かばんやタオルなどの身支度も声をかけながら見守る。 ・時間のかかる子どもには途中まで一緒に行っていく。支度が終わったら個々の様子を確認していくように心がける。
12：40	 ○植物図鑑を準備する。	○保育室に戻り午睡の準備をする。 ・歯磨きをする。 ・歯ブラシを朝のうちにセットすることを忘れている子どもがいる。 ・歯ブラシを口に入れたまま友達とふざけあっている子どもがいる。 ・歯磨き後に「ぶくぶくうがいできた」と保育者に報告する子どもがいる。 ・絵本、ブロック、パズルなど静的な遊びを楽しむ。 ・遊んだものを片づける。 ・パジャマに着替える。 ・着替えが手早い子どももいるが、のんびり着替える子どももいる。 ・排泄が終わった子どもから保育室で座って絵本を待つ。 ・植物図鑑でじゃがいもの成長を見て、午	・保育室に戻ったら歯磨きを促す。 ・歯ブラシの出し忘れの子どもや、ふざけ磨きになっている子どもには個々に声かけをしていく。 ・歯磨きの様子を確認し、できたことを認めていく。 ・食後は落ち着いて遊べるような絵本、ブロックやパズルなどを用意し、遊びを見守る。 ・保育者も一緒に片づける。 ・着替えを促し見守る。のんびりしている子どもや援助が必要な子どもには、声かけとともに手を貸す。 ・着替え、排泄が終わったら集まるように促す。 ・絵本の前に、畑で見たじゃがいものことを思い出しながら図鑑を見て確認し、じゃが

時間	環境の構成	予想される子どもの姿	保育者の援助・配慮
13：20	○絵本「そらまめくんのベッド」を準備する。 ○ランチルームの用意 ・机を整える。 ・台拭きを用意する。	・前中に見た畑のじゃがいものことを知る。 ・じゃがいも掘りを楽しみにする言葉が出る。 ・絵本「そらまめくんのベッド」を見る。 ・そらまめくんの絵本の世界を楽しむ。 ○午睡をする。 ・ホールに移動し各自のコットに静かに入る。 ・週はじめなので園生活のリズムになりきれてなく、眠りにつくのが早い子どもと逆に遅い子どもがいる。	・いも掘りへ興味が高められるようにする。 ・絵本の情景が想像できるよう進め、最後は落ち着いた読み方で終われるよう工夫する。 ・読み終えたらホールに移動し、コットに入ることを促す。 ・中には寝つけない子どももいるので寄り添い、背中を優しくなで、入眠を促す。 ・うつ伏せ、寝相に気をつける。
14：45	ランチルーム （机や椅子を配置／配膳コーナー）	○目覚め、着替え、排泄をする。 ・目覚めた子どもから、布団を整える。 ・保育室に戻り、排泄や着替えを始める。 ・寝つきが遅く目覚めの悪い子どもがいる。 ・着替えを済ませ身支度を整える。 ・おやつ前の手洗いをする。 ・ランチルームに移動する。	・カーテンを開けて光を入れる。 ・目覚めた子どものコットを片づける。 ・排泄や着替えの声かけを行い、まだ寝ている子どもには、背中をさすりながら起こすようにする。 ・個々の体調確認・視診をする。 ・着替えの様子を見ながら再度排泄を促し、手洗いの声かけをする。 ・ランチルームに移動するよう伝える。 ・おやつの配膳を行う。
15：10		○おやつをいただく。 ・全員椅子に座ったらいただきますをして、おやつを食べる。 ・ごちそうさまをして、食器を配膳コーナーに片づけ保育室に戻る。	・保育者も子どもと一緒に座る。 ・ごちそうさまをしたら、保育室に戻り降園準備をすることを伝える。 ・食べこぼしがないか見て、必要に応じて掃除をする。
15：40		○降園準備をする。 ・汚れ物や持ち物の始末をして、帰りのつどいに参加できるように準備を整える。	・汚れた服やタオルなどを自分の鞄に入れるように促す。入れ忘れがないか見届ける。
16：00	保育室（出入口／ロッカー／電子ピアノ／出入口／水道）	○帰りのつどいに参加する。 ・全員が集まって座る。 ・保育者と一緒に手遊びをする。 ・手遊びを面白がる。 ・今日の話を聞いたり、じゃがいも畑で撮った写真を見たりする。 ・じゃがいも掘りを楽しみにする声が出る。 ・帰りの歌を元気に歌う。	・全員が集まったことを確認し、帰りのつどいを始める。 ・手遊びを行い、つどいが落ち着いて行えるよう雰囲気をつくる。 ・今日の楽しかったことを振り返り、じゃがいも掘りへの期待を高めながら、みんなで楽しい思いを共有できるようにする。 ・子ども個々の表情を見ながらピアノを弾く。
16：15	○保護者の迎えが始まる。	○好きな遊びをしながら降園を待つ。 ・お絵かき・ままごと・粘土・パズル・積み木等をして遊ぶ。 ・保護者が来た子どもは遊んでいたものを片づけ、友達にさよならをする。 ・身支度を整え準備をする。 ・保護者と顔を合わせる。 ・保育者と元気に挨拶を交わし順次降園する。	・安全に配慮しながら遊びを見守る。 ・子どものやりたい気持ちに沿いながら遊びの環境を構成していく。 ・一人ひとりと挨拶をして、明日も一緒に遊ぼうねということを伝えていく。
18：00		○延長保育児は保育室を移動する。	・延長保育の保育者に連絡事項を引き継ぐ。

資料8　桃の木保育園　4歳児のデイリープログラム

時間	4歳児	子どもの姿	保育者の援助と配慮
7：00	早朝保育開始 順次登園 （健康観察・連絡事項） 挨拶 自由遊び	・元気に登園し、朝の挨拶をする。保育者や友達と好きな遊びを楽しむ。	・挨拶、視診を通し一人ひとりの体調を把握する。 ・保護者から連絡事項を受ける。 ・保育室の換気や玩具の設定などの環境整備をし、危険のないよう気をつける。
8：30	通常保育開始・順次登園 持ち物整理・自由遊び	・自分の保育室に移動し、持ち物の整理をする。 ・好きな遊びを楽しむ。	・早朝保育の保育者からの引き継ぎ事項をしっかりと確認する。
9：30	片づけ・排泄 朝のつどい	・促されて片づけをする。 ・朝のつどいに参加する。	・使った玩具やまわりにある玩具を片づけることができるよう声かけをし、保育者も一緒に片づける。 ・一日の活動などを話し、期待をもって過ごせるようにする。
10：00	年齢に応じた保育の活動 （戸外遊び・園外遊び・ 　室内遊び）	・遊びを楽しむ。	・子どもたちに合った様々な遊びを用意する。 ・子どもが主体的に楽しく遊べるよう時期や発達に十分な配慮をして計画する。
11：20	排泄・手洗い・昼食準備	・排泄・手洗いをし、ランチルームに移動する。 ・当番は机を拭き、お茶を配る。	・せっけんでの手洗い・手拭きを見守り、消毒する。衛生面に気をつける。 ・当番を確認し、エプロンなどを身につけることで自覚をもって行えるようにする。
12：00	昼食 片づけ・歯磨き 着替え・排泄	・食事をおいしくいただく。 ・食べ終わった食器を自分で片づける。 ・クラスに戻り、着替えや排泄を済ませる。	・楽しい雰囲気の中、食事ができるようにする。 ・偏食や食べるのが遅い子どもに声をかけるなど、個々に応じた援助をする。 ・見守りながら必要な場合は声かけをし、自分でできるようにする。
13：00	静的な遊び 順次午睡	・静かに遊ぶ。 ・絵本や紙芝居を見たり、素話を聞いたりする。 ・ホールに移動する。 ・コットに入り、身体を休める。	・静かに遊べるような環境を整える。 ・午睡前には気持ちが落ち着くような物語の題材を選び、安定して眠りに入れるようにする。 ・子どもの側によりそって、安心して午睡できるよう環境をつくる。
14：45	目覚め・着替え	・目覚めた子どもから毛布を片づけ、順次着替える。	・目覚めた子どものコットを片づけ、着替えをするよう声かけをする。
15：00	排泄・手洗い	・排泄・手洗いをし、ランチルームに移動する。	・幼児クラスの保育者同士が連携を取りながら、子どもの移動があるので危険のないように見守る。
15：10	おやつ	・みんなでおやつをいただく。	・楽しくおやつが食べられるようにする。
16：00	帰りの支度・帰りのつどい 自由遊び 順次降園	・帰りの支度をし、帰りのつどいに参加する。 ・好きな遊びを楽しむ。 ・挨拶をして降園する。	・今日一日楽しかったことを共感しながら明日への期待につなげていく。 ・安全に配慮しながら遊びを見守る。 ・保護者対応は丁寧に行い、挨拶をする。
18：00		・延長保育児は保育室を移動する。	・延長保育の保育者に子どもの様子や連絡事項を伝え引き継ぐ。

第4章 保育所の理解

資料9　桃の木保育園　デイリープログラム

時間	0歳児	1・2歳児	3・4・5歳児
7:00	早朝保育開始 順次登園（健康観察・連絡事項） 検温（保護者）・おむつ交換	早朝保育開始 順次登園（健康観察・連絡事項） 挨拶・排泄 自由遊び	早朝保育開始 順次登園（健康観察・連絡事項） 挨拶 自由遊び
8:30	通常保育開始・順次登園	通常保育開始・順次登園 自由遊び	通常保育開始・順次登園 持ち物整理・自由遊び
9:30	保育者と遊ぶ 睡眠	おむつ交換・排泄 おやつ	片づけ・排泄 朝のつどい（クラス別）
10:00	ミルク・離乳食	戸外遊び・園外遊び 室内遊び	年齢に応じた保育の活動 （戸外遊び・園外遊び・室内遊び）
10:30	おむつ交換 外気浴・自由遊び（戸外・室内）		
11:00	散歩	着替え・手洗い・おむつ交換・排泄 昼食	排泄・手洗い・昼食準備
12:00	沐浴・水分補給・おむつ交換 睡眠	着替え・おむつ交換・排泄	昼食（年齢によって時間差あり） 片づけ・歯磨き
13:00	（目覚めている子どもは外気浴など） 検温・おむつ交換	順次午睡	着替え・排泄 3・4歳児は順次午睡
14:00	ミルク・離乳食 おむつ交換	順次目覚め	5歳児は保育の活動 3・4歳児は目覚め・着替え
15:00	保育者と遊ぶ	おむつ交換・排泄・着替え・手洗い おやつ	排泄・手洗い おやつ
16:00	おむつ交換 順次降園	おむつ交換・排泄・自由な遊び 順次降園	帰りの支度・帰りのつどい 順次降園
16:30			
18:00	通常保育終了・延長保育開始 おやつ・自由遊び	通常保育終了・延長保育開始 おやつ・自由遊び	通常保育終了・延長保育開始 おやつ・自由遊び
19:30	最終児降園	最終児降園	最終児降園

(5) やってみよう　4章まとめワーク

4章で学んだことを思い出しながら、次の質問に答えてみましょう。

① 下の文は、保育所の保育について書かれた文章です。（　　）の中に入る適切な語句を　　から選んで書きましょう。

　　保育所では、入所する子どもの（　　　　　　　　）を考慮し、その福祉を積極的に増進することがめざされています。保育の特性として、乳児から就学前の子どもを対象とするということなどから（　　　　　　　　）を一体的に行うことが挙げられます。また保育所における保育は（　　　　　　　　）を通して行うこと、（　　　　　　　　）に応じて行うことが重視されています。

知育と体育	学習
最善の利益	年齢
養護と教育	学力
発達過程	環境

② 次の文章が説明する事柄は何といいますか。それぞれ書きましょう。
1. 保育所における全体的な計画や保育内容について示した国の基準を何といいますか。（　　　　　　　　）
2. 1.によって編成することが規定されており、保育所の生活全体を通して、子どもたちが育っていくおおまか道筋を示したものを何といいますか。（　　　　　　　　）
3. 保育の計画とは別に、保育所の生活時間の指標として1日の生活の主な活動内容の流れを年齢別に示したものを何といいますか。（　　　　　　　　）

③ p88～p99の桃の木保育園の資料1～9を見て、次の質問に答えましょう。
1. 桃の木保育園の全体的な計画を見て、保育目標を4つ書きましょう。
（　　　　　）（　　　　　）（　　　　　）（　　　　　）

2. 桃の木保育園の全体的な計画を見て、1歳児の養護に関するねらいを2つ書きましょう。
（　　　　　　　　）（　　　　　　　　）

3. 桃の木保育園4歳児の年間の指導計画を見て、年間目標を2つ書きましょう。
（　　　　　　　　）（　　　　　　　　）

4. 桃の木保育園4歳児の6月の指導計画を見て、前月の子どもの姿から5月の遊びの様子を2つ書きましょう。（　　　　　　　　）（　　　　　　　　）

5. 桃の木保育園4歳児6月第4週の指導計画を見て、6月23日の泥んこ遊びにおける援助と環境構成を2つ書きましょう。（　　　　　　　　）（　　　　　　　　）

第5章
指導計画の作成の基本とその方法

　幼稚園や保育所における指導計画とは、一人ひとりの子どもたちがその時期にふさわしい生活を展開し、発達に必要な経験を得られるように、それぞれの園の教育課程や全体的な計画に基づいて具体的なねらいや内容、環境の構成などの指導の順序や方法について予想し、保育の計画を立てたものを指します。指導計画の作成では、子どもたちの主体的で充実した生活や遊びに必要な環境、また、その環境に関わって遊びを展開する子どもたちに必要な援助について、一人ひとりの育ちを見通した上で作成されることが求められています。では、具体的にどのような点に配慮しながら指導計画を作成していけばよいのでしょうか。
　この章では、主に短期の指導計画である部分指導計画の作成とその具体的な方法について、要点を取り上げて具体的に学んでいきます。

1 指導計画の形式

ねらい 指導計画における記載項目やその内容について理解しよう。

（1）指導計画における記載項目とその内容

　下の【図5－①】に挙げたものは、基本的な指導計画（全日の指導計画、部分指導計画）の形式です。短期の指導計画は、各クラスの生活に応じた計画ですから、基本的にはそのクラスの担任保育者が作成します。そのため、幼稚園や保育所で実習を行う場合は、みなさんが指導計画を作成することとなります。その際、養成校や実習園から配布された指導計画が、下の【図5－①】の項目や文章の表現とは異なっていたり、さらには各項目の内容が一緒の欄に記されていたりすることがあります。しかし、養成校や実習園で使用されている多くの指導計画を見てみると、基本的な項目は概して同じであり、大きな違いはほとんどありません。まずは、与えられた形式に沿って書いてみることから始めてみましょう。そして、わからない点が出てきたら養成校や実習園の先生方に確認してみましょう。

　それでは【図5－①】の形式に沿って、記載項目とその内容について順に見ていきましょう。

❶　　年　月　日（　曜日）実施　　歳児　　組　計　名　実習生名：　　　　指導者名：　　　　印		
子どもの姿　　　　　　　　❷	ねらい　　　　　　　❸	
^^^	内容　　　　　　　❹	
時間	環境の構成	予想される子どもの姿	保育者の援助・配慮
❺	❻	❼	❽
〜〜〜	〜〜〜	〜〜〜	〜〜〜
評価　　　　　　　　　　　　　❾			

【図5－①】指導計画の形式

memo

❶ 保育を行う年月日、曜日、対象年児、クラス名、在籍人数、実習生氏名

「保育を行う年月日」「曜日」には、実習生（あなた）自身が作成した指導計画を用いて実際に保育を行おうとする日付、曜日を記します（中には、「起案日」などとして、指導計画を作成した日付を記す形式もあります）。

「対象年児」「クラス名」には、実習生自身が指導計画案を作成し、保育を行おうとするクラスの年齢（〇歳児）とクラス名（組名）を記します。異年齢編成クラスが対象の場合は、「3・4・5歳児」、「〇〇組」などと記しましょう。

「在籍人数」には、保育の対象となるクラスの子どもたちの在籍人数（計〇名）を記します（中には、男女の人数を分けて記す形式もあります）。当日の「出席人数」を記す実習日誌とは異なりますので、注意しましょう。

「実習生名」「指導者名」には、実習生の名前と指導して頂く担任保育者もしくは実習担当などの保育者の名前を記します。指導計画案作成について保育者に指導して頂き、それが完成して保育を実施することが決まったら、忘れずに捺印して頂きましょう。

❷ 子どもの姿　（⤴p106〜109）

子どもたちが生活する姿を具体的に捉え、記していきます。項目名は、「子どもの様子」「子どもの実態」などと記されることもあります。

子どもたちの育ちを理解するためには、「子どもの興味や関心」「生活や遊びへの取り組み方の変化」「保育者や友達との人間関係の変化」「自然や季節の変化」などの視点から捉えていきます。子どもたちの生活の様子を的確に捉えることが、次の「ねらい」「内容」などを設定するためには重要となってきます。

❸ ねらい　（⤴p109〜112）

子どもたちの生活において育つことが期待される資質・能力について記します。その際には、子どもたちの日々の生活（前述した「子どもの姿」）に沿った具体的な「ねらい」を記します。また、前週や前日の子どもの姿から、子どもたちに経験してほしいこと、身につけることが必要なことなど、保育者の願いも踏まえて記します。

❹ 内容　（⤴p112〜114）

「ねらい」を達成する方向に子どもが育っていくためには、子どもが具体的にどのような経験を積み重ね、何を身につけることが必要かを捉えて具体的な「内容」を記します。この具体的な「内容」とは、子どもが経験し身につける具体的な内容であると同時に、保育者が保育を展開する具体的な内容ともいえます。

❺時間

　子どもたちの生活する姿を見通し、保育の始まりから終わりまでの時間について、保育の展開のおおまかな区切りごとに時系列に沿って記入していきます。その際には、子どもの生活の自然な流れや生活のリズム、状態の変化などに応じた、無理のない、めりはりのある生活を営むことができるように計画することが大切となります。ここで予想された時間は、あくまでも目安であり、実際の保育では時間に合わせて子どもたちの活動を制限することなどのないようにしましょう。

❻環境の構成（⤴p114〜119）

　具体的な「ねらい」や「内容」として取り上げられた事柄を子どもが実際の保育の中で経験することができるように、物、人、自然事象、時間、場や空間等を関連付けて、適切な環境を構成していきます。その際、保育者には、子どもたちが環境に関わって主体的に活動を生み出したくなるような魅力ある環境を構成することが求められます。また、子どもの生活する姿に即して、その生活が充実したものとなるように考えることが大切となります。

❼予想される子どもの姿（⤴p119〜122）

　具体的な「ねらい」と「内容」に基づいて構成された環境に対して、子どもたちはどのように関わり、どのような活動を展開するのか、またどのような姿を見せるのかについて具体的に予想していきます。その際には、前日までの子どもの姿を踏まえ、子どもの活動が生まれる背景や意味を的確に捉え、多様に生み出される子どもの生活する姿を予測しておくことが求められます。

❽保育者の援助・配慮（⤴p122〜126）

　子どもが望ましい方向へ向かって自ら活動を展開していくことができるよう、保育者（実習生）が行う具体的な援助内容を記します。保育者は、子どもたち一人ひとりがどのような体験を積み重ねているのか、またその体験がそれぞれの子どもにとって充実していて発達を促すことにつながっているのかを把握し、それに基づいて必要な援助を考えていくことが求められています。

　また、立案した活動を展開する上で配慮すべきこととして、「環境の構成や準備についての注意点」「様々な場面における援助の意図や要点」「留意すべきこと」等をまとめ、記しておくとよいでしょう。

❾評価（8章参照）

　指導計画の内容に基づいて行われた保育を振り返り、その内容を記します。具体的な「ねらい」「内容」は達成できたか、「環境の構成」の見通しや援助は適切だったかなど、"子どもの発達の理解"と"保育者の援助の改善"の両面から評価を行います。これらの評価を生かして指導計画を改善する一連の過程を繰り返し行っていくことは、子どもの充実した生活をつくり出していく上でとても重要です。

memo

第5章 指導計画の作成の基本とその方法

指導計画の作成手順

ねらい 指導計画の作成手順の基本について理解しよう。

　指導計画は、保育実践の具体的な方向性を示すものであり、一人ひとりの子どもが乳幼児期にふさわしい生活の中で必要な体験が得られるように見通しをもって作成するものです。そのため、指導計画の作成は、以下❶～❹のような手順で作成していきます（【図５－②】参照）。

> ❶**子どもの姿**を把握し、理解します。また、子どもの姿から保育者の願いを見いだします。
> ❷子どもの実態把握を基に、子どもの発達過程を見直し、養護と教育の視点から**ねらい**と体験する**内容**を具体的に設定します。
> ❸具体的に設定したねらいや内容を、子どもが体験できるように物、人、自然事象、時間、空間等を総合的に捉えて、環境を構成できるようにします（**環境の構成**）。
> ❹子どもの活動の生まれる背景、意味を的確に捉え（**予想される子どもの姿**）、子どもが望ましい方向に向かって主体的に活動を展開していくことができるような、適切な援助や留意点（**保育者の援助・配慮**）を考えます。

　しかし、実習生においては、園の都合から具体的な保育の内容が指定されたり、実習期間の問題から事前に保育の内容を準備して実習に臨んだりするなど、上に記したような基本的な手順通りに行うことができないこともあります。このような時には、まず事前に準備してきた具体的な保育の内容（内容）の中から、子どもの実態になるべく合ったものを選択したのち、内容 ⇒ 子どもの姿 ⇒ねらいのような手順で指導計画を作成していきます。その際には、子どもたちの実態に合わせて保育の内容を修正したり、援助の方法を工夫したりするなどの配慮が大切となります。

短期の指導計画

- 子どもの実態（生活する姿）を捉える。
  > 興味や関心／経験していること／育ってきていること／つまずいていること／生活の特徴
- 前週や前日の実態から、経験してほしいこと、身につけることが必要なことなど、保育者の願いを織り込む。
- 具体的なねらいと内容、子どもの生活の流れの両面から、環境の構成を考える。
- 環境に関わって展開する子どもの生活をあらかじめ予想する。
- 子どもと生活をともにしながら、生活の流れや子どもの姿に応じた環境の再構成など、適切な援助を行う。
- 子どもの姿を捉え直すとともに、保育実践の評価を行い、次の計画作成につなげる。

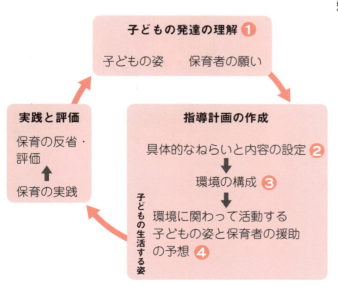

【図５－②】指導計画作成の手順

105

3 指導計画の作成方法

ねらい 指導計画におけるそれぞれの項目について、その書き方の基本を理解しよう。

（1）「子どもの姿」を書いてみよう

　指導計画を作成する際、基本的にまず初めに記していくのが、この「子どもの姿」欄です。この欄には、指導計画を作成する前日まで（実際の保育では、保育を行う日の前日まで）の子どもたちの生活する姿について記していきます。保育は子どもの発達を促す営みですから、子どもの生活する姿を捉えることが"保育の出発点"となります。よって、子どもの姿をどのように捉えるかによって、今後の保育の方向性が決まっていくともいえる大切なポイントです。では、子どもたちの姿をどのように捉え、具体的に何を記していけばよいのでしょうか。

①指導計画における「子どもの姿」を理解する

　指導計画の作成では、一人ひとりの発達の実情を捉え、それに沿って園生活を見通すことが求められます。では、その際、どのように子どもの発達を理解すればよいのでしょうか。

　子どもの発達を理解するためには、まず保育者が子どもの発達の過程を理解すると同時に、一人ひとりの発達の実情を理解することが大切となります。たとえば、学級や学年の子どもたちがどのような時期にどのような道筋で発達しているのか、それぞれの子どもがどのようなことに興味や関心をもっているのか、それをどのように広げたり深めたりしているのか、友達との関係はどのように変化してきたのかなどの発達のプロセスについて理解することが必要です。

　よく雑誌や参考書などには、「○歳○月の子どもの姿」や「○歳○月の指導計画例」が掲載されています。これらは、子どもの年齢や時期ごとの平均的な発達像を理解するための"一定の目安"として役立てることは可能でしょう。しかし、そのまま指導計画へ書き写して実際の保育を行ったとしても、実習園の子どもたちを取り巻く具体的な状況とは異なるため、当然うまくはいきません。指導計画を作成するためには、実習園における担当クラスの子どもたち一人ひとりの発達を具体的に理解することが、何よりも大切なのです。

【図5-③】ここにダンゴ虫がいるよ

memo

第5章　指導計画の作成の基本とその方法

　そこでみなさんは、子どもたちと生活をした中で捉えてきたことや、実習日誌に記載した事柄を中心に、まずは子どもたちの姿を書き出すことから始めてみましょう。また、実習は2週間などの短い期間で行われることが多いため、保育者から子どもたちの普段の様子について話を伺ったり、参考資料として教育課程や全体的な計画、月や週の指導計画などの資料を見せて頂いたりするなど、子どもたちの生活する姿を見通したり、変化を捉えることができるように工夫をすることも大切です。

② 具体的な「子どもの姿」を記す際の視点

　それでは、子どもたちの生活する姿をどのような視点から捉えていけばよいのでしょうか。以下では、7つの視点について具体的に見ていきましょう。

> 1．遊びへの興味や関心、取り組み方
>   子どもがこれまでどのような遊びを行ってきたのか、どのようなイメージをもって遊んでいるのか、何をおもしろいと感じ、何を実現しようとしているのか、遊びへの興味や関心をどのように広げたり深めたりしてきたのか、遊びの傾向はどう変化しているのかなどについて記します。
>
> 2．生活の様子やその取り組み
>   食事、睡眠、排泄（はいせつ）、衣服の着脱などの基本的な生活習慣について、子どもがどの程度身につけているのかについて記します。また、体の状態、流行性疾患の状況、気候など、子どもの健康に関する様子も記しておきます。さらに3歳未満児においては、子ども一人ひとりの生活リズム、発育や発達の状態、家庭での様子など、生命の保持と情緒の安定を図るとする養護の観点からも捉えていくことが求められます。
>
> 3．保育者や友達との人間関係
>   子どもは、誰と一緒に遊んだり生活したりしているのか、保育者や友達とはどのように関わっているのか、その関わりの中ではどのような経験をし、どのような思いを味わっているのか、子ども同士の仲間関係や保育者との関係はどのように変化しているか、個と集団（個々の子どもの姿と共通する姿）との関係はどのような状況かなどについて記します。
>
> 4．自然や季節の変化
>   子どもたちは、身近な自然とどのように関わっているのか、季節に応じてどのような生活をしているのか、そこではどのような体験をし、季節の変化に応じて何を感じているのかな

107

どについて記します。

5．行事への取り組み

　行事に対して、子どもたちはどのように取り組み、そこではどのような体験をしているのか、行事への取り組みを通して、何を学び、どのように変化しているのかなどについて記します。

6．クラス集団の様子

　クラス全体の雰囲気や様子、クラス全体で取り組んでいる活動の様子やその変化、特徴などについて記します。

7．特別な配慮を必要とする子どもの様子

　障がいのある子ども、外国人や国外で生活歴のある子ども、体調不良の子どもなど、特別な配慮を必要とする子どもの様子や育ち、変化などについて記します。

③「子どもの姿」を確認する際のポイント

「子どもの姿」を記したら、以下の点について再確認してみましょう。

☐　単に客観的な事実を羅列しただけでなく、子どもの内面や育ちが捉えやすく、子どもの発達過程を見通すことができるような記述となっていますか。

（修正前）
・A男、B男は、砂遊び場で型抜きをして遊んでいる。
・型抜きは、上手くできる時もあれば、できない時もある。
・片づけの時間になっても遊び続けている。

・子どもの興味や関心を具体的に捉える。
・子どもの生活する姿を継続的に見て変化を捉える。

（修正後）
　先週から砂遊び場では、一緒に型抜きをして遊ぶ男児たちの姿が見られる。初めは全く型抜きができなかったが、最近では上手くできる回数も増え、型抜きをいくつも並べていくことを楽しんでいる。しかし遊びに夢中になり、片づけの時間になっても遊び続けていることもある。

memo

第5章 指導計画の作成の基本とその方法

> ☐ 子どもが興味、関心をもっていることや子どもの得意なことなど、まずは子どもたちの姿を肯定的に捉えることができていますか。また、その上で子どもたちが何をどうしたいのか、何につまずいているのかなどの課題についても記すことができていますか。

　子どもたちの姿を好意的に温かく見守ってくれる保育者との生活において、子どもたちは安心して自分らしい活動ができるようになるとともに、周囲の様々な環境と積極的に関わることで、自分から何かをやろうとする意欲を高めていきます。子どもたちの姿を「プラスの方向へ向かう姿」「発達しようとしている姿」として捉えることができれば、子どもたちに対する保育者の関わり方も自然と好意をもった温かいものとなるはずです。また、その際には子どもたちが発達しようとしている姿（変化の過程）における課題もあわせて捉えることが必要です。これらの内容が、「ねらい」「内容」を立てる際の大切なポイントとなります。

> ☐ 「ねらい」「内容」へとつながる内容がまとめて記されていますか。

　「ねらい」「内容」は、「子どもの姿」を基に子どもの発達過程を見通し、その時期の子どもにどのような育ちを期待しているのか、どのような経験をする必要があるのかなど、保育者の願いや見通しを踏まえて作成していきます。そのため、子どもがこれまでどのような遊びを行ってきたのか、また、どのようなイメージをもって遊んでいるのかなどといった、連続する子どもたちの姿を保育者が的確に把握していなければ、子どもの生活する姿に即した具体的な「ねらい」や「内容」を導き出すことができなくなってしまいます。そのため、「子どもの姿」と「ねらい」「内容」の内容がうまくつながっているかどうか、相互に確認することが大切です。

（2）「ねらい」を書いてみよう

　保育の目標を達成するための指導の方向性を示したものが「ねらい」です。教育課程や全体的な計画で設定しているねらいは、「幼児期の終わりまでに育ってほしい姿」を踏まえ、園生活全体を見通して考えられたものですが、日々の園生活を通してそのねらいを具体化していくためには、指導計画を作成し、具体的な「ねらい」を設定しなければなりません。では、指導計画における具体的な「ねらい」は、どのように設定すればよいのでしょうか。

①指導計画における「ねらい」を理解する

　指導計画における「ねらい」は、<u>子どもの生活する姿を基に、子どもの発達過程を見通し、今後の</u>

memo

生活が主体的・対話的で充実したものとなるよう、子どもの生活する姿から育みたい資質・能力について具体的に設定したものです。言い換えれば、「ねらい」は"子どもの生活する姿"と"保育者の願い"を足したもの🅐であり、これまでの子どもの生活する姿を踏まえ、次の時期の園生活の流れや遊びの展開を見通して設定したものです。

🅐 「ねらい」＝ 子どもの生活する姿 ＋ 保育者の願い

また、保育所では、幼稚園と比べて保育時間も長く、乳児期からの保育も行っていることから、保育においては養護的な働きが強くなります。そのため、「ねらい」を設定する際には、教育の視点からだけではなく、生命の保持や情緒の安定などの養護の視点からも設定する必要があります🅑。一般的にはそれぞれの「ねらい」を書き分けることはしませんが、それは保育という行為は教育と養護が一体的に展開されるものであるという前提があるからです。（ただし、教育の観点からあえて「ねらい」を書き分けることもありますので、記載方法の詳細は、養成校や実習園の先生と事前に相談してください。）

🅑 「ねらい」＝ 教育の視点 ＋ 養護の視点

具体的な「ねらい」を設定する際には、「泥団子を作って遊ぶ」「折り紙を折ることができる」などという目に見える子どもの具体的な姿や知識、技能を習得させるための到達目標を記すのではなく、子どもたちの心情・意欲・態度を理解して記していくことが大切です。ここでいう「心情」とは、「人間形成の基礎となる豊かな心情」であり、「砂の感触を味わう」「友達とのやりとりを楽しむ」など、人や物との関わりの中から生じる心の中にある思いや感情のことです。また「意欲」とは、「事物に自分から関わろうとする意欲」であり、「進んで片づけをしようとする」「遊びに取り入れようとする」など、自ら何かを行おう、やってみようとする積極的な気持ちのことです。さらに「態度」とは、「健全な生活を営むために必要な態度」であり、「身近な物を大切にする」「約束を守る」など、物事に対して感じたり考えたりしたことが言葉、表情、動作に表れたもの、ある物事に応じてとる構えのことです。このことから、保育における「ねらい」は、子どもたちの育つ方向性を示すものであることがわかります。よって、表記としては"子ども"が主語となるように記します🅒。

🅒 「ねらい」＝ 子どもにとっての「ねらい」

みなさんは、まず子どもの生活する姿を的確に把握し、その姿を基に子どもに対する保育者としての願いをも踏まえて具体的な「ねらい」を設定していきます。そのためにも、みなさんは実習での子どもたちとの関わりを通し、子どもがどのようなことを経験してどのように育ってほしいのか、どの

memo

ような気持ちを味わってほしいのかなど、保育者（実習生）としての"願い"を明確にしていくことが求められます。そして、クラスを担当している担任保育者からこれまでの子どもたちの生活する姿について、また子どもたちに対する保育者の思いや考え方などについて話を伺い、子どもの生活全体の連続性に配慮するとともに、季節の変化、行事との関連性なども考慮した「ねらい」を設定するようにしましょう。

②「ねらい」を確認する際のポイント

> ☐ 「子どもの姿」と「保育者の願い」とをバランスよく踏まえた内容となっていますか。

　保育者の願いを踏まえず、昨日までの子どもたちの遊んでいた姿に偏って作成された「ねらい」では、子どもたちをただ自由に遊ばせるだけのものとなり、保育の目的を達成するにはほど遠い内容となってしまいます。また、子どもたちが楽しく遊んでいた昨日までの姿を踏まえず、保育者の願いに偏って作成された「ねらい」では、保育者の思いが強いあまり、子どもの興味や関心を無視した一方的な保育を行う内容となってしまいます。両者の内容をバランスよく踏まえた「ねらい」となれば、一人ひとりの子どもが保育者の援助のもとで主体性を発揮していくような保育を展開することができるのです。

　「ねらい」を立てることは、初めは難しいと思います。そこで、まずは子どもたちの前日までの生活する姿を把握するために、昨日までの実習を振り返ってみましょう。そして、前日までの子どもの姿を把握したら、「明日はどのようにして遊ぶのだろうか」「こうやって遊んでほしいな」などの予想や課題を立てるとともに、幼稚園教育要領や保育所保育指針に示されている文言を参考にしながら、自分で「ねらい」を考えていきましょう。わかりにくくても、幼稚園教育要領や保育所保育指針に記されているねらいや内容をそのまま記すことはせずに、実習先の担任保育者に話を伺ったり、週や日の指導計画を見せて頂いたりして、相談しながら自分で考えて「ねらい」を設定していくようにしましょう。

> ☐ 総合的な視点から考えられた柔軟性のある「ねらい」となっていますか。

　もし具体的な活動名やその内容を「ねらい」として書いてしまうと、活動が限定されてしまう上、「○○をすると、△△ができるようになる」というように、"原因"と"結果"を結びつけたものとなってしまいます。保育における「ねらい」は、子どもたちの育つ方向性を示すものですから、これでは遊びを通した子どもの総合的な発達を実現しようとする保育の「ねらい」とはいえません。乳幼児期には諸能力が個別に発達していくのではなく、相互に関連し合い、総合的に発達していくのであることをよく理解して「ねらい」を作成するようにしましょう。

memo

「ねらい」を修正する際の参考例を以下に挙げています。どのあたりが修正されているのか、どのように修正するとよいのかについて、具体的に確認してみましょう。

【修正前のねらい】紙コップでけん玉を作り、素材の違いを理解させる。

【修正後のねらい】いろいろな素材に興味をもって関わり、工夫して遊ぶ。

【修正前のねらい】絵本「ぐるんぱのようちえん」を読んで、象のイメージを膨らませる。

【修正後のねらい】絵本に親しみ、想像する楽しさを味わう。

【修正前のねらい】ドッジボールで遊ぶことを通して、ルールの大切さを理解させる。

【修正後のねらい】友達と楽しく遊ぶ中で、きまりの大切さに気づく。

修正のポイント
- 子どもが主語となり、主体性のある内容にする
- 子どもの心情・意欲・態度を理解して記す
- 具体的な活動内容は書かない
- 総合的で柔軟性のある内容にする

（3）「内容」を書いてみよう

保育の目標を達成するための指導の方向性を示したものが「ねらい」であるのに対し、その「ねらい」を達成するために行う具体的な活動や経験する事項を示したものが「内容」です。保育者は子どもと生活をともにしながら、この時期に子どものどのような育ちを期待しているのか（「ねらい」）、そのためにどのような経験を積み重ね、何を身につけることが必要か（「内容」）など、子どもの生活する姿に即して具体的に理解しながら、「ねらい」や「内容」を設定することが求められています。では、指導計画における具体的な「内容」は、どのように設定していけばよいのでしょうか。

①指導計画における「内容」を理解する

指導計画における「内容」は、子どもの生活する姿を基に子どもの発達過程を見通し、設定された「ねらい」に応じて子どもの活動や体験する事項を具体的に設定したものです。言い換えれば、「内容」は子どもが経験し身につける内容であると同時に、保育者が指導する具体的な内容ともいえます。そのため、「内容」を設定する際の視点は、「ねらい」と同様に次のようになります（⤴ p109～112）。

memo

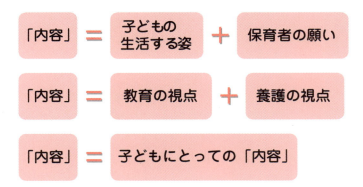

　「内容」を設定する際には、まず「ねらい」を達成する方向に子どもたちが育っていくためには具体的にどうしたらよいのかを考えることが必要です。言い換えれば、「ねらい」が総合的に実現するように、子どもたちがどのような経験を積み重ね、何を身につけることが必要かを考えます。

　たとえば「いろいろな素材に興味をもって関わり、工夫して遊ぶ」という「ねらい」を総合的に達成するためには、どのような活動を通して、どのような経験をし、どのような能力や態度を身につけることが必要なのかについて具体的にイメージしていきます。その際には、子どもたちの園生活の流れや遊びの展開を見通し、遊びの中で子どもが経験する事項について、【図5−④】のように様々な側面から総合的に捉えていくことが必要です。そして、その中から「ねらい」につながる具体的な活動や体験する事項として最適なもの（主なもの）が、具体的な「内容」となります。

　また、子どもが一つの具体的な活動に取り組もうとする場合、その具体的な活動から得られる経験は一つではなく、様々な経験をしていることを理解する必要があります。たとえば、ウサギの世話を行う際には、「私があげた餌を食べてくれて嬉しい」という経験をすることもあれば、「ウサギを抱っこ

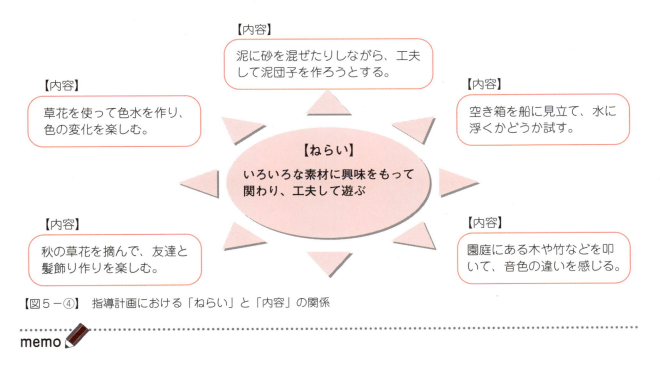

【図5−④】　指導計画における「ねらい」と「内容」の関係

memo

したら、温かかった」という経験をすることもあるでしょう。よって「内容」を設定する際には、具体的な活動から得る様々な経験の中でも、「ねらい」を達成するために最もふさわしい内面的な経験（「心情」「意欲」「態度」）を見いだすことが大切です。

②「内容」を確認する際のポイント

「内容」を記したら、以下の点について再確認してみましょう。

☐ 表面的な活動内容を羅列しただけの「内容」となっていませんか。

「内容」は、「ねらい」に応じた子どもの活動や体験する事項を具体的に設定していきますが、ここで多くの人は、「色水遊びをする」「七夕飾りの製作を行う」など、"活動名 ＋ する・行う"のように活動内容を表面的に捉えただけの記述となってしまうことがあります。この活動の中で、子どもたちがどのような経験を積み重ね、何を身につけてほしいのかということについて具体的に明記されていなければ、単に活動内容を記しただけの漠然とした「内容」となってしまいます。そのため「内容」には、「ねらい」を達成するための具体的な活動を通して得られる内面的な経験についても記すことが必要です。

たとえば、上述の「色水遊びをする」であれば、まず色水遊びを通して具体的にどのような経験をし、何を身につけてほしいのかについて記すことが必要です。「ねらい」（いろいろな素材に興味をもって関わり、工夫して遊ぶ）を達成するためには、色水を混ぜるなどして色の変化を楽しむことが具体的な経験として必要と考えれば、「内容」は「草花を使って色水を作り、色の変化を楽しむ」となります（図5－④）。このように「内容」を記す際には、具体的な活動（草花を使った色水作り）を通して、"具体的にどのような内容（色水の変化）"を"どうする（楽しむ）"のかを記すことが大切です。

（4）「環境の構成」を書いてみよう

幼稚園や保育所における保育の基本は、環境を通して行うことにあります（p10～12、p42～43、p77～79）。なぜならば保育では、生活を通して子どもが周囲に存在するあらゆる環境からの刺激を受け止め、自ら興味をもって環境に関わることにより様々な活動を展開し、充実感や満足感を味わうという体験（学び）を重視しているからです。そのため各園では、養護・教育的な配慮のもと、様々な環境を計画的に構成し、保育の目的を達成しようとしています。では、指導計画を作成する際には、「環境の構成」をどのように記していけばよいのでしょうか。また、どのような点に配慮するべきなのでしょうか。

memo

①指導計画における「環境の構成」を理解する

【図5-⑤】サンタさんにお手紙を書いてみよう

保育においては、保育者が環境の中に教育的かつ養護的な価値を含ませながら、子どもが自ら興味や関心をもって環境に関わり、試行錯誤を経て、環境へのふさわしい関わり方を身につけることや、環境への関わりが広がり深まっていくことがめざされています。そのため、指導計画作成における「環境の構成」では、遊具や用具、素材などの物的環境、保育者などの大人や子どもなどの人的環境、自然や動植物、社会の事象、時間や空間などを総合的に捉え、「ねらい」や「内容」につながる必要な経験を子どもが得られるような状況をどのようにつくり出していくかを具体的に考えていきます。また、その際には、子どもが自ら環境に対して興味や関心をもち、主体的に関わろうとする意欲や態度を生み出すことができる適切な環境を様々な角度から考え、つくり出すことが必要です。言い換えれば、保育における環境は、子どもの生活する姿を捉え直しながら、"保育者の意図"と"子どもの主体性"との接点を見いだし、計画的に構成されていくものだといえます。

また、子どもが主体的に活動できる環境を構成するためには、子どもの興味や関心に応じるだけではなく、日々の子どもの生活の流れや発達の道筋を見通して環境を構成していくことも必要です。子どもたちは何に関心を抱いているのか、これから何をしようとしているのか、何につまずいているのか、家庭ではどのようなことを経験してきているのかなど、子どもの生活の連続性や体験の関連性に配慮するとともに、この時期に何を大切にし、何を踏まえて具体的な環境を構成していくのかなど、発達の道筋に即して個々に柔軟に対応していくことが求められます。

さらに、子どもの安全と健康を守ることは保育の基本です。よって、子どもが安心、安全に過ごせる環境を整え、温かな雰囲気と生き生きとした活動の場、時間、空間を保障することが必要です。

「環境の構成」＝
- 「ねらい」や「内容」に沿って考える
- 子どもの興味や関心に応じて考える
- 子どもの生活の流れ、発達の道筋に即して考える
- 子どもの安全で健康的な環境を確保する

memo

②具体的な「環境の構成」を記す際の視点

　それでは、具体的な「環境の構成」について考える際、どのように内容を記していけばよいのでしょうか。以下では、そのための３つの視点について具体的に見ていきましょう。

ⅰ．具体的な環境の構成を考え、環境図を描く

　具体的な環境の構成をわかりやすく図にして描きます。その際には、①保育者（実習生と担当保育者）、②子どもたち、③物的環境（椅子や机、遊具や用具、材料など、名前も記載する）等の位置がわかりやすいように、全体を上から見た図（俯瞰図）を描きます。図の中には、まず固定位置にあり目印となるもの（たとえば、ロッカー・出入口・廊下・テラス・園庭の遊具など）を描き入れておくと、環境図が示す方向や全体の位置関係がわかりやすくなります。また、活動場所を移動したり、次の活動を行うために環境を再構成したりするなど、現在の環境の構成が変化する場合は、再度、環境図を描きます。さらに、素材や用具が使用しやすいような製作コーナーの配置の仕方、片づけやすいように工夫した棚の収納位置など、特に計画的に構成した環境については、焦点を当てて図を描いておくとわかりやすくなります。図などの直線を描く際には、定規を使って丁寧に描きましょう。

ⅱ．活動における具体的な準備について記す

　みんなでリレーを行ったり、凧を作ったりなど、集団やクラス全体での活動を計画している際には、子どもたちの活動に必要な素材や用具の名前、必要な数量（予備を含む）を記しておきます。また、事前に材料を加工して準備したり、見本を作っておいたりする場合は、何を、どこに、どれだけ、どうしておくのか、また、完成イメージ図を描いておくなど、その具体的な内容を記します。

　個々の遊びに対して具体的な準備を行う際には、前日までの子どもたちの遊びの様子から必要となる素材や用具などについて予測をし、具体的に記します。

ⅲ．環境の構成に対する具体的な内容、理由、配慮点を記す

　上述の具体的な環境の構成に沿って、場を設定する際の具体的な内容、配慮点について記します。その際には、前述した「ねらい」や「内容」とは異なり、環境の構成は保育者が行う活動であるため、ここでは"保育者"が主語となるように記します。また、具体的な環境の構成の内容（何を、どこに、どれだけ、どうしておくのか等）や、なぜこの環境を構成したのかという理由についても記します。さらに、子どもたちの安全や健康に配慮した環境、温かな雰囲気の中で生き生きと活動できる適切な時間・空間の確保などについても配慮点として記していくことが必要です。可能であれば、子どもたちの遊びの展開や変化に沿って保育中に行う"環境の再構成"のポイントについても記しておきましょう。

memo

第5章 指導計画の作成の基本とその方法

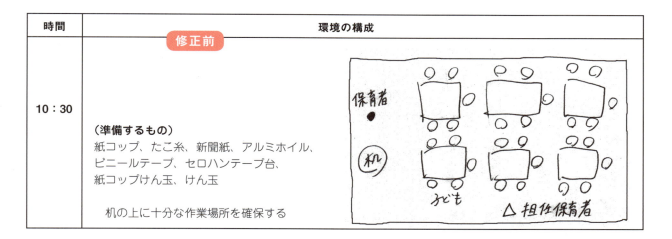

1. 環境図は定規を使用して、丁寧に描く。空間を囲む四辺（壁など）を描き、方向がわかるように目印となる物（ピアノ、ロッカー、テラス等）を描く。

2. 準備する物は、具体的な個数やどこまで準備しておくかを記し、また、完成イメージ図なども記しておく。

3. 環境の構成の理由や配慮点を記す。

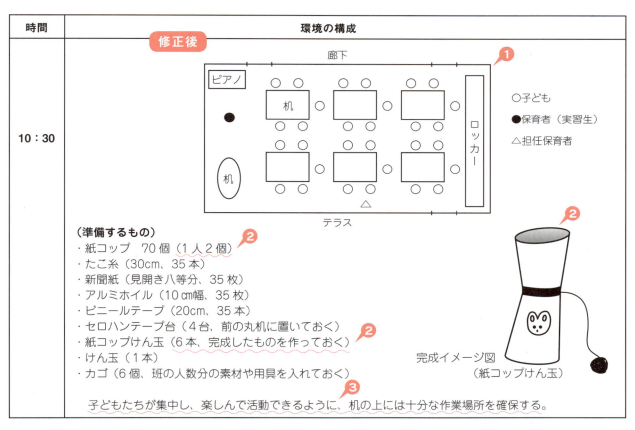

【図5-⑥】 環境の構成を修正する際の留意点

③「環境の構成」を確認する際のポイント

「環境の構成」を記したら、以下の点について再確認してみましょう。

> ☐ 物的環境だけが書かれた内容となっていませんか。

　「環境の構成」を記す際には、遊具や用具の準備や配置などの物的環境について考えることはとても大切です。しかし、保育における環境とはこれらの物的環境だけではなく、保育者や友達との関わりをも含めた状況すべてを指します。遊具や用具、素材などの物的環境、保育者などの大人や友達などの人的環境、自然や動植物、社会事象、場の雰囲気などが、それぞれの子どもにどう受け止められ、どのような意味をもつのかなどをよく理解し、時間や空間的条件にも配慮した環境の構成について考えていく必要があります。このような様々な事柄を相互に関連させながら、子どもが主体的に活動を行い、発達に必要な経験を積んでいくことのできるような状況をつくり出すことが可能となるように環境の構成を行うことが大切です。
　なお、人的環境は、環境図に描き入れて位置を記すことはありますが、それ以外の具体的な保育者の関わりや配慮などについては、「保育者の援助・配慮」欄に記載します。

> ☐ 各園での環境の構成のあり方を理解した上で、環境の構成を考えていますか。

　実習生の中には、子どもたちのことを思い、様々な工夫をした活動を行おうとする結果、これまでの実習園での環境の構成のあり方、生活の仕方とは大きくかけ離れた環境を構成しようと計画する人がいます。しかし、普段の生活の仕方から大きくかけ離れた環境下では、子どもたちは新たな環境に戸惑い、落ち着いて活動することができなくなってしまうことも多くあります。
　そのため、指導計画における「環境の構成」を考える際には、まずその園での環境の構成のあり方を詳しく理解しておくことが必要です。たとえば、子どもたちはどのような環境においてどのような遊びを展開しているのか、それらの環境の構成には保育者のどのような意図が込められているのか、年齢やクラスの違いによってどのような環境の構成の違いがあるのか、保育者はどのような工夫をしているのかなどについて調べておくことが必要です。これらを理解した上で、子どもたちが無理なく、安心して充実した生活を送ることができるような環境の構成を考えていくことが求められます。

> ☐ 発達の視点をもって、柔軟に対応することができるような内容となっていますか。

　保育者は事前に指導計画を立て、子どもたちの活動の予測に沿って魅力ある環境を構成していきま

memo

すが、子どもたちの活動の流れや状況、興味・関心が変化すれば、環境も常に適切なものとなるように再構成していかなければなりません。では、これらの環境の構成を行う上では、どのような点に配慮すればよいのでしょうか。

　ここで大切なことは、保育者が子どもの発達の道筋を見通した上で、この時期に何を大切にし、何を踏まえて具体的な環境を構成していくのかなど、環境を構成するための発達の視点を明らかにしておくということです。そうすることで、この時期の「ねらい」や「内容」に沿ったおおまかな環境の構成の視点を踏まえた上で、子どもたちの興味や関心に沿って生まれてきた多様な活動に対しても柔軟に対応することができるようになります。

　また、子どもたちの身のまわりの環境がどのように受け止められ、どのような意味をもつのかなど、環境の特性や特質について子どもの日頃の生活する姿から理解を深め、子どもの遊び方や関わり方に応じて実際に環境を構成できるようにしておくことが重要です。もし、子どもが環境に対して保育者の予想とは異なる関わりをしたり、全く興味を示さなかったりする場合には、その理由を探るとともに、子どもにとってその環境がどうすれば意味のあるものとなるのかを考えることが大切です。

（5）「予想される子どもの姿」を書いてみよう

　保育では、保育者が立てた「ねらい」と「内容」に基づいて環境が構成され、子どもがその環境に関わって興味や関心に応じて様々な活動を展開していきます。その際、保育者は、子どもが望ましい方向へ向かって活動を展開していけるように適切な援助を行うことで、「ねらい」の達成をめざしていきます。しかし、保育者の具体的な援助方略を考えるためには、「ねらい」と「内容」に基づいて構成した環境に対して、子どもが活動を展開していく具体的な姿を前もって予想しておく必要が出てきます。指導計画では、この内容を「予想される子どもの姿」として記載しています。では、この指導計画に記載される「予想される子どもの姿」は、どのように記していけばよいのでしょうか。また、どのような点に配慮するべきなのでしょうか。

①指導計画における「予想される子どもの姿」を理解する

　見通しをもった保育を行うためには、指導計画の作成時に「予想される子どもの姿」を具体的に予想しておく必要があります。なぜなら、保育を計画している日（あるいはその時間）の子どもの姿を前もって予想できていなければ、子どもたちがあらわす様々な姿に対して臨機応変に対応することができず、結果として子どもたちの主体的に生活する姿が生まれにくくなり、保育のねらいを達成することが難しくなってしまうからです。また、子どもの姿を予想していなければ、その予想された姿に応じた保育者の具体的な援助についても予想ができず、結果として保育の見通しがもてなくなってし

まうからです。そのため、指導計画における「予想される子どもの姿」では、「ねらい」と「内容」に基づいて構成した環境に対して、子どもがどのように関わり、どのような活動を展開していくのかについて、前日までの子どもの生活する姿を踏まえながら、保育当日の子どもが展開するであろう様々な活動や姿についてあらかじめ具体的に予想しておくことが求められます。言い換えれば、「予想される子どもの姿」は、"保育者が願う子どもの姿"と"実態に即した多様な子どもの姿"の両面から予想していく必要があるといえます。

【図5-⑦】今日も友達と砂遊びを楽しむのかな？

　もちろん、子どもの姿が的確に予想され、それに応じた保育者の援助が適切に行われることで、子どもたちの生活が主体的に営まれるように保育を計画していくことが理想の流れです。しかし、「予想される子どもの姿」はあくまでも予想であり、その通りにいくとは限らないことを念頭に置いておくことが必要です。子どもの内面の育ちを捉えるのが難しいこと、また、子ども一人ひとりの興味や関心が多様であること、さらには環境条件の変化に応じて、子どもたちの姿が実際の予想した姿とずれてしまうことは時に仕方のないことです。たとえば、予想した子どもの姿と実際の子どもがあらわす姿が大きく異なってしまった場合、保育者が予想した子どもの姿に沿って保育をしようとするあまり、実際の子どもの姿を無視した一方的な関わりをする恐れもあるかもしれません。そうならないためにも、保育者は、事前に子どもの姿を細かく予想し、子どもたちがあらわす様々な姿を活かして臨機応変に対応できるようにしておく必要があります。

②具体的な「予想される子どもの姿」を記す際の視点

　それでは、具体的な「予想される子どもの姿」について考える際、どのように内容を記していけばよいのでしょうか。以下では、そのための3つの視点について具体的に見ていきましょう。

ⅰ．子どもが主語となるように記す

　ここでは「ねらい」や「内容」と同じように"子ども"を主語とし、子どもが主体的に生活する姿を予想して記していきます。その際、基本的には主語を省略して記しますが、「踊りを楽しんでいる子ども」「男の子」などのように特定の子どもやグループの姿を記す際には、状況に応じて主語を加えて記していきます。

memo

第5章　指導計画の作成の基本とその方法

ⅱ．1日（部分）の生活のおおまかな流れを予想しておく

　子どもの生活を予想する際には、まず1日（もしくは部分）のおおまかな流れを予想しておきます。1日であれば、子どもの登園から降園までの姿について、また保育時間内の一部分であれば、その時間内の子どもの姿を予想して記します。たとえば、1日のおおまかな流れであれば、「登園する」「好きな遊びをする」「片づけをする」「朝の会をする」などのように、活動や生活の大きな節目を捉えて記していきます。実習の際には、その園で毎日繰り返して行われていることは何か、その行い方や時間配分はどうしているのかなどについて事前に担任保育者等に確認、相談した上で、子どもたちの姿を観察し、予想できるようにしておきましょう。

ⅲ．おおまかな園生活の流れに応じた詳細な子どもの姿を予想しておく

　おおまかな園生活の流れに応じて、子どもがどのような姿をあらわすのかを具体的に予想しておきます。たとえば、登園後のおおまかな流れである「好きな遊びをする」では、「お姫様ごっこ」「製作」「砂遊び」など、まずどのような遊びをするのかを予想して記します。また、その後には、「お姫様になりきって、みんなで役のイメージに沿ったやりとりをして遊ぶ」「新聞紙と空き箱を用いて、仲間と一緒に工夫して銃を作る」「泥団子を作り、砂場の枠に並べて遊ぶ」など、子どもが具体的にどのような興味をもち、それぞれの活動や生活をどのように展開していくのかを予想して記します。さらに、「自分の思っていることを言葉でうまく伝えられずにいる」「自分の思いが先行し、話がうまくまとまらない」など、子どもが難しいと感じていることや、困っていること、課題となっていることなど、ねらいや内容を達成するために保育者が援助し、配慮するべき予想される子どもの姿があれば、ポイントを押さえて記しておきます。その際には、「〜しない子どもがいる」「〜してしまう」など、保育者の視点から否定的な子どもの姿として記すのではなく、できるだけ肯定的に記すようにします。

③「予想される子どもの姿」を確認する際のポイント

　「予想される子どもの姿」を記したら、以下の点について再確認してみましょう。

> ☐　保育者の都合に合わせた一方的な内容となっていませんか。

　保育は、保育者が環境の中に教育的かつ養護的な価値を含ませながら、子どもが自ら興味や関心をもって環境に関わり、環境へのふさわしい関わり方を身につけることを基本とする営みです。言い換えれば、園生活における子どもの環境との主体的な関わりを尊重しながらも、保育者の願いを込めた環境を計画的に構成していくというように、子どもの主体性と保育者の願いの両面を踏まえた上で保育が組み立てられています。指導計画における「ねらい」や「内容」が、子どもの生活する姿と保育

者の願いを足したものであるとともに、それらを基に計画的な環境を構成していることを考えれば、「予想される子どもの姿」でも、必然的にこの両面を踏まえた子どもの姿を予想し、記していく必要があることがわかるでしょう。

　特に保育者が活動を提案し、クラスで同じことを行うなど、保育者の意図や思いが強くあらわれやすい（製作やグループ活動など、事前に活動内容が決まっている）場面では、「このような活動や姿を見せてほしい」とする保育者の期待している方向へと導こうとするあまり、「予想される子どもの姿」の内容が子どもの興味や関心、生活の実態からかけ離れてしまうことがあります。保育者の都合に合わせるような一方的な内容とならないよう、常に配慮しておくことが必要です。

> ☐ 「子どもの姿」と「予想される子どもの姿」との内容は、ずれていませんか。

　子どもたちの生活は、一日一日が単独で存在するのではなく、連続性をもっています。たとえば、「今日はなわとびがうまくできなかったから、明日に再度挑戦してみよう」とか、「昨日は廃材で料理を作ったから、今日はそれを使ってレストランごっこをしよう」など、子どもたちの生活や遊びの流れは、主にこれまでの経験や興味・関心に沿って展開していきます。

　指導計画における「子どもの姿」では、立案する前日までの子どもたちの生活する姿が記されています。そのため、「予想される子どもの姿」には、前日までの「子どもの姿」と連続性のある姿を予想して記されていなければなりません。たとえば、「子どもの姿」に「お姫様に変身し、園庭でピクニックごっこを楽しんでいる」と記していれば、「予想される子どもの姿」には、そのピクニックごっこが設定された環境に関わってどのように展開されるのか、どのようになってほしいのかなど、保育者なりの予想を立て、記されていなければなりません。このように、「予想される子どもの姿」には、前日までの「子どもの姿」を踏まえ、連続性のある内容を記すことができているか、相互の記載内容について確認する必要があります。

（6）「保育者の援助・配慮」を書いてみよう

　保育においては、具体的な「ねらい」と「内容」に基づいて構成された環境に対して子どもたちが主体的に関わり、興味や関心を抱きながら様々な活動を生み出していきます。しかし、子どもたちが主体的に活動を展開するからといって、すべてを子どもたちに任せておけばよいというものではありません。保育者は子どもの興味や思いを理解し、その活動が望ましい方向へ展開できるように適切な援助や配慮を行うことが求められます。では、指導計画を作成する際には、「保育者の援助・配慮」をどのように記していけばよいのでしょうか。また、どのような点に配慮するべきなのでしょうか。

memo

第5章 指導計画の作成の基本とその方法

①指導計画における「保育者の援助・配慮」

　家庭や地域での生活において、子どもには安心して生活することのできる場が必要であるのと同じように、園での生活においても、子どもにとって安心して過ごすことができる場が必要です。保育は、一人ひとりの子どもが保育者やほかの子どもとの集団生活の中で、人やものなどの様々な環境と関わり、発達に必要な経験を自ら得ることができるように援助する営みです。よって、園での生活においては、子どもの行動を温かく見守り、適切な援助を行う保育者の存在はとても重要となります。そのため、指導計画作成における「保育者の援助・配慮」では、保育者が計画した「ねらい」を達成するために、「環境の構成」、「予想される子どもの姿」などに応じた具体的な援助内容について記していきます。

　たとえば、子どもは製作などがうまくできなくて遊びを途中でやめてしまったり、友達との思いの相違からケンカとなり、遊びを中断してしまったりすることもあるでしょう。また、自分がやりたいと思っていることが十分にできず、どうしたらいいか悩むこともあるでしょう。さらに、養護的側面が多くを占める乳児や3歳未満児の保育においては、一人ひとりの子どもの生命を保持し、情緒の安定を図るために保育者の関わりが必要不可欠であることは周知の通りです。このような場合、子どもたちをそのままにすれば、自信をなくしてしまい、結果的に、環境に主体的に関わることを諦めてしまうこともあるでしょう。また、乳児や3歳未満児においては、生命の存続の危機や情緒の不安定化など、安全や健康に関わる重大な問題となるかもしれません。そのため保育者は、まず子どもの思いや気持ちを受け止め、子ども一人ひとりが何に困っているのか、何を求めているのか、どのような体験を積み重ねているのか、その体験がそれぞれの子どもにとって充実したものとなっているのか等について的確に把握していくことが大切です。そして、子どもの思いや実態に即して「ねらい」につながる必要な経験を得られるような保育者の関わりを具体的に考えていくことが必要です。

　その際には、保育者は子どもの生活や活動の場面に応じて様々な役割を果たし、適切かつ多様な関わりをしていかねばなりません。たとえば、子どもに対する保育者の具体的な援助は、何かを教えたり、説明したり、一緒に遊んだり、見守ったり、励ましたり、共感したり、認めたりなど、その時々の状況に応じて、子どもが主体性を発揮できるような適切な援助を行うことが求められます。このように保育者の適切かつ多様な関わりによって、子どもが情緒を安定させ、豊かな体験を得られるようにすることが大切です。また、保育を展開していく上では、どのような保育者の配慮が必要なのかについても具体的に考えておくことが必要です。

②具体的な「保育者の援助・配慮」を記す際の視点

　それでは、具体的な「保育者の援助・配慮」について考える際、どのように内容を記していけばよ

memo

123

いのでしょうか。以下では、そのための3つの視点について具体的に見ていきましょう。

i．保育者が主語となるように記す

　子どもを主語として記していく「ねらい」や「内容」、「予想される子どもの姿」とは異なり、ここでは「環境の構成」と同じように"保育者"を主語とし、保育者の援助を具体的に予想して記していきます。その際、基本的には主語を省略して記していきます。

ii．子どもが主体的に活動できるような保育者の具体的な援助内容を記す

　子どもが楽しく、主体的に園生活を過ごせるようにするためには、保育者はどのような援助をすればよいかを子どもの生活の姿や活動の内容に沿って具体的に記していきます。たとえば、予想される子どもの姿の欄に「お姫様になりきって、みんなで役のイメージに沿ったやりとりをして遊ぶ」とある場合には、『役になりきって遊ぶ姿を見守ったり、「可愛いお姫様ですね」などと声をかけたりして、イメージの世界の中で友達と一緒に楽しく遊べるようにする』のように、保育者が行う具体的な関わりについても記します。また、「ねらい」の達成に関連する援助内容や、保育の中で大切にしたいと考えている関わりの部分には、なぜそのような援助をするのかの理由も一緒に記しておきます。「〜

ほかの友達と一緒に遊びたいのに仲間に入れない？

砂場で一人で遊んでいる子どもの姿

子どもの日々の様子を捉え、内面をよく理解した上で具体的な援助を考えることが必要

遊びに夢中でほかの友達の遊びに加わらない？

保育者から離れることが不安？

ほかの遊びが見つけられない？

【図5-⑧】子どもの生活する姿に沿って具体的な援助を考える

memo

第5章　指導計画の作成の基本とその方法

させる」「～してあげる」などの保育者の一方的な関わりは、基本的に記さないようにします。

　また、保育者が子どもに対してどのように声かけをするのか事前に考えておくことはとても大切です。しかし、援助内容を記載する際には、保育者の声かけや動きなどについてすべてを記すのではなく、子どもに必ず伝えたいことや大切な事項についてポイントを押さえて記すことが必要です。

　実習の際には、状況に応じた具体的な援助がどのように行われているのか、そこで大切にされていることは何かなど、保育者の具体的な援助の姿をよく観察し、検討した上で、実習生自身の具体的な援助が考えられるようにしておくとよいでしょう。

ⅲ．保育を行う上で保育者が配慮すべきことを記す

　立案した指導計画を展開していく上で保育者が注意すること、大切にしたいこと、配慮すべきことなどについて、必要に応じて記しておきます。その際には、たとえば「健康・安全面への配慮」「環境の構成や準備についての注意点」「様々な場面における援助の意図や要点」「配慮を要する子ども」「留意すべきこと」などについて、ポイントを押さえて記すことが必要です。文章の前に、※や★などの記号をつけて記載すると、「保育者の援助」の内容と混同せずにわかりやすく記すことができます。

③「保育者の援助・配慮」を確認する際のポイント

　「保育者の援助・配慮」を記したら、以下の点について再確認してみましょう。

> ☐　子どもが楽しく、主体的に園生活を過ごせるようになるための援助内容となっていますか。

　実習では、ある部分的な時間（30分～1時間）や、半日や1日の保育を任されることがあります。実習生は、その限られた時間の中で子どもの興味や関心に応じた保育内容を考え、ねらいに応じた指導計画案を作成していきます。しかし、多くの実習生は、活動をうまく進めていくために、子どもたちに「～させる」「～と言う」というような一方的な関わりや言葉かけを行うなど、その援助の多くが指示的な内容となってしまうことがあります。また、芝居の台本のように台詞を連ね、行動を細かく記すなど、その内容の多くが活動手順の羅列となってしまうこともあります。

　そのため、「保育者の援助・配慮」を記載する際には、子どもの内面を考慮した内容となるよう具体的に考えていくことが重要です。たとえば、どうすれば子ども自らが「～したい」と思えるようになるのか、また、どうすれば楽しく過ごすことができるのか、そのために保育者は具体的に何をすべきなのかについて、一人ひとりの子どもに応じて多様な視点から考えていくことが大切です。また、言葉かけだけでなく、子どもたちと一緒に遊んだり新しい遊びを提案してみたり、ケンカして悲しくなった気持ちを受け止めたり安心して過ごせる雰囲気をつくったりするなど、保育中に行われる保育

125

者の言動すべてが"援助"であることを理解した上で、具体的な援助内容について考えていく必要があります。そして、最終的には、子どもが充実感や満足感をもって園生活を過ごすことができる状況をつくることが大切なのです。

> ☐ 具体的な援助内容だけではなく、それを行う理由や意図についても記されていますか。

【図5－⑨】こうしてみたらどうかな

　前述したように、指導計画における保育者の援助内容を記す場合、多くの実習生は一方的な関わりや言葉かけなどの指示的な内容を記したり、活動の手順を羅列したりする傾向にあります。しかし、そのような指導計画の内容だけでは、具体的な援助内容の裏に隠れている保育者の"思い"が読み取れず、何のためにその援助を行っているのかということを理解することができません。そのため、具体的な援助内容を記す際には、保育者の具体的な関わりのみを記すのではなく、なぜそのような援助を行うのかについて、その理由や意図を記していくことが必要です。たとえば、前述した『役になりきって遊ぶ姿を見守ったり、「可愛いお姫様ですね」などと声をかけたりして、イメージの世界の中で友達と一緒に楽しく遊べるようにする』でいえば、『役になりきって遊ぶ姿を見守ったり、「可愛いお姫様ですね」などと声をかけたり』が具体的な援助内容であり、なぜその援助を行うのかという理由の部分が、「イメージの世界の中で友達と一緒に楽しく遊べるようにする」として記されています。

　もちろん、具体的な援助内容のすべてに対して、その理由や意図を記す必要はありません。たとえば、『「ねらい」を達成するために大切となる援助内容』や「保育の中で大切にしたいと考えている関わり」など、保育を行う上での重要なポイントとなる部分に対して、その理由や意図について具体的に記していくようにします。そうすることで、今回の保育では何を大切にして、どのような考えをもって具体的な援助を行っているのかが読み手にも伝わりやすくなります。また、書き手にとっても、保育の「ねらい」や配慮点などのポイントを意識しながら、具体的な援助内容を計画的に記していくことができるのです。

memo

第5章 指導計画の作成の基本とその方法

4 作成した指導計画をチェックしてみよう

ねらい 指導計画におけるそれぞれの項目について、その内容を確認しよう。

　指導計画を作成した後、確認しておきたいポイントを挙げてみました。以下の項目について、適切に作成できているかチェックしてみましょう。

指導計画作成のためのチェックリスト（形式編）

1. ☐ 保育を行う年月日、曜日、対象年児、クラス名、在籍人数、実習生氏名等を記していますか。
2. ☐ 「ねらい」は、子どもが主語となるように記していますか。
3. ☐ 「ねらい」は、子どもの活動を限定するような具体的な活動内容を記していませんか。
4. ☐ 「ねらい」の文章は、簡潔かつ、わかりやすく記していますか。
5. ☐ 「内容」は、子どもが主語となるように記していますか。
6. ☐ 「内容」は、具体的な活動内容が設定されていますか。また、それは表面的な活動内容を羅列しただけとなっていませんか。
7. ☐ 「内容」の文章は、簡潔かつ、わかりやすく記していますか。
8. ☐ 「環境の構成」は、保育者が主語となるように記していますか。
9. ☐ 「環境の構成」の環境図等は、定規を使い、丁寧に記していますか。
10. ☐ 「環境の構成」に環境図を記す際、全体の位置関係や方向がわかるような目印となるものを描いていますか。
11. ☐ 「環境の構成」には、使用する素材や用具の名前、必要な数量など、活動における具体的な準備について記していますか。
12. ☐ 保育の始まりから終わりまでの時間は、保育の展開のおおまかな区切りごとに時系列に沿って記されていますか。
13. ☐ 「予想される子どもの姿」は、子どもが主語となるように記していますか。
14. ☐ 「保育者の援助・配慮」は、保育者が主語となるように記していますか。
15. ☐ 文章の時制は、統一して記していますか。
16. ☐ 指導して頂く担任保育者から、署名と捺印をして頂きましたか。

memo

指導計画作成のためのチェックリスト（内容編）

1. ☐ 教育課程や全体的な計画、月や週の指導計画に関連した保育の内容となっていますか。
2. ☐ 子どもにとって無理がなく、楽しめる活動内容となっていますか。
3. ☐ 子どもの年齢や発達過程に適した内容となっていますか。
4. ☐ 活動の導入部分は、子どもが興味や関心をもてるように工夫された内容となっていますか。
5. ☐ 季節に合った内容となっていますか。
6. ☐ 時間配分は適切ですか。（子どもの活動を制限せず、柔軟性のあるものとなっていますか。）
7. ☐ 家庭や地域社会との連携に配慮された内容となっていますか。
8. ☐ 子どもの健康や安全に配慮された内容となっていますか。
9. ☐ 「子どもの姿」は、"遊びの興味や関心"、"生活の様子"、"保育者や友達との人間関係"、"自然や季節の変化"等の視点から記していますか。
10. ☐ 「子どもの姿」は、「ねらい」を導き出す内容となっていますか。
11. ☐ 「ねらい」「内容」は、"子どもの生活する姿"と"保育者の願い"を踏まえた内容となっていますか。
12. ☐ 「ねらい」「内容」は、"教育の視点"と"養護の視点"から設定したものとなっていますか。
13. ☐ 「内容」は、「ねらい」を達成するためにふさわしい内面的な経験事項となっていますか。
14. ☐ 「環境の構成」は、「ねらい」を達成するための具体的なものとなっていますか。また、子どもの興味・関心や、これまでの経験に応じたものとなっていますか。
15. ☐ 「環境の構成」は、環境の構成に対する具体的な内容とその理由、配慮点などについて的確に記していますか。
16. ☐ 「環境の構成」は、その園での環境の構成のあり方を理解した上で記していますか。
17. ☐ 「予想される子どもの姿」は、"生活のおおまかな流れ"を予想し、それに応じて予想した"詳細な子どもの姿"を記していますか。
18. ☐ 「予想される子どもの姿」の内容は、子どもの興味や関心、生活の実態からかけ離れていませんか。
19. ☐ 「保育者の援助・配慮」の内容は、「ねらい」を達成するために、「環境の構成」や「予想される子どもの姿」などに応じた具体的な援助内容となっていますか。
20. ☐ 「保育者の援助・配慮」には、具体的な援助内容だけではなく、なぜそのような援助をするのかという理由や保育者の意図も記されていますか。
21. ☐ 「子どもの姿」「ねらい」「内容」「環境の構成」「予想される子どもの姿」「保育者の援助・配慮」の項目に記されている内容は、それぞれが関連した内容となっていますか。
22. ☐ 図絵を挿入する、小見出しをつける、行をそろえるなど、指導計画は読みやすいように工夫されていますか。

memo

やってみよう1
幼稚園・保育所の部分指導計画

　幼稚園や保育所における実習では、指導計画を作成することが求められます。そこで、まず作成しなければならないのが、部分実習における指導計画です。部分実習は園生活における、ある一部分の活動に対して責任をもって実習することですが、その際には、実習生が自ら部分指導計画を立案して実践をすることとなります。しかし、指導計画は単に予定表や手順表ではありません。教育課程や全体的な計画に基づいて、その日の保育のねらいや内容に沿った保育者の考え方を示すものです。

　そこで本章は「やってみよう1」として、幼稚園・保育所の部分指導計画の作成方法について実践的に学んでいけるようなワークとなっています。前章までに学んできた指導計画の作成の仕方を振り返り、幼稚園や保育所での前日までの生活や保育の様子について確認しながら、実際に部分指導計画を作成してみましょう。

やってみよう1の取り組み方

1 p187〜の記入用紙を切り取って準備する。
　※練習する場合などはコピーして使ってもよい。

2 次の必要な資料を読んで確認する。
　1節　おひさま幼稚園の場合
　　・おひさま幼稚園　3歳児 こあら組 10月23日（金）の保育の様子（p130）
　　・おひさま幼稚園資料1〜7（p55〜p65）
　2節　桃の木保育園の場合
　　・桃の木保育園　4歳児 ぶどう組 6月23日（火）の保育の様子（p132）
　　・桃の木保育園資料1〜9（p88〜p99）

3 ①〜④の手順に沿って、それぞれポイントを確認する。

4 2で示す資料から必要とする事柄を読み取って考え、指導計画の項目に書き込む。

5 すべて書き終えたら、間違いはないか、書き漏らしはないか確認する。

6 1〜5まで終えたら、後ろにある参考用の解答例と自分が作成した指導計画の内容を比べる。

1 幼稚園の部分指導計画を書いてみよう

ねらい 幼稚園の部分指導計画の作成について理解しよう。

　次の資料は、おひさま幼稚園3歳児こあら組の10月23日（金）の保育の様子です。こちらとp55〜65の資料1〜7を参考にして、続く①〜④の流れに沿って記入のポイントを確認しながら、**次の週の10月26日（月）の13時30分から13時45分までの15分間の帰りのつどい前の絵本の読み聞かせの部分指導計画**を、p187〜の記入用の指導計画案用紙を使って立案してみましょう。

＊立案の詳しい考え方は、それぞれ該当する5章指導計画の作成の基本とその方法の頁を示していますので参照してください。

> **おひさま幼稚園　3歳児　こあら組　10月23日（金）の保育の様子**
>
> 　初めての運動会や遠足が終わり、気の合う友達を見つけて一緒に遊ぶ姿が見られるようになる。
> 　遠足で電車を見た経験から、こあら組は電車が好きになり、運転手さんの帽子をかぶり、段ボール電車を使ってリレー形式で楽しむ遊びである。3チームに分かれて楽しむ。月齢が低く小柄なカノンは、以前なら転ぶとすぐ泣いていたが、運動会が終わってからは、泣かずに自分で立ち上がって走り始め頑張る姿が見られるようになった。順番を待っている間は友達を応援し、自分たちのチームが勝つと「やった！」と言って喜んでいる。
> 　昼食準備の時、エイタとゴウが座る場所の取りっこをすることがある。まわりの子どもたちの中から「じゃんけんで決めよう」という声が出るようになる。子ども同士で解決しようとする姿が見られるがうまくいかないこともあり、保育者が双方の話を聞くなどして、気持ちに寄り添う中で納得したり我慢したりしている。
> 　帰りの身支度では、一つひとつに時間のかかる子どもや遊びながらの子どももいて、早い子どもと遅い子どもの差が大きい。タクマ、マサル、ユナは、制服への着替えに援助が必要である。支度が早い子どもは、カーペットに座って絵本を見て待てるようになってきている。
> 　帰りのつどいでは1〜2冊の絵本の読み聞かせを行っている。季節に応じた話や、子どもたちの遊びや経験に関わるような身近な話に興味をもてるようだ。少し長い話も楽しんで聞いている。帰りには、「明日は何するの？」「明日は○○しようね」と幼稚園を楽しみにする子どもが多く見られる。

memo

やってみよう1　幼稚園・保育所の部分指導計画

①保育実践を行う年月日、曜日、クラス構成（年齢・人数）など基本情報を書きましょう。（→p103）
　　　　　　　　　　　　　　　　　　　　※「年」は、ここでは書かなくてよい。

ポイント
1. p130を参考に、指定された保育実践を行う月日、曜日を確認しましょう。
2. 実施するクラスの年齢、クラス名、子どもの人数をp55～の資料1で確認しましょう。
3. 自分（実習生）の氏名はしっかり書いていますか。

②前頁のおひさま幼稚園3歳児こあら組の10月23日（金）の保育の様子を参考にして、前日までの「子どもの姿」を書きましょう。（→p103、106～109）

ポイント
1. 子どもの姿を捉える視点は以下の（1）～（7）です。部分指導計画を作成するために必要な視点をもって、保育の様子を確認しましょう。
   - （1）遊びへの興味や関心、取り組み方　　（2）生活の様子やその取り組み
   - （3）保育者や友達との人間関係　　　　　（4）自然や季節の変化
   - （5）行事への取り組み　　　　　　　　　（6）クラス集団の様子
   - （7）特別な配慮を必要とする子どもの様子
2. 子どもの姿は抜粋ではなく、わかりやすく要約しましたか。

③自分が保育実践する際の「ねらい」と「内容」を考えて書きましょう。（→p103、109～114）

ポイント
1. ②の子どもの姿を基に、自分がどのようなねらいをもって保育を行うのか考えましたか。
2. 1を考える際、p55～65の資料1～7を参考に、保育実践を行うクラスの当日の活動や保育のねらいなどをしっかりおさえておきましょう。
3. 「内容」は、子どもの姿を基に発達過程を見通して設定した「ねらい」に応じた、子どもの具体的な活動や経験してほしい事柄が示されていますか。

④実践する時間、環境の構成（→p114～119）、予想される子どもの姿（→p119～122）、保育者の援助・配慮（→p122～126）を書きましょう。

ポイント
1. おひさま幼稚園の概要（→p55、56）を参照して、保育の流れを知り、実践する時間に沿った環境の構成、予想される子どもの姿、保育者の援助・配慮を考えましょう。
2. 活動の流れに沿って、適切な時間配分になっていますか。
3. 環境の構成は、ねらいを達成するための具体的な内容になっていますか。
4. 「予想される子どもの姿」の内容は、子どもの興味や関心、生活の実態からかけ離れていませんか。
5. 「保育者の援助・配慮」は、「予想される子どもの姿」に応じて子どもの主体性を支えていくために必要な保育者としての関わりが具体的に示されていますか。

131

2 保育所の部分指導計画を書いてみよう

ねらい 保育所の部分指導計画の作成について理解しよう。

　次の資料は、桃の木保育園4歳児ぶどう組の6月23日（火）の保育の様子です。p88〜99の資料を基にして、続く①〜④の流れに沿って記入のポイントを確認しながら、**翌日の6月24日（水）10時00分から10時30分まで30分間の七夕の製作活動の部分指導計画**をp187〜の記入用の指導計画案用紙を使って立案してみましょう。

＊立案の詳しい考え方は、それぞれ該当する5章指導計画の作成の基本とその方法の頁を示していますので参照してください。

桃の木保育園　4歳児　ぶどう組6月23日（火）の保育の様子

　今週後半に予定しているじゃがいも掘りに向けて、「じゃがいも」を素材とした活動を日々取り入れながらじゃがいも掘りを楽しみに盛り上がっている。

　梅雨で雨天も多く、予定通りに活動が進まないこともあるが、子どもたちの意識は高まってきていて、給食でじゃがいもを見つけると「じゃがいもあったよ」と伝えてきたり、マミ、アヤカ、ユカ、ミホ、チナツ、ワカバは、スポンジをはさみで切ってフライドポテトを作り、折り紙のコップに入れてハンバーガーショップごっこを楽しんだりする姿も見られる。

　七夕祭りが近づいてきているので、保育室の天井にテープを網状にして天の川に見立てて貼りつけておいた。登園してきたマヤ、ナユが早速見つけて、「あれは天の川でしょ？」「星たくさん作りたい」と朝の遊びの時間に折り紙で様々な星を作り始める。保育者が星の形の型を用意すると、ほかの子どもたちも自分たちで型を置いて描き写して切り始め、中にははさみで器用に切り抜く子どももいる。しかし、形が複雑で切りにくく、でき上がりは様々で個性豊かな星となる。宇宙の図鑑を用意しておくと、セイジ、ケント、リョウが地球や火星などに興味をもち始め、球体スチロールにマジックで絵を描き、光るシールを貼って好きな天体物を作る姿が見られる。

　短冊には願いごとを書いて笹に吊り下げることを話すと、ユウキ、ケイは「お願いごと2つにしたい」「もう決めた」と七夕への興味が高まり始めた様子である。

　来週になるとクラスごとに笹がもらえるので、それまでにいくつかの飾り物を作ることを提案する。「飾りをたくさん作る」「おり姫様と彦星様も作りたい」と意欲的な声が聞かれた。

　製作活動に対しては、のりやはさみは3歳児クラスの時から経験してきているので使い慣れている子どもが多いが、はさみで曲線や複雑な線上を切ることはまだ難しい。全体的には新しい教材への興味は高く、保育者に見守られ、援助してもらう中で積極的に取り組んでいく姿勢が見られるようになってきている。しかし、製作活動に苦手意識のあるダイチ、アヤト、マオは消極的であるので、よく見ながら励まし、ほかの子どもから遅れないように援助して、楽しい活動になるような工夫が必要である。

やってみよう1　幼稚園・保育所の部分指導計画

①保育実践を行う年月日、曜日、クラス構成（年齢・人数）など基本情報を書きましょう。（→p103）

※「年」は、ここでは書かなくてよい。

> **ポイント**
> 1　p132を参考に、指定された保育実践を行う月日、曜日を確認しましょう。
> 2　実施するクラスの年齢、クラス名、子どもの人数をp88～の資料1で確認しましょう。
> 3　自分（実習生）の氏名はしっかり書いていますか。

②前頁の桃の木保育園4歳児ぶどう組の6月23日（火）の保育の様子を参考にして、前日までの「子どもの姿」を書きましょう。（→p103、106～109）

> **ポイント**
> 1　子どもの姿捉える視点は以下の（1）～（7）です。部分指導計画を作成するために必要な視点をもって、保育の様子を確認しましょう。
>   （1）遊びへの興味や関心、取り組み方　　（2）生活の様子やその取り組み
>   （3）保育者や友達との人間関係　　　　（4）自然や季節の変化
>   （5）行事への取り組み　　　　　　　（6）クラス集団の様子
>   （7）特別な配慮を必要とする子どもの様子
> 2　子どもの姿は抜粋ではなく、わかりやすく要約しましたか。

③自分が保育実践する際の「ねらい」と「内容」を考えて書きましょう。（→p103、109～114）

> **ポイント**
> 1　②の子どもの姿を基に、自分がどのようなねらいをもって保育を行うのか考えましたか。
> 2　1を考える際、p88～99の資料1～9を参考に、保育実践を行うクラスの当日の活動や保育のねらいなどをしっかりおさえておきましょう。
> 3　「内容」は、子どもの姿を基に発達過程を見通して設定した「ねらい」に応じた、子どもの具体的な活動や経験してほしい事柄が示されていますか。

④実践する時間、環境の構成（→p114～119）、予想される子どもの姿（→p119～122）、保育者の援助・配慮（→p122～126）を書きましょう。

> **ポイント**
> 1　デイリープログラム（→p98）を参照して保育の流れを知り、実践する時間に沿った環境の構成、予想される子どもの姿、保育者の援助・配慮を考えましょう。
> 2　活動の流れに沿って、適切な時間配分になっていますか。
> 3　環境の構成は、ねらいを達成するための具体的な内容になっていますか。
> 4　「予想される子どもの姿」の内容は、子どもの興味や関心、生活の実態からかけ離れていませんか。
> 5　「保育者の援助・配慮」は、「予想される子どもの姿」に応じて子どもの主体性を支えていくために必要な保育者としての関わりが具体的に示されていますか。

133

おひさま幼稚園3歳児こあら組の部分指導計画　解答例

10月26日（月曜日）　　3歳児　　こあら組　　計23名　　実習生名○○○○

子どもの姿
・運動会を経験したことで、リレーの意味がわかり、電車ごっこ遊びを通してリレー遊びが展開されている。 ・絵本の読み聞かせでは、遊びや経験に関わる身近な話に興味をもち、少し長い話も楽しめるようになってきた。 ・帰りの身支度では個人差があり、時間のかかる子どもや遊びに夢中になってしまう子どももいる。

ねらい
・物語の世界に興味をもち、遊びに取り入れようとする。

内容
・「いもむしれっしゃ」の絵本に親しみをもち、絵本の中の列車の擬音をまねながら楽しむ。

時間	環境の構成	予想される子どもの姿	保育者の援助・配慮
13：30	カーペットの上に子どもたちが座る （図：出入口、ピアノ、黒板、ロッカー、水道、●保育者（実習生）、△担任保育者、○子ども）	○保育者の呼びかけを聞いてカーペットに集まってきて座る。 ・帰りの支度をし荷物を持って座る。 ・「まだ待っていて」という子どもがいる。 ・座っている子どもが多くなる。 ・全員が集まり座る。	・担任保育者と連携しながら絵本が始まることを伝え、カーペットに座るように声をかける。 ・帰りの支度は個々に見て声をかけ、手伝いが必要な子どもの援助を手早く行う。しかし、子どもを慌てさせないよう配慮する。 ・子どもたちの集まり具合を見ながら全体の流れをつくっていく。 ・全員が座っていることを確認しながら全体を見回す。
13：35	○準備物 ・子どもたちが座るカーペット ・保育者が座る椅子 ・いもむしのペープサート ・「いもむしれっしゃ」の絵本	○いもむしのペープサートを見る。 ・いもむしのペープサートを見て反応し、じっと見つめる子どもや笑顔になる子どももいる。 ・「知ってるよ」と声を出し、一緒に歌う子どももいる。	・「いもむしごろごろ」のわらべ歌に合わせていもむしのペープサートを出す。 ・ペープサートが見やすいようにゆっくり大きな動きをする。 ・子どもの反応に応えながら楽しむ。
13：40 13：45	○子どもたち全員が絵本を見やすい位置に座るように工夫する。	○「いもむしれっしゃ」の絵本を見る。 ・徐々に絵本の中に入り込みながら集中して見ている。 ・繰り返しの「がたんもにょん」の言葉を絵本に合わせて声に出す。 ・ペープサートを見ながら「がたんもにょん」とみんなで声を合わせる。	・絵本を読むことを話し、落ち着いた雰囲気をつくっていく。 ・絵本は子どもの様子を見ながらゆっくりと読み、子どもと共感しながら読み進めていく。 ・ページをめくるときは次の展開に期待がもてるようにめくる。 ・絵本が終わったら、いもむしのペープサートを出し擬音のおもしろさを共有して締めくくり、帰りのつどいにつなげる。

やってみよう1　幾稚園・保育所の部分指導計画

桃の木保育園4歳児ぶどう組の部分指導計画　解答例①

6月24日（水曜日）　　4歳児　　ぶどう組　　計28名　　実習生名○○○○

子どもの姿	ねらい
・保育室の天井に用意しておいた天の川に気づき、折り紙で様々な星作りを始める。また、宇宙に興味をもった男児がイメージをもって好きな天体物の製作に取り組む姿が見られる。 ・身近な素材を使った製作遊びに取り組む中で、のりやはさみなどの用具の使い方に個人差が見られる。 ・製作活動に意欲的に取り組む姿が見られる一方で、苦手意識が強く、活動に消極的な子どもたちもいる。	・季節の行事に関心をもって活動を楽しむ。 ・様々な素材や用具に触れ、自分で作ってみようとする。 **内容** ・七夕について関心をもち、織姫と彦星の紙皿飾り作りを楽しみながら行う。

時間	環境の構成	予想される子どもの姿	保育者の援助・配慮
10：00	机の用意（6台） ［保育室の配置図：ロッカー、出入口、ピアノ、机、水道、窓］ ●保育者（実習生） △担任保育者　○子ども	○机に椅子を運び、座る。 ・知っている子どもは一緒に歌う。 ・ピアノに合わせて「七夕さま」の歌を歌う。 ○七夕についての話を聞く。 ・七夕の話に興味をもち、保育者の話を集中して聞く。中には「天井にも天の川あるよ」などと口々に七夕について話し出す子どもがいる。 ・製作のイメージが高まり、「作りたい」と意欲を示す子どもがいる一方、活動に対して消極的な子どももいる。	・着席することを伝える。 ・子ども全員が着席したことを確認し、「七夕さま」の曲をピアノで弾く。 ・子どもの様子を見ながら一緒に歌う。 ・全体を見回して確認してから七夕についての話（織姫と彦星の話）を始める。 ・ペットボトルで作った織姫と彦星の具体物を用意することで、興味をもって話を聞くことができるように工夫する。 ・事前に七夕についての由来を聞きながら、製作に興味を示し、個々にイメージがもてるようにする。
10：10	○製作で用意するもの ・製作用シート6枚 ・のり用手拭き6枚 ・紙皿30枚 ・円形に切った千代紙、大小各60枚 ・織姫と彦星の顔部分の円形色画用紙60枚 ・紙皿の飾りをつくるための様々な色の折り紙を扱いやすい大きさに切っておく。 ・製作用ひも30本 ※数量・大きさは任意。 完成イメージ図 ［紙皿に織姫と彦星の飾りが描かれた図］	○織姫と彦星の紙皿飾り作りをする。 ・保育者の説明を聞く。 ・のりとはさみ、マーカーをグループごとにロッカーへ取りに行く。 ・好きな色の千代紙を選ぶ。 ・「好きな色がない」と言う子どもがいる。 ・素材と用具をそろえ、席に座る。 （製作の手順） ①円形に切った大小の千代紙を、のりで貼り合せる。 ②着物の部分を折る。円形の千代紙を三つ折りにして着物の部分にする。 ③顔の部分にマーカーで髪の毛、目、鼻、口を描く。 ④紙皿のまわりの部分に様々な色の折り紙を折って切り、のりで貼る。 ⑤紙皿に織姫と彦星の着物の部分を先に貼り、その後に顔をのりづけするようにする。	・製作する具体物を見せ（着物に使う千代紙等を見せながら）、子どもの興味が続くようにし、どのようなものを作るのか見通しがもてるようにする。 ・のりとはさみ、マーカーをロッカーにグループごとに取りに行くよう促す。順番を待つグループには千代紙を見せ、好きな色を選べるように準備しておく。 ・千代紙と色画用紙の入ったカゴを各グループに配付する。気に入った色を使い楽しく製作できるように、千代紙は多めに入れておく。 ・全員の素材と用具がそろい座ったかどうか確認し、作り方の説明を始める。

135

桃の木保育園4歳児ぶどう組の部分指導計画　解答例②

時間	環境の構成	予想される子どもの姿	保育者の援助・配慮
10：15	・のり用の手拭きがのりで汚れていたら、洗ってきれいにし、再度机に置く。	○各自で製作を始める。 ・円形の折り紙を初めて使うので、折り方がわからずに戸惑う子どもがいる。 ・切る作業に時間がかかる子どもがいる。一方で、早く作業が進み「次どうするの？」と保育者に聞いてくる子どもがいる。 ・はさみで折り紙を好きな形に切っていく子どもがいれば、どうしてよいかわからず困っている子どももいる。 ・たくさんのりをつけ過ぎたり、足りなかったりする子どもがいる。	・グループごとに子どもたちの様子を見て回る。 ・円形の折り紙を使うのは初めてなので、戸惑う姿が見られたら、一人ひとりに対して丁寧に折り方を伝えるようにする。 ・切る作業に時間がかかる子どもには、あらかじめ切っておいたものを用意しておき、必要に応じてグループのカゴの中に出していくようにする。 ・ほとんどの子どもができ上がったことを確認し、飾り用の折り紙をグループごとに配る。 ・紙皿の周辺は、自分の好きなイメージで装飾することを伝える。 ・飾り用の折り紙を切る際は、様々な折り方（□△長方形）を示し、折れ線部分を切るように促す。 ・のりを使った製作については、数回行っているので、口頭で説明する。適量がつかみにくい子どもには、指につける適量を実際に示したり、保育者が手を添えたりして、一緒にのりづけできるようにする。
10：30	・作品はよく乾かしておき、子どもの午睡時に名前を確認しながら持ち手をつけて、掲示できるようにしておく。	○作品を鑑賞する。 ・でき上がった作品をグループの友達と見せ合う。 ・まだ終わらずに作り続けている子どもがいる。 ○片づける。 ・でき上がった子どもから、作品をロッカーの上に置き、使った用具をしまう。	・でき上がった子どもの会話を繰り返したり認めたりすることで、子どもたちが本日の活動を楽しかったと感じられるようにする。 ・全体の様子を確認し、まだ終わっていない子どもには手を貸したりゆっくり作業できるスペースを用意する。 ・使った用具をしまい、のりづけしたばかりの作品は、ロッカーの上に置いて乾かすように促す。 ・作品は、天井にある天の川や、テラスの竹に飾ることを伝える。また、短冊に願いごとを書いて、紙皿につけることも加えて伝え、今後の活動につながるようにする。

memo

第6章
乳児、1・2歳児の特徴と指導計画

　この章では、5章までに学んできたことを活かして、乳児（0歳）、1歳、2歳の指導計画案を作成するために必要な「子どもの姿」や「ねらい」「内容」を実際に作成していきます。

　この章の構成は、年齢ごとに2頁ずつの見開きのつくりとなっています。左頁には、年齢ごとの「子どもの育ち」や「保育者の援助や配慮」のポイント、右頁にはワークとして、指導計画案を作成するために参考となる「保育の様子」と①②の設問が記されています。p183に年齢ごとに1枚ずつ使用できる記入用紙を掲載していますので、切り取って実際に作成してみましょう。

　本書に掲載されている教育課程や全体的な計画、各種指導計画、また、この章の「保育の様子」は、すべてが2つの園（おひさま幼稚園、桃の木保育園）の保育を仮定し、連続的に作成されています。そのため、ここでは、おひさま幼稚園の資料p55～p65、桃の木保育園の資料p88～p99を参考にしながら、設問に取り組みましょう。

0歳児の特徴と保育

ねらい 0歳児の特徴を理解して子どもの姿を捉え、指導計画のねらいや内容を作成しよう。

（1）0歳児の特徴

　0歳児の保育では、子どもと特定の保育者との継続的で応答的な関わりが重要となってきます。安定した関わりの中で育つ愛着関係や信頼感を頼りに、子どもは自らの活動を広げることができるようになっていきます。保育所保育指針等では、0歳児の発達について以下のように記しています。

> 　視覚、聴覚などの感覚や、座る、はう、歩くなどの運動機能が著しく発達し、特定の大人との応答的な関わりを通じて、情緒的な絆が形成されるといった特徴がある。
> 〔保育所保育指針第2章1（1）ア〕
> 　周囲の人やものをじっと見つめたり、声や音がする方に顔を向けたりするなど、感覚を通して外界を認知し始める。生後4か月頃には首がすわり、その後寝返りがうてるようになり、さらに座る、はう、つたい歩きをするなど自分の意思で体を動かし、移動したり自由に手が使えるようになったりしていくことで、身近なものに興味をもって関わり、探索活動が活発になる。生活においても、離乳が開始され、徐々に形や固さのある食べ物を摂取するようになり、幼児食へ移行していく。　〔厚生労働省『保育所保育指針解説』フレーベル館、2018年（平成30年）、p89〕

　0歳児における指導計画を作成する際には、以下の観点を目安にしてみましょう。

【子どもの育ち】（発達に必要な経験内容）
- 自由に移動できることを喜び、絵本や玩具など身のまわりのものに対する興味をもつ。
- 見る、聞く、触ってみる、手に持つ、動かすなど、自分から環境に働きかけようとする。
- 応答的に関わる大人に喃語や指さしなどで欲求を伝えるとともに、大人とのやりとりを楽しむ。
- 滑らかにすり潰した状態の乳児食から形のある幼児食へ移行する。食べ物に親しみながら、それらを食べようとする。

【保育者の援助や配慮】
- 子どもが自由に体を移動させることができるような環境を整えるとともに、子どもの行動を優しく見守るなど、保育者との安定した関係のもとで十分に活動できるようにする。
- 子どもの興味や関心が満たされるように、安全で清潔な玩具などを用意し、危険がないように環境に配慮しながら子どもたちがのびのびと遊べるようにする。
- 喃語や指さしなど、保育者に関わりを求めてきた時は子どもの欲求に応えるなどして、保育者に相手をしてもらうことが楽しいという経験ができるようにする。
- 子どもの欲求にすぐに応えられない時は優しく言葉をかけ、その後、必ず子どもの相手をすることで期待感に応えるようにする。
- 離乳食は、ゆっくり噛むことやごっくんと飲み込むことなどを伝えながら、子どもの体調に合わせて無理のないよう進めていく。

第6章 乳児、1・2歳児の特徴と指導計画

（2）0歳児ワーク　桃の木保育園・さくらんぼ組・10月　「午睡前の絵本の読み聞かせ」

　アイミ（12か月）は、伝い歩きをするようになった。くまのぬいぐるみのあるところまで伝い歩きをして行き、遊び始める。ぬいぐるみを他児にとられるとひっくり返って泣き出すことがある。ユウタ（15か月）は、保育者に読んでもらった絵本のページをめくって、時折、指をさしたり、声を出したりしながら眺めている。シュンヤ（14か月）、ナナカ（15か月）、ハルキ（17か月）は、「マンマ」「ブーブー」や「アーイ」などのよく耳にする簡単な単語など一語文を話すようになり、保育者とのやりとりを繰り返し楽しむ様子が見られる。

　タクマ（18か月）は、保育者が「おむつかえようね」と言うと、「オムツ、オムツ」と言いながらおむつを取りに行き、持ってくる様子から、保育者の言っていることをかなり理解できるようになってきている。ミキ（14か月）は苦手な食べ物も多いが、自分から手づかみで食事を食べるようになってきている。

　リョウタロウ（16か月）は、先週1週間胃腸炎でお休みしたこともあり、不安定である。登園後や午睡後、担当保育者が見当たらない時などに泣き出し、担当保育者から離れようとしない姿が見られる。

◎部分実習で「絵本の読み聞かせ」を行うとして、（1）の0歳児の特徴や上の保育の記録、桃の木保育園の資料（⤴p88〜99）を参考にしながら、次の①②の課題に取り組みましょう。その際には、巻末のp183の解答用紙を切り取って使いましょう。

①上の保育の記録を基にして、「絵本の読み聞かせ」に関わる前日までの「子どもの姿」をまとめましょう（5章⤴p106〜109参照）。

②①でまとめた「子どもの姿」につながるように、「ねらい」と「内容」を考えて書きましょう。（「ねらい」は、桃の木保育園全体的な計画を参考にしましょう。）

絵本の読み聞かせ

　0歳児のクラスの部分実習で、どのような絵本の読み聞かせをしますか。たとえば、0歳児向けには右のような絵本があります。今回の部分実習で考えると、子どもたちの姿から、「子どもたちに理解しやすい簡単な言葉で書かれたもの」「保育者とのやりとりが楽しめるもの」を選ぶとよいでしょう。また、こうした絵本を読み聞かせる時には、読むスピードや声のトーンにも工夫が必要となってくるでしょう。

「くだもの」
平山和子作　福音館書店

「がたん　ごとん　がたん　ごとん」
安西水丸作　福音館書店

「ひよこ」
中川ひろたか（文）
平田利之（絵）　金の星社

139

2 １歳児の特徴と保育

ねらい １歳児の特徴を理解して子どもの姿を捉え、指導計画のねらいや内容を作成しよう。

（１）１歳児の特徴

　運動機能の獲得によって活動範囲が広がり、自分のやりたいことがはっきりしてくるのがこの時期です。保育所保育指針では、１歳以上３歳未満児の発達の特徴について以下のように記しています。

> 　歩き始めから、歩く、走る、跳ぶなどへと、基本的な運動機能が次第に発達し、排泄の自立のための身体的機能も整うようになる。つまむ、めくるなどの指先の機能も発達し、食事、衣類の着脱なども、保育士等の援助の下で自分で行うようになる。発声も明瞭になり、語彙も増加し、自分の意思や欲求を言葉で表出できるようになる。このように自分でできることが増えてくる時期であることから、保育士等は、子どもの生活の安定を図りながら、自分でしようとする気持ちを尊重し、温かく見守るとともに、愛情豊かに、応答的に関わることが必要である。　〔保育所保育指針第２章２（１）ア〕

　１歳児における指導計画を作成する際には、以下の観点を目安にしてみましょう。

【子どもの育ち】（発達に必要な経験内容）
- 歩く、走る、よじ登るなど様々な運動をしようとし、体を動かすことを楽しむ。
- 大人との安定した関係のもと、友達と一緒にいようとするなど、友達と一緒に遊ぼうとする。
- 指先を使えるようになり、粘土を使って遊んだり、クレヨンでグルグルと丸を描いたりすることを楽しむ。
- 話せる言葉の数が増え、自分から話しかけようとする。
- 簡単な歌遊び、手遊びを理解して、保育者と一緒に遊ぶ。

【保育者の援助や配慮】
- 行動範囲が広がり、探索活動が盛んになる。言葉だけで禁止をするのではなく、事前に危険を回避し、子どもが安全に活動できるようにする。
- 大人に対しての欲求が満たされることによって、ほかの子どもへの関心が生まれてくる。十分に相手をし、安心感を得られるようにした上で、ほかの子どもの存在を知らせていく。
- 生活面ではゆっくり時間をかけ、適切に援助しながら、自分でしようとする気持ちを育てていく。
- 指先が発達する時期に適した指先の操作が必要な玩具や粘土などの環境を準備し、遊びの中で指先の細かな動きができるようにする。
- 自分の思いを表現したい、伝えたいという気持ちを大切にし、時には子どもの思いを言葉にして返すなどする。

第6章　乳児、1・2歳児の特徴と指導計画

（2）1歳児ワーク　桃の木保育園・いちご組・10月　「食事前の手遊び」

> 　ケントはボールがお気に入りで、転がしては追いかけて遊んでいる。カズヤは型はめのおもちゃがお気に入りで、型はめができると保育者の方を見てにっこり笑う。ナナはシール貼りができるようになり、シールを貼って喜んでいる。まだ子どもたち同士同じ遊びをするなど、一緒に遊んでいる様子は見られないものの、友達の様子をじっと見つめたり、友達が前の日にしていた遊びをしてみたりと友達の存在を意識し始めている。
> 　トモキは、まだはっきりとした言葉は出ないが、欲しいものを指さしたり、保育者の言葉に反応したりする。カオリは、「どうぞ」といって保育者に物を渡すことを繰り返している。マナミは、オムツが濡れると保育者に知らせるようになった。それぞれの方法で意図を保育者に伝えるようになってきている。食事の時は、ほとんどの子どもが食事の準備ができるまで椅子に座って待てるようになってきている。
> 　手遊びでは、保育者の歌や動きを自分なりにまねしようとする姿が多く見られる。
> 　タケルはおもちゃをとられたり、思い通りにいかなかったりすることがあると友達に噛（か）みついてしまうことがある。

◎部分実習で「食事前の手遊び」を行うとして、(1)の1歳児の特徴や上の保育の記録、桃の木保育園の資料（⮕p88～99）を参考にしながら、次の①②の課題に取り組みましょう。その際には、巻末のp183の解答用紙を切り取って使いましょう。

①上の保育の記録を基にして、「食事前の手遊び」に関わる前日までの「子どもの姿」をまとめましょう（5章⮕p106～109参照）。

②①でまとめた「子どもの姿」につながるように、「ねらい」と「内容」を考えて書きましょう。（「ねらい」は、桃の木保育園全体的な計画を参考にしましょう。）

手遊び

　手遊びというと何かの活動の前の導入であると捉えている人も多いかもしれません。しかし、リズムに合わせながら保育者やクラスのみんなと一緒に手や指を動かすということは、集団を意識するきっかけにもなります。子どもたちは指先が器用に動かせるようになってきていますが、まだ歌に合わせて細かく手や指を動かすことは難しいかもしれません。保育者や友達と一緒にやることの楽しさを味わえるように工夫しましょう。

【図6-①】一緒にやってみよう

2歳児の特徴と保育

ねらい 2歳児の特徴を理解して子どもの姿を捉え、指導計画のねらいや内容を作成しよう。

（1）2歳児の特徴

2歳児の最大の特徴は、「自分の思う通りにやりたい」です。しかし、自分の思う通りにならないと泣き叫んで抵抗する一面も見られ、大人の接し方が難しい時期でもあります。保育所保育指針では、1歳以上3歳未満児の発達の様子を以下のように記しています。

> 歩き始めから、歩く、走る、跳ぶなどへと、基本的な運動機能が次第に発達し、排泄の自立のための身体的機能も整うようになる。つまむ、めくるなどの指先の機能も発達し、食事、衣類の着脱なども、保育士等の援助の下で自分で行うようになる。発声も明瞭になり、語彙も増加し、自分の意思や欲求を言葉で表出できるようになる。このように自分でできることが増えてくる時期であることから、保育士等は、子どもの生活の安定を図りながら、自分でしようとする気持ちを尊重し、温かく見守るとともに、愛情豊かに、応答的に関わることが必要である。　〔保育所保育指針第2章2（1）ア〕

【子どもの育ち】

- 安定した関係の中で、保育者に見守られながら食事、排泄、衣服の着脱など、簡単な身のまわりのことを自分でやってみようとする気持ちが高まる。
- 「やる」「やらない」「いや」と自己主張することが多くなる。
- 全身を動かしたり、手や指先を使ったりする遊びができるようになる。
- 友達と同じ場で遊び生活する中で互いがイメージを共有し、保育者を仲立ちとして言葉のやりとりやごっこ遊びをして楽しむ。
- 身近な動植物や自然物など、見たり触れたりしたものに興味をもって関わり、楽しむ。

【保育者の援助や配慮】

- 個人差が大きい時期でもあるので、個々の状況に応じながらやりたい気持ちを認め、見守り、励まし、うまくできないことを手伝っていく。
- 子どもの自己主張やわがままに対して、気持ちに寄り添いながら前向きに関わるようにする。
- 基本的な運動機能が整う時期なので、遊びの中に様々な運動や道具を取り入れていく。
- 知的好奇心を高めるような遊びを取り入れ、じっくりと遊べる環境を考慮していく。

一人ひとりの気持ちや状況を大切に、やりたいことを十分にさせていくことが2歳児との付き合いには必要です。「早くして」「やってあげる」と言うのではなく、子どもの気持ちを受け止め見守りながら待つことに配慮する必要があります。

（2）2歳児ワーク　桃の木保育園・みかん組・10月　「小麦粉粘土を楽しもう」

　最近、少しずつ一人遊びから、そばにいる子どもと同じ遊びを楽しんだり、一緒に遊ぶ姿が増えたりし、友達関係が見え始めてきている。月齢の高いスズノ、ケイタ、リサは、3人で砂場の砂に水を入れ「砂団子」を作り、お皿にのせてままごと遊びを楽しんでいる。タケシ、サオリもその様子を見て、まだ団子は作れないが、近くで「砂団子」を作るようなしぐさは見られる。クラスを全体的に見て、月齢差や個人差はあるものの、砂や粘土で遊ぶ、紙を折る・破る、積み木を積み上げる、ストローにひもを通すなど、手先を使った遊びを楽しめるようになってきている。遊びの中でトラブルが見られることも多く、一度言い出すと自分の思いを引っ込めることができず長泣きする子どももいる。

　自分でやりたいという姿がほとんどの子どもに見られ、生活習慣においては保育者に見守られる中、自分の身のまわりのことを自分で行おうとしている。特に月齢の高い女児7名を中心に、男児ではケイタ、ジュン、キョウタが、食事時フォークを使ってほぼ自分で食べる、衣服の着脱やボタンをかける、排尿の始末をすることなどができるようになってきている。月齢の低い子どもたちも、少し手を貸したり言葉で促したりすることで、自分でやろうとする気持ちが見られる。着替えは、ズボンを脱ぐ・履くことはできるが、上着を脱ぐ・着ることが難しいようで、できないとやめてしまったり、ふざけ遊びになったりするタカヒロ、ケンヤ、エリ、ミナミがいる。しかし、励まされながら手伝ってもらうと、その気になって自分でやろうとする姿が見られる。

◎部分実習で「小麦粉粘土遊び」を行うとして、（1）の2歳児の特徴や上の保育の記録、桃の木保育園の資料（⤴p88〜99）を参考にしながら、次の①②の課題に取り組みましょう。その際には、巻末のp183の解答用紙を切り取って使いましょう。

①上の保育の記録を基にして、「小麦粉粘土遊び」に関わる前日までの「子どもの姿」をまとめましょう（5章⤴p106〜109参照）。

②①でまとめた「子どもの姿」につながるように、「ねらい」と「内容」を考えて書きましょう。
　（「ねらい」は、桃の木保育園全体的な計画を参考にしましょう。）

小麦粉粘土の作り方

小麦粉粘土1人分の材料
・小麦粉　　200g
・水　　　　80cc（調節しながら入れる）
・油　　　　少々
・食用色素　少々（色をつける場合のみ）
材料をボールに入れて混ぜ、よくこねればでき上がります。水の量で硬さの調節ができます。

【図6-②】小麦粉粘土で何ができたかな

6章1〜3節（0〜2歳児） ワーク解答例

10月　日（　曜日）実施　0歳児　さくらんぼ組　計 12名　　実習生名

子どもの姿	ねらい
・移動が可能になったことにより生活の範囲が広がり、自分で遊びを見つけて遊びだす姿が見られる。 ・月齢差や個人差はあるものの、言葉の理解が進むとともに一語文を話す子どもが増え、保育者と言葉のやりとりを楽しむ様子が見られる。 ・保育者に読んでもらった絵本などに興味を示し、自分で絵本を眺める子どもの姿が見られる。	・絵本に親しみ、保育者とのやりとりを楽しむ。
	内容 ・絵本の読み聞かせを見て、絵本の内容に興味をもつ。 ・保育者の言葉をまねしてみたり、指をさしたりしながら保育者とのやりとりを楽しむ。

10月　日（　曜日）実施　1歳児　いちご組　計 18名　　実習生名

子どもの姿	ねらい
・動きが活発になり、自分から好きな遊びに取り組む姿が見られる。まだ一人遊びや保育者と遊ぶことがほとんどであるが、友達の遊びを気にする姿も見られる。 ・個人差はあるが、言葉や自分なりの方法で、意図を保育者に伝えようとする姿が見られる。 ・保育者の歌や動きを自分なりにまねようとしながら手遊びをする姿が見られる。 ・食事の準備ができるまで、椅子に座って待てるようになってきている。	・保育者や友達と一緒に、模倣しながら表現して遊ぶことを楽しむ。
	内容 ・保育者のまねをしながら、歌を歌ったり、歌に合わせて体や手を動かしたりする。 ・友達と一緒に手遊びをし、食事を楽しみに待つ。

10月　日（　曜日）実施　2歳児　みかん組　計 24名　　実習生名

子どもの姿	ねらい
・一人遊びから友達と一緒に遊ぶという姿や関わろうとする姿が見られるようになり、友達関係や一緒にいると楽しいという気持ちが芽生えてきている。 ・月齢差や個人差はあるものの、身近な素材に触れながら細かい遊びを楽しむようになり、手先が器用になってきている。 ・自分でやりたい意欲が高まってきていて、保育者に見守られる中、衣服の着脱や排尿の始末をしようとする姿が見られる。	・身近な素材に触れ、その感触に親しみながら友達や保育者と一緒に楽しむ。
	内容 ・小麦粉粘土を握ったり、ちぎったり伸ばしたりしてその感触を味わいながら、何かに見立てて自分の思いの形やイメージを表現する。 ・友達や保育者と一緒に作ることを楽しんだり、作ったもので遊んだりする。

第7章
幼児の特徴と指導計画

　この章では、6章と同様に、5章までに学んできたことを活かして、幼児である3歳、4歳、5歳の指導計画案を作成するために必要な「子どもの姿」や「ねらい」「内容」を実際に作成していきます。

　この章の構成は、年齢ごとに2頁ずつの見開きのつくりとなっています。左頁には、年齢ごとの「子どもの育ち」や「保育者の援助や配慮」のポイント、右頁にはワークとして、指導計画案を作成するために参考となる「保育の様子」と①②の設問が記されています。p185に年齢ごとに1枚ずつ使用できる記入用紙を掲載していますので、切り取って実際に作成してみましょう。

　本書に掲載されている教育課程や全体的な計画、各種指導計画、また、この章の「保育の様子」は、すべてが2つの園（おひさま幼稚園、桃の木保育園）の保育を仮定し、連続的に作成されています。そのため、ここでは、おひさま幼稚園の資料p55〜p65、桃の木保育園の資料p88〜p99を参考にしながら、設問に取り組みましょう。

1 3歳児の特徴と保育

ねらい 3歳児の特徴を理解して子どもの姿を捉え、指導計画のねらいや内容を作成しよう。

（1）3歳児の特徴

　3歳児は、依存から自立へと移行するとともに、自我や言葉の発達に伴って自己主張が強くなる時期です。保育所保育指針では、3歳以上児の発達について以下のように記しています。

> 　運動機能の発達により、基本的な動作が一通りできるようになるとともに、基本的な生活習慣もほぼ自立できるようになる。理解する語彙数が急激に増加し、知的興味や関心も高まってくる。仲間と遊び、仲間の中の一人という自覚が生じ、集団的な遊びや協同的な活動も見られるようになる。
> 〔保育所保育指針第2章3（1）ア〕

　3歳児における指導計画を作成する際には、以下の観点を目安にしてみましょう。

【子どもの育ち】（発達に必要な経験内容）
- 様々な遊びに興味をもち、保育者や友達と取り組む中で、体を動かすことの楽しさを感じる。
- 衣服の着脱、食事、排泄など、生活に必要な基本的な活動を自分からしようとする。
- 困ったことやしてほしいことを自分なりの言葉で伝えようとする。
- 遊具や用具などを貸し借りしたり、順番を待ったり交代したりなど、きまりを守って遊ぶ。
- 見たものや感じたものになりきって動く、友達とストーリーに沿って遊ぶことなどを楽しむ。

【保育者の援助や配慮】
- 子どもの活動を見ながら1日の生活の流れを工夫し、動きたい欲求を満たすような場を設定したり、保育者も一緒に体を動かして「気持ち良かった」という満足感を共有したりする。
- 身のまわりの始末や片づけなど、何でも自分でやってみたいという子どもの気持ちを大切にし、活動しやすい場や時間などを確保する。その際には「自分でできる」という実感がもてるようにする。
- 表情や動作で伝えようとする気持ちを丁寧に受け止め、言葉の意味や使い方を具体的に伝えていく。
- 園生活や遊びに必要なきまりや約束事は、保育者との信頼関係や友達への思いをよりどころとしながらも、日々の生活や遊びの経験を繰り返していく中で、必要感を伴って身につくように配慮する。
- なりきって遊ぶ楽しさが十分味わえるよう、素材や衣装などの環境を整える。また、保育者も仲間になって遊ぶことで、一緒に活動する楽しさを味わうことができるようにする。

　3年保育を行っている幼稚園や新入児を受け入れる保育所では、子どもたちのこれまでの生活経験の差が大きく、どのような時期に発達しているかという「発達の過程」の違いが大きい時期であること、また、生活に必要な能力や態度に個人差が生まれることに配慮する必要があります。

（2）3歳児ワーク　おひさま幼稚園・こあら組・2月　「しっぽとり遊びを楽しもう」

　気温が低い日が続いているためか、子どもたちはままごとや積み木、製作など、室内での遊びを楽しむ姿が多く見られるようになってきた。子どもたちは、外で遊んでいる友達の様子も気になっているようだが、寒さから外に出たがらないようである。最近、部屋で遊ぶことの多かったリクト、ユイは、登園時に園庭の水たまりにできた氷を見つけると、それを触ってみたり、持ってみたり、集めたりして楽しむなど、冬の自然の変化に興味をもち、それらを使って遊び出す姿も見られる。

　先週末に、年中きりん組と一緒に弁当を食べたこともあり、子どもたちは年中児に親しみをもつとともに、年中組に進級することに期待をもって生活する姿が見られる。たとえば、ケント、ツヨシ、レン、アイナは、年中児が行っている鬼ごっこに興味をもち、遊びに加わり一緒に遊んでいる。しかし、サナ、ユウトのように、年中児が遊んでいる姿をじっと見ていたり、遊びのルールが理解できず、逃げる年中児と一緒に「キャー」と言いながら走り回ったりしている子どももいる。子どもたちは、保育者や友達など、みんなで一緒に活動することを楽しんだり、異年齢の友達がしていることに興味をもち、自分もやってみたりする姿が見られる。

　園生活をスムーズに行えるようになり、身のまわりのことは自分でできるようになってきている。しかし、マサル、カノンのように、ほかのことに夢中になるあまり、脱いだ衣服や所持品の始末を忘れてしまい、保育者に声をかけられてから始める子どももいる。また、気温の変化に応じて自ら防寒着を着脱するなど、自分で衣服を調節する子どももいるが、ゴウ、ナオのように、防寒着を着たまま部屋で遊ぶなど、まだ衣服の調節がうまくできない子どももいる。

◎部分実習で「しっぽとり遊び」を行うとして、（1）の3歳児の特徴や上の保育の記録、おひさま幼稚園の資料（⤴p55〜65）を参考にしながら、次の①②の課題に取り組みましょう。その際には、巻末のp185の解答用紙を切り取って使いましょう。

①上の保育の記録を基にして、「しっぽとり遊び」に関わる前日までの「子どもの姿」をまとめましょう（5章⤴p106〜109参照）。

②①でまとめた「子どもの姿」につながるように、「ねらい」と「内容」を考えて書きましょう。
　（「ねらい」は、おひさま幼稚園教育課程等を参考にしましょう。）

【図7-①】あれ？！　しっぽが無い！！

【図7-②】しっぽを3本取ったひとはいるかな？

2 4歳児の特徴と保育

ねらい 4歳児の特徴を理解して子どもの姿を捉え、指導計画のねらいや内容を作成しよう。

（1）4歳児の特徴

　4歳児は、友達と一緒に遊ぶ楽しさを味わう中で自己をのびのびと発揮していき、また、葛藤を経験する時期です。保育所保育指針では、3歳以上児の発達の様子を以下のように記しています。

> 　運動機能の発達により、基本的な動作が一通りできるようになるとともに、基本的な生活習慣もほぼ自立できるようになる。理解する語彙数が急激に増加し、知的興味や関心も高まってくる。仲間と遊び、仲間の中の一人という自覚が生じ、集団的な遊びや協同的な活動も見られるようになる。
> 〔保育所保育指針第2章3（1）ア〕

【子どもの育ち】
- 身のまわりのことなどを自分でやろうとする意欲が高まり、基本的生活習慣が身につき始める。
- 身近な人や物、社会と関わり、考えたり試したりする中で体験が広がり、遊びが豊かになる。
- 自分の思いや経験を伝えたり、友達の話を聞いたりしながら友達とのつながりを感じ、楽しむ。
- 友達と遊ぶ中でイメージを共有し、おもしろさ・不思議さ・美しさに気づき、表現することを楽しむ。

【保育者の援助や配慮】
- 基本的生活習慣が身につくよう、一人ひとりに応じて自信につながる言葉かけや援助をしていく。
- 一人ひとりの個性やよさをよく知り、集団生活の中で自信をもって活動していけるよう見守ったり、気持ちに寄り添ったりしながら子どもを受け止めていく。
- 好奇心が広がり様々な物に興味をもって遊びがダイナミックになるが、危険とも思えるような行動も見られるので、子どもの興味の芽を大事にしながらも安全面への配慮を見逃さないようにしていく。
- 子どもの思いを丁寧に聞き、質問や疑問に応えたり、一緒に考えたりしながら子どもの葛藤や内面の育ちの援助をしていく。
- 子ども一人ひとりのイメージが膨らむような音楽、絵本、物語などを選び、表現することの過程を大切にし、喜びを感じられるような環境の工夫をしていく。

　友達を通して自分と友達の考えや行動の違いといったことに気づきながら、自我が形成されていきます。自分以外の人を見たり、逆に自分が見られたりすることから自分の思う通りにはならない気持ちを感じたり、やってよいことと悪いことに気づいたりしていくので、その気持ちに寄り添ったり受け止めたりすることに配慮が必要です。

第7章 幼児の特徴と指導計画

（2）4歳児ワーク　桃の木保育園・ぶどう組・6月　「食事の後から午睡まで」

> 　6月に入り、じめじめと暑くなってきている。最近外遊びを十分にし、体を動かすことが多くなり、食欲も旺盛（おうせい）である。食後は個々に「ごちそうさま」の挨拶をし、食器を片づける。食器の持ち方が不安定な子どももいるが、声をかけられると気をつけて持つことができる。食器の置き場は種類ごとに異なるが、小皿、大皿、お椀、箸と分けて片づけることがスムーズにできるようになってきている。食後の歯磨きでは、先週の虫歯予防デーの時に歯科衛生士さんから歯の磨き方を教えていただき意欲が高まっていて、「磨けた」「見て」と保育者に言いに来る。「ぶくぶくうがい」を丁寧にすることを伝えると、「10回やったよ」「○ちゃん、3回だからもっとやらないと」など、子ども同士で言い合いながら行う。着替えはほぼ一人でできているが、個人差もある。手早く済ませる子どもが多いが、おしゃべりや遊びながらやるため時間がかかる子どももいて、個々の援助が必要である。着替えた子どもから絵本を読んだり、型はめパズルをしたりして遊ぶ。13時10分ごろ片づけをし、排泄を済ませてから、保育室に集まりカーペットの上に座る。歌遊びや手遊びでは、保育者が問いかけ、子どもが応えるようなやりとりのある遊びが好きになってきている。絵本は、今月に入りシリーズものに興味をもち始め、「11匹のねこ」「そらまめくん」など、次の本ではどうなるのかを楽しみにするようになってきている。午睡するホールに移動するため並ぶが、先頭になりたくて室内を走る子どもがいる。保育者がなぜ走るといけないのかを聞くと、「ぶつかるよ」「転ぶとけがをする」と答える。ホールでは、先に3歳児が布団に入っているので、静かに布団に入ることはできるようになってきている。

◎部分実習で「食事の後から午睡まで」を行うとして、（1）の4歳児の特徴や上の保育の記録、桃の木保育園の資料（⤴p88〜99）を参考にしながら、次の①②の課題に取り組みましょう。その際には、巻末のp185の解答用紙を切り取って使いましょう。

①上の保育の記録を基にして、「食事の後から午睡まで」に関わる前日までの「子どもの姿」をまとめましょう（5章⤴p106〜109参照）。

②①でまとめた「子どもの姿」につながるように、「ねらい」と「内容」を考えて書きましょう。（「ねらい」は、桃の木保育園保育課程等を参考にしましょう。）

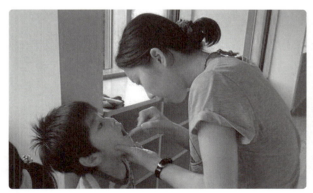
【図7-③】歯磨き上手にできたかな

【図7-④】お布団に入っておやすみなさい

5歳児の特徴と保育

ねらい　5歳児の特徴を理解して子どもの姿を捉え、指導計画のねらいや内容を作成しよう。

（1）5歳児の特徴

　5歳児は、身辺自立がほぼ確立し、友達と協同的な集団活動が展開できるようになる時期です。保育所保育指針では、3歳以上児の発達について以下のように記しています。

> 　運動機能の発達により、基本的な動作が一通りできるようになるとともに、基本的な生活習慣もほぼ自立できるようになる。理解する語彙数が急激に増加し、知的興味や関心も高まってくる。仲間と遊び、仲間の中の一人という自覚が生じ、集団的な遊びや協同的な活動も見られるようになる。
> 〔保育所保育指針第2章3（1）ア〕

　5歳児における指導計画を作成する際には、以下の観点を目安にしてみましょう。

【子どもの育ち】（発達に必要な経験内容）
- 1日の園生活の流れを予測したり、見通したりして自分なりに行動する。
- 様々な環境に積極的に関わり、体を動かしたり、工夫したりして遊ぶ。
- 仲間と力を合わせ、ほかのチームと勝敗を競い合う楽しさや悔しさを味わう。
- 日常生活や遊びの中で必要な文字や数、標識などに関心をもち、進んで使う。
- 考えたことや思ったことなどを相手にわかるように言葉で表現する。
- 友達と共通の目的やイメージをもって、体の動きや言葉などで表現したり演じたりして楽しむ。

【保育者の援助や配慮】
- 前日や当日の朝に1日の予定を知らせたり、週の予定がわかるようにカレンダーなどを掲示したりするなど、自分たちの生活を見通して行動ができるように援助する。
- 体を使った複雑な動きができるようになってくるため、巧技台や大型ブロック、ボールやなわなどの遊具を使った遊びや様々な動きが体験できるような環境となるように工夫する。
- 子どもたち自身の力で対立や葛藤を乗り越え、解決できるよう、その過程を大切にした援助を行う。
- 日常生活や遊びを楽しむ中で、数量や文字に対する関心を広げ、感覚が豊かになるようにする。
- グループで話し合う機会を設け、友達に自分の気持ちや考えをわかるように話すことの大切さに気づけるようにする。また、友達と一緒に遊びや生活を進めていく中で、自分に自信をもち、他者を認める気持ちや態度を育てられるよう配慮する。
- 子ども自身が表現する楽しさを感じたり、イメージを膨らませたりするきっかけとなるような素材や材料、音楽、歌、絵本などを準備しておき、遊びの中で使えるようにしておく。

（2）5歳児ワーク　おひさま幼稚園・ぞう組・2月　「ドッジボール遊びを楽しもう」

　3月の卒園を控え、子どもたちはクラスやグループの友達と遊ぶことを通して、友達のよさを認め合うようになり、みんなで活動に取り組むようになってきた。たとえば、タク、ゴウシ、サラ、リコを中心とした10数名の子どもたちは、どうしたら勝つことができるのかについてチームの仲間と一緒に話し合った後、試合ではお互いに声をかけ合いながら力を合わせてドッジボールを楽しんでいる。ダイト、ススム、ユカ、アオイは、チームの仲間に「こうやったら速い球が投げられるよ」「ボールを増やしてみたら？」「線の大きさを小さくしたら？」など、遊びがよりおもしろくなるような提案をしている。

　また、レン、ライトは、隣のクラスで流行っているコマ回しに興味をもち、自分から友達に回すコツを聞きながら、失敗しても何度も挑戦しようと頑張っている。このように友達同士の関わりが盛んになり、力を合わせたり、ルールを決めたりして、遊びをおもしろくしようと工夫する姿が見られる。

　子どもたちは、園生活の流れも理解できるようになっており、遊びだけではなく当番活動や片づけなどに対しても見通しをもって生活することができるようになってきている。しかし、カイ、ケンタのように当番活動を忘れて遊びに熱中してしまうために、遊びを中断しなければならない子どもや、ハル、カリンのように時間がなくなってしまい、やりたかった遊びができなかったと訴えてくる子どももいる。

◎部分実習で「ドッジボール遊び」を行うとして、（1）の5歳児の特徴や上の保育の記録、おひさま幼稚園の資料（⤴p55～65）を参考にしながら、次の①②の課題に取り組みましょう。その際には、巻末のp185の解答用紙を切り取って使いましょう。

①上の保育の記録を基にして、「ドッジボール遊び」に関わる前日までの「子どもの姿」をまとめましょう（5章⤴p106～109参照）。

②①でまとめた「子どもの姿」につながるように、「ねらい」と「内容」を考えて書きましょう。（「ねらい」は、おひさま幼稚園教育課程を参考にしましょう。）

【図7-⑤】作戦会議をしよう！

【図7-⑥】どうやって巻いたら、うまく回せるの？

7章1～3節（3～5歳児） ワーク解答例

2月　日（　曜日）実施　3歳児　　こあら組　計23名　　実習生名

子どもの姿	ねらい
・気温が低い日が続いており、子どもたちは次第に室内での遊びを楽しむようになってきている。 ・子どもたちは、みんなで一緒に活動することを楽しんだり、異年齢の友達がしていることに興味をもち、自分もやってみたりする姿が見られる。しかし、遊びのルールがわからないなどして、うまく仲間入りできない子どももいる。 ・所持品の始末や衣服の着脱など、身のまわりのことは自分でできるようになってきているが、中にはまだ保育者の援助が必要な子どももいる。	・友達や保育者と一緒に活動することの楽しさを味わう。
	内容
	・簡単なルールのあるしっぽ取り遊びをみんなで楽しむ。 ・戸外で体を思い切り動かして遊ぶ。

6月　日（　曜日）実施　4歳児　　ぶどう組　計28名　　実習生名

子どもの姿	ねらい
・外遊びなど体を十分に動かすことが多くなり、食欲が旺盛になってきている。 ・生活の流れがわかり、おおよその身のまわりの生活習慣が身についており、保育者の声かけや見守りがあることで一つひとつ最後まで自分で行えるようになってきている。 ・絵本の物語からイメージを膨らませていくことが楽しくなり、物語の展開を楽しみにするようになってきている。	・食後の生活の流れや仕方がわかり、一つひとつの生活習慣を進め、心地よい生活をする。 ・友達や保育者と一緒に絵本の世界を楽しみながら、個々に想像をめぐらす。
	内容
	・保育者に見守られながら、自ら一つひとつの生活習慣を丁寧に行っていく。 ・シリーズの絵本に親しみ、友達と一緒に興味をもって聞き、想像する楽しさを味わう。

2月　日（　曜日）実施　5歳児　　ぞう組　計35名　　実習生名

子どもの姿	ねらい
・3月の卒園を控え、子どもたちは友達のよさを認め合うようになり、みんなで活動に取り組むようになってきている。最近では、ドッジボール遊びやコマ遊びがどうしたらおもしろくなるかについて仲間と話し合うなど、工夫して遊んでいる姿が見られる。 ・子どもたちは園生活の流れを理解し、見通しをもって生活することができるようになってきている。しかし、中には遊びに熱中してしまったり、時間がなくなってしまったりするなど、まだ見通しをもつことができない子どももいる。	・仲間と共通の目的をもち、やり遂げることの達成感を味わう。
	内容
	・友達と協力したり、工夫したりしながら、一緒にドッジボール遊びを楽しむ。 ・友達のよさを認め合い、共通の目的に向かって積極的に行動する。

第8章
保育の実践と評価

　保育における評価というと、保育内容に優劣をつけたり、誰かと比較して成績をつけてランク付けしたりするような印象をもつかもしれませんが、決してそうではありません。子どもたちへのふさわしい保育を継続していくためには、実践した保育を見つめ直し、工夫や改善を見いだすことが大切になります。そのために保育の評価を行うことが求められます。

　保育の評価には、自らの保育を振り返る自己評価、人の保育を客観的に振り返る他者評価、そして、幼稚園や保育所、認定こども園で育ってきた子どもの発達の過程や姿を振り返る評価として要録、さらに幼稚園・保育所、認定こども園の保育実践の評価などがあります。この章では、保育の評価のあり方と方法について基本的な考え方を理解した上で、指導案に基づいた実践から具体的な評価の仕方について、体験しながら学んでいきます。

1 保育の評価

ねらい 保育実践を振り返ることが保育の質の向上につながることを理解しよう。

（1）保育実践の評価のあり方

　保育実践を振り返ることについて、倉橋惣三は、「育ての心」[1]の中で、保育者の心情を次のように述べています。

> 子どもらが帰った後　　　　　　　　　　　　倉橋惣三
>
> 子どもが帰った後、その日の保育が済んで、まずほっとするのはひと時。
> 大切なのはそれからである。
> 子どもと一緒にいる間は、自分のしていることを反省したり、考えたりする暇はない。
> 子どもの中に入り込みきって、心に一寸の隙間も残らない。
> ただ一心不乱。
> 子どもが帰った後で、朝からのいろいろなことが思い返される。
> われながら、はっと顔の赤くなることもある。
> しまったと急に冷汗の流れ出ることもある。
> ああ済まないことをしたと、その子の顔が見えてくることもある。
> 　一体保育は…。一体私は…。
> とまで思い込まれることも屢々である。
> 大切なのは此の時である。
> 此の反省を重ねている人だけが、真の保育者になれる。
> 翌日は一歩進んだ保育者として、再び子どもの方へ入り込んでいけるから。
>
> 　　　　　　　　　　　　　　　　　　　　　　　　　　　「育ての心」より[1]

　これは約80年も前に書かれたにも関わらず、現代でも変わらず、保育の実践の後には自らを振り返り評価をすることが保育者にとって大事であると伝えてくれています。保育を実践するということは、常に自らを律しながら謙虚な姿勢で行わなければならず、振り返りは自分を成長させてくれる最良の方法であると教えてくれています。

　現在、実際に幼稚園や保育所では、評価についてどのように考えられているのでしょうか。幼稚園教育要領第1章第4－2指導計画作成上の基本的事項においては、『幼児の実態及び幼児を取り巻く状況の変化などに即して指導の過程についての評価を適切に行い、常に指導計画の改善を図るものとする。』とし、評価は幼児の発達の理解と教師の指導の改善という両面から行うことが示されています。また、保育所保育指針第1章3（3）指導計画の展開において、『（エ）保育士等は、子どもの実

1）　倉橋惣三『倉橋惣三選集　第三巻』フレーベル館、1965年、p51

第8章 保育の実践と評価

態や子どもを取り巻く状況の変化などに即して保育の過程を記録するとともに、これらを踏まえ、指導計画に基づく保育の内容の見直しを行い、改善を図ること。』とし、自らの保育実践と子どもの育ちを振り返り、次の保育に向けて改善を図っていくことが示されています。

（2）評価の考え方とPDCAサイクル

　保育とは、「計画した内容を実践し、日々の実践したことを振り返り評価した上で、保育の内容や方法、環境援助などを改善し、また計画を立て直し、保育を実践していく」ということの繰り返しです。この"計画→実践→評価→改善されていく"という繰り返しが、保育の循環作用であり、この循環作用を丁寧に行っていくことで保育の質を向上させることができます。頭の中で考え計画したことは仮説であり、どんなに綿密に考えてあっても、実際に行ってみると計画通りにはいきません。必ずそこにずれが出てきます。その出てきたずれは何であったのか、どう考えるべきであったのか、ということを計画と実際の両面から考えることが大切になります。ずれがあったためにうまくできなかった、思うように進められなかったという評価が出てきます。また、計画した通りに実践できた点や、活動がスムーズだったなど良かった点もあるはずです。それはなぜうまくいったのか、偶然うまくいったのかもしれませんし、計画が子どもの実態とおおよそ一致していたのかもしれません。どのような状況に対しても、子どもの実態は日々変化していることを頭に置き、現状を踏まえて今後はどのようにしていけばよいのかという改善案を考えなくてはなりません。評価をしていくということは、自分の計画した保育実践の経過を省みて意味づけしていくことです。失敗点だけではなく次の保育に向けての課題を見いだし、改善案を考えておくことで次の計画が立てやすくなります。保育の実践者としての主観的な感想だけでなく、客観的な視点をもって自分のものの見方や考え方を検証していくことが大事です。これらを行っていくことが上述した保育の循環作用であり、これをPDCAサイクルの考え方に当てはめることができます。PDCAサイクルは循環的なシステムのモデル、つまり物事の行動の過程を意味し、P(Plan)計画、D(Do)実践、C(Check)評価、A(Action)改善、から成り立っています。これらを繰り返し行うことは保育のPDCAサイクルといわれ、この一連の流れは、保育者個人で行うものと、園として目標達成に向けて組織的に行うものどちらにも当てはまります。保育の計画→実践→評価→改善の一連の流れを保育のPDCAサイクルに重ねたものが【図8-①】です。

P(Plan)計画
　子どもの実態を把握し、具体的なねらいや内容を考え、環境構成や保育者の援助・配慮の考え方をまとめる。

D(Do)実践
　立てた計画に基づいて事前準備をし、保育活動を展開する。

A(Action)改善
　評価したことから次の課題を見いだし、それらを改善し、次の保育につなげていく。

C(Check)評価
　計画した保育と実践した保育を振り返り、反省・評価をする。
　指導計画と子どもの育ちのずれを修正する。

【図8-①】保育のPDCAサイクル

memo

155

2 指導計画と教育課程・全体的な計画の評価

ねらい 評価の種類を知り、教育課程・全体的な計画から具現化された指導計画の評価の方法を理解しよう。

(1) 評価の種類と方法

　幼稚園や保育所、認定こども園では、様々な遊びや生活の体験を通し、子どもの健やかな育ちの支援や就学前教育の充実をめざしています。その実現のために、幼稚園や保育所等において、よりよい保育を展開していくことができるよう保育者に対する研修を行います。また、園で行われた保育活動に対する評価をし、保育の質の向上を図っていきます。保育の評価には、個々の保育者が行う保育実践の評価や園組織として行う園内の保育に関わる自己評価と、園外の人による客観的視点からの外部評価があります。評価の項目は、園内で行われている保育の計画から実践の経過と、施設条件や保育環境、園内の協働の仕組み、地域や保護者との連携の推進などであり、保育の質を検証していく材料といえます。それらを公表することが、保育の公共性を保つ方法の一つであり、園がアカウンタビリティ（説明責任）を果たしていくことにもなります。また、評価の中には小学校へ送付する**要録**★1というものもあります（⇒p156、160～161）。

【図8-③】幼稚園幼児指導要録（上）と保育所児童保育要録（下）の参考様式

幼稚園で行われている評価は、自己評価や**学校関係者評価**[★2]です。公私立に関わらず、幼稚園は学校という教育機関として、地域における公共性・安定性・継続性が確保された公教育を担保していかなければなりません。その上で、幼稚園教育要領に基づいた、環境を通した教育を展開していく必要があります。公教育と環境を通した教育を確実に継続していけるように、常に園内の教育に関わることをマクロとミクロの視点から見直していくことが大事です。

保育所や認定こども園で行われている評価は、自己評価と**第三者評価**[★3]です。保育所保育は、保育所保育指針に基づき、養護及び教育が一体となって保育を展開していくことになっています。また、保育所は、児童福祉施設として子どもの最善の利益を図りつつ、就学前教育と地域や保護者の子育て支援を担っていく場です。そのことから子どもを保護し教育する保育の視点と、福祉サービスとして地域や保護者との連携の推進という視点からの評価が必要になります。

幼稚園・保育所等における評価の流れは【図8-②】のようになっています。園で編成する教育課程・全体的な計画は、幼稚園教育要領・保育所保育指針等に基づき保育の目標を設定し、地域や子どもの実態、園の教育・保育の方針、保育環境や施設条件などを踏まえて構成されています。それらを具体的に表したものが指導計画であり、保育の実践をしていくための計画案となります。そして保育の実践がなされ、子どもの育ちはどのようなものであったか、保育の環境はどうであったか、教育課程・全体的な計画や指導計画に示された目標やねらい、援助や配慮の考え方、環境などの計画の構成段階から実践までの経過は相応しかったのかを振り返っていくことを園内の自己評価として行っていきます。

外部評価は、園内の評価である自己評価に対して、外部の人が評価基準にのっとり、園の保育の質を評価していきます。外部評価を行うことで、質の高い保育を考えるきっかけや、環境や施設についての見落としの点検、公共性や社会的信頼性の確認と確保、園の独自性と園内の努力の客観的評価による保育者・職員のモチベーションの向上などにつながります。外部評価の結果から明確化した課題に対し、園内で意見交換などをして改善していくことが最も大事なことです。この外部評価を定期的に行い、地域や保護者に結果を公表していくことが求められています。

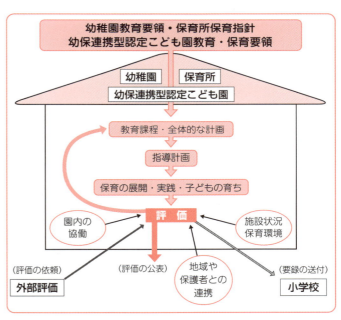

【図8-②】評価の流れ（認定こども園も同様です。）

★1 「幼稚園幼児指導要録」「保育所児童保育要録」「幼保連携型認定こども園園児指導要録」の三種がある。
★2 学校関係者評価…幼稚園などの学校が行った自己評価に基づいて、保護者や地域住民など、学校と関係が深い方が客観的な立場から行う評価。
★3 第三者評価…保育所などの福祉事業者が提供する福祉サービスの質を、公正、中立な第三者機関が、専門的で客観的な立場から行う評価。

（2）指導計画の評価の実際

　保育の質の向上を図るために、自身の保育の実践を振り返ることが不可欠であることは、すでに説明をしました。保育者がその日に行った保育を思い出し、子どもの生活や遊び、行為の一つずつの意味と自身の関わり方について省察を行っていくことが大事です。そのために、行った保育の記録をすることが必要になります。保育記録は、あったことを羅列するのではなく、子どもの活動や行為を通して自身が子どもの育ちをどのように見ているのか、自身の関わりは本当にそれでよかったのか、また、その関わりが子どもにどのように反映されたのか、など振

【図8-④】保育者同士での話し合い

り返ることができる内容になるとよいでしょう。子どもに点数をつけ、善しあしを評価するのではなく、保育者が日々生活を振り返り、その中で気になったこと、成長を感じたこと、子どもの発言やトラブルなども記しておきます。この記録が評価の一つとなり、子どもの育ちについての理解が深まり、子どもの実態把握や援助・配慮の考え方を見いだすために役立ちます。保育の記録は、指導計画そのものの評価ではなく、保育を計画、実施する時の方向性を見極めるための材料といえます。この記録を基にして指導計画を立案していきます。

　指導計画の評価は、①指導計画の構成と実践に対する評価と、②指導計画立案の仕方から実践を終えるまでの経過に対する評価があります。①は、指導計画を構成・実践するために子どもの育ちや実態についての理解が適切であったか、ねらいや内容、環境、保育者の援助・配慮などが子どもにとって相応しかったかなどの指導計画と実践の関係性を考察することです。②は、指導計画と実際の保育のずれをどのように考えるのか、そのずれを次の計画と実践にどのように生かすのかという、計画と実践の経過に視点を置いて評価し、指導計画立案の仕方の見直しをしていくことです。

　指導計画の評価は個々の保育者が行う一方で、同僚の保育者と協働して、実践の評価をしていくことが大切です。当事者の視点だけではなく他者の視点も交えて、記録を読み合うことや話し合うことで、独善性に陥ることなく新たな発見を得ることになります。このような積み重ねをすることが、保育の質の向上や園内のさらなる協働につながります。また、日々の保育について保護者に報告し、保護者からの意見に耳を傾けていくことも有効な評価の一つと考えていきます。

memo

(3) 教育課程・全体的な計画の評価

　前述した指導計画の評価は、日々の評価→週（短期指導計画）の評価→月・期・年（長期指導計画）の評価からなり、それらを踏まえて教育課程・全体的な計画の評価をしていきます。教育課程・全体的な計画は毎年すべてを作成し直すわけではありませんが、子どもや保護者の実態の変化と保育実践との関係の中で評価し、見直していきます。その主な評価の項目は、①園の方針や保育者等の協働、②子どもの育ちと実態、③地域や保護者の実態や協働になります。

①園の方針や保育者等の協働の評価

　保育者自身が自分たちの園の保育を見直していきます。園の方針や目標が現在の子どもの実態に即しているのか、また保育の方法や形態はどうであるのかを園の組織の一員であることを自覚し、保育者等、また職員全員で検討しながら、園の理念と合致させていくことが必要です。

②子どもの育ちと実態の評価

　子どもの育ちの実態と教育課程・全体的な計画の内容と、入園から就学前までの育ちを総合的に比較・検証しながら評価をしていきます。また、園の行事や日々の保育の中で子どもたちはどのように感じ過ごしているかということを子どもの目線・立場から見ていくことが大事です。指導計画の評価と異なり、在園期間を見通して子どもの育ちを概括していくことが必要です。

③地域や保護者の実態や協働の評価

　地域や保護者の声に耳を傾けながらその実態を把握して、家庭支援や子育て支援に対する必要な支援を行っているか、また、園への要望を受け止める体制を推進しているのかなどを検証していきます。子どもを中心として、園と保護者が意見を述べ合えるような体制を構築して、評価の結果を教育課程・全体的な計画に反映していけることが大事になります。

　これらの評価を毎年度行っていくことで、保育者・職員全員の共通理解が深まり、園の方針や保育目標といった理念との乖離がなく、整合性が図られた教育課程・全体的な計画を保つことができるといえます。

memo

3 幼稚園・保育所・認定こども園の要録の理解

ねらい 子どもの育ちを支えるための資料としての要録について理解しよう。

(1) 子どもの育ちの理解としての要録

　幼稚園や保育所、認定こども園における各要録は、就学前の子ども一人ひとりの生活や遊びを小学校に伝えることで子どもの理解を図り、滑らかに小学校生活へとつなげていこうという考えから位置づけられています。子どもの評価といっても、子どもの比較や点数化をするわけではなく、幼稚園や保育所、認定こども園における子どもの育ちの過程を的確に記録し、就学する小学校に伝えていくことが求められています。

　幼稚園における幼稚園幼児指導要録は学校教育法施行規則第28条に定められた公簿であり、「学籍に関する記録」と「指導に関する記録」の原簿としての役割があり、どこの幼稚園においても必ず備えているものです。指導要録は幼稚園に在籍する一人ひとりの子どもにあり、その子どもの在籍記録としての機能、及び在園中の発達の状況やその子どもにとって教育課程がどのように反映しているかという幼児教育の記録としての機能があり、年度ごとに記載されるものです。一方、保育要録は、2008年に告示された保育所保育指針で初めて示されました。保育所における子どもの育ちを小学校教育へとつなげられるように、子どもが生活してきた発達の軌道と簡潔にまとめられた保育の記録を就学前年度に記載します。様式は、厚生労働省から示された参考例を基に、各市町村が地域性を生かして独自に作成します。また、2009年の文部科学省・厚生労働省通知により、認定こども園にも同様に、認定こども園こども要録の作成が求められました（2018年から幼保連携型認定こども園においては「幼保連携型認定こども園園児指導要録」）。

　幼稚園教育要領、保育所保育指針、幼保連携型認定こども園教育・保育要領の改訂・改定にともない、2018年3月に要録についても文部科学省、厚生労働省、内閣府において改善等の通知があり、要録の様式や参考例が整理されました。三府省共通の考え方として要録は、子どもの教育・保育の過程やその結果を記録し、子どもの育ちを支える資料となるものです。これまでの記入の考え方を引き継ぐとともに、小学校以降における児童の指導に生かされるよう「幼児期の終わりまでに育ってほしい姿」を活用して幼児に育まれている資質・能力を捉え、指導の過程と育ちつつある姿をわかりやすく記入することに留意しなければなりません。

(2) 要録に記載する内容

　要録に記載されることは、すべて子どもに関する個人情報であることを理解しておきましょう。また、子どもの保護者からの開示の請求に応じることになっていますので、不透明な記載は誤解を招くことになるため、記載の内容や取り扱いに十分に配慮しなくてはなりません。

　幼稚園・保育所等の要録の中心となる内容として、幼稚園の指導に関する記録の発達を捉える視点と、保育所の発達を捉える視点で示されている五つの領域の中のそれぞれの項目は共通となっています。幼稚園の要録には、氏名や生年月日、在籍年数等のほか、指導の重点（学年の重点と個人の重

第8章 保育の実践と評価

点）や、指導上参考となる事項、備考（預かり保育などの記録）を年度ごとに記載し、幼児期の終わりまでに育ってほしい姿を踏まえた最終学年の指導に関する記録をまとめます。保育所の要録には氏名や生年月日、保育年数等のほか、養護及び教育が一体的に展開されていることを念頭に置き、保育の展開と子どもの育ちに関する事項（養護に関する事項を含む）、最終年度の重点、個人の重点などを記載します。そして、幼稚園と同様に育ってほしい姿を踏まえた最終年度に至るまでの育ちに関する事項をまとめます。それぞれの項目は簡潔明瞭に記載することが求められています。記載においては、指導計画の評価で示した保育の記録を参考にします。

（3）要録の活用

　乳幼児期から学童期へと流れていく中で、幼稚園や保育所等、そして小学校へと、通う施設の変化はありますが、子どもの育ちや発達に区切りはありません。通う施設によって子どもの育ちの方向が変わってしまうことのないよう、保育者と小学校教諭が子どもを見る方向性をおおよそ同じにするために要録を活用します。要録により、小学校教諭が入学直後でもその子どもの個性や配慮事項を事前に理解できているので、子どもは滑らかに小学校生活に臨めます。保護者も、自分では伝えきれないような子どもの発達状況や配慮事項を就学先の小学校に的確に伝えてもらえる安心感があります。小学校教諭にとっては、入学してくる子ども一人ひとりの情報があることで学級編成や学習環境を整えるための参考にしたり、個々への対応を考えやすくしたりする資料となります。また、このような要録をしっかり考えて記入することは、保育者にとっても個々の子どもの成長・発達の経過から援助の継続性や整合性などを振り返ることができます。それは、自身の保育の振り返りにつながり、保育の質を向上することになっていきます。要録が小学校教諭に十分活用されるよう、子ども一人ひとりのよさをしっかり見て的確に把握した内容を、伝わりやすく書く力をつける必要があります。

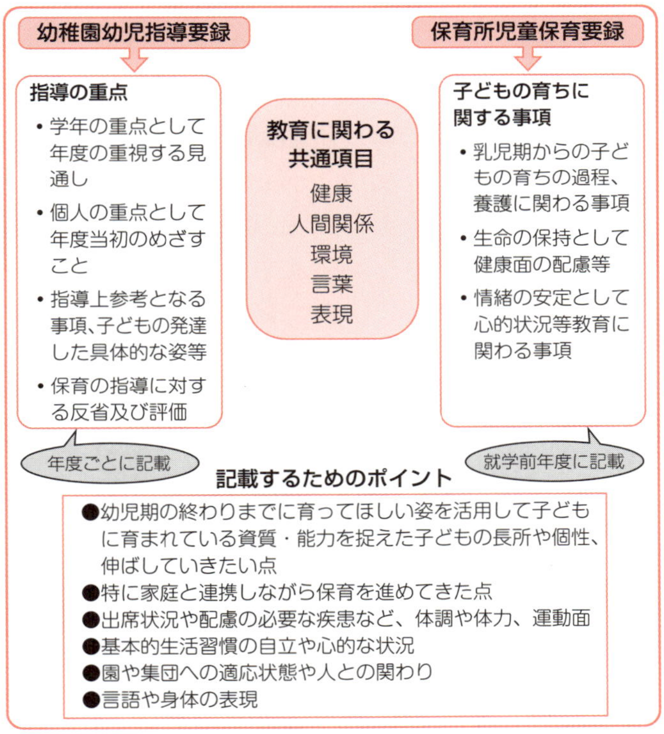

【図8-⑤】要録の記載内容（幼保の良さを合わせもつ認定こども園も同様です。）

memo

4 実践評価のワーク

ねらい 作成した指導計画を基に、友達と実践練習をして評価をしてみましょう。

（1）指導計画立案からの実践・評価へ

　指導計画を作成したら幼稚園や保育所で実践することが大事です。実践することで、自身の指導計画について振り返ることができます。また、幼稚園や保育所の保育において子どもの育ちの一部分を担うことの責任を感じることができるはずです。まずは、養成校内で学生を子どもに見立てて、下記に示す図のように、グループで実践評価の練習をしてみましょう。保育者役と子ども役の両方の立場を体験することで計画、実践、評価の理解につながります。

【実践評価練習の方法と流れ】

①指導計画を作成する。 ┐
②事前準備を行う。　　 ┘ ― 個人で進めること

事前準備の仕方
1. 使う教材を用意する。
2. 自分が保育者として子どもとどのように向き合うのか、人的空間的な環境の確認をする。
3. 導入から展開に向けての説明の仕方など、言動や行動を考えながら練習をする。
4. 子どもとのやりとりの予想をする。
5. どのように終わらせていくのかまとめを考える。
6. 実践する全体の時間を決めて計る。
7. 指導計画とすべての教材を再確認する。

③4名程度のグループを作る。保育者役になる順番を決める。 ┐
④保育者役以外は子ども役になる。　　　　　　　　　　　　├ グループで進めること
⑤保育者役は指導案に沿って実践する。　　　　　　　　　　┘

実践の留意事項
1. 子どもへの導入となる最初の言葉かけと保育者としての自分の立ち位置を確認してから始める。
2. 計画通りに進めることに専念し過ぎず、子どもの声を聞いて対応しながら進めていく。
3. 全体を見渡しながらみんなが参加できるようにする。
4. 活動の盛り上がりを大切に、十分に活動を楽しむ。
5. 活動のまとめをして、みんなで楽しかったことを共有して終わる。

⑥実践後、保育者役の学生は実践を振り返り、反省事項をメモする。 ┐
⑦子ども役は保育者役が作成した指導案を見て、コメントシートを作　│
　成する（他者評価）。　　　　　　　　　　　　　　　　　　　　　├ 個人で進めること
⑧子ども役の学生全員からコメントシートをもらい、自分の省察事項　│
　と重ねて評価をし、指導案の改善をしていく（自己評価）。　　　　┘

第8章 保育の実践と評価

（2）自己評価の考え方と方法

　自己評価は、指導計画と自分の保育の言動や行動の両面から振り返り、うまくいかなかったことを改めたり、うまくいったことを確認したりすることです。指導計画で示したことは仮説であり、実際とずれが出てくるのはいうまでもありません。どこがうまくいかなかったのか、そしてそれはなぜなのかという結果と原因を挙げて、次にそれをどのように改善するのか、さらにそのためには何をしていけば改善につながるのか、ということを具体的に考えていきます。うまくいったことに対しても、次に行う時にはさらにどのように改善していけばよいのかということを考えていきます。次の例は、部分実習でフルーツバスケットをした際、フルーツのカードを配る場面についての自己評価の一部分です。例1と例2の違いを見てみましょう。

【例1】
> カードを配る場面がうまくいきませんでした。次からはうまくいくよう、子どもは座らせてカードを配ろうと思います。

　例1では、なぜカードを配ることがうまくいかなかったのか、改善するために何をすればよいのかということがわかりません。そこで、例2のように評価をし直しました。

【例2】
> カードを配る場面がうまくいきませんでした。子どもたちが椅子に座っていた方が説明しやすく、配りやすいということまで考えられませんでした。それは計画時に子どもの姿の理解が足りなかったからです。子どもの行動の仕方一つひとつを詳細に予測して考えるべきでした。それらを考えることで、必要な援助や配慮が見えてくるのだと思います。次は子どもの姿をもっとていねいに捉えて、発達も視野に入れて計画を立てていこうと思いました。

　例2では、自分の行った実践に対して、上手くいったこと、いかなかったこと等を客観的に一つずつ振り返りながらその理由を考えていくことで、今後の課題がわかりやすく示されました。
　次に、実習や実践練習において自己評価を考える時の目安としての項目を確認しましょう。

①子どもの姿について

　子どもの姿として指導計画作成時のクラスの子どもの実態を的確に把握し、それに基づき指導案全体の流れを考えられたか、見直すべき点などについて振り返り、評価します。
　1　指導計画作成時に子どもの姿をどのように捉えて書いたか。
　2　実際の子どもの姿は自分が捉えた姿とずれがなかったか。

memo

163

②ねらい・内容について

ねらいや内容が示された子どもの実態と子どもの興味の方向性、年齢的発達、保育者の願いから見て、ずれがなかったか、見直すべき点などについて評価します。

1. 子どもの姿を軸として、ねらいや内容を考えられたか。
2. ねらいには、子どもに経験してほしい保育者の願いが具体的に込められていたか。
3. 子どもの経験や興味・関心に沿った実現可能な内容であったか。
4. 子どもの年齢や発達、また季節に応じた内容であったか。

③時間・環境の構成について

実践にあたり、時間や環境構成に対し活動しやすさを意識して立案したか、時間や環境構成に沿って活動を進められたか、またそこには無理はなかったか、見直すべき点などについて評価します。

1. 時間の見通しがきちんともてていたか。
2. 子どもの活動がしやすい時間配分であったか。
3. 教材の事前準備、人的空間的な環境の設定、自身の立ち位置など考えた通り行えたか。

④予想される子どもの姿や保育者の援助・配慮について

子どもの活動の予想や保育者の援助・配慮は丁寧にされていたか、また立案した計画が実状況に沿っていたか、見直すべき点などについて評価します。

1. 計画した活動に足りない部分はなかったか。
2. 遊びや活動の導入・展開・まとめを考えられていたか。
3. 予想される子どもの活動や保育者の援助・配慮が、単に動きや言動の羅列になっていなかったか。
4. 子どものやってみたい気持ちを高め、楽しい活動となるような子どもの興味・関心に沿った援助や配慮が考えられていたか。
5. 実践していく中で、子どもと気持ちを合わせて楽しくできたか。

⑤その他

指導案計画を考えたり、実践する中で気づいたり学んだりしたことや、考えたこと、見直すべきこと、今後の工夫や改善点をまとめて記します。

memo

第8章 保育の実践と評価

1　計画段階で難しいと感じたことはどのようなところか。
2　実践してみて足りないと感じた自分の力は何か。
3　今回の実践から今後の工夫や改善点、課題は何か。

　保育は、指導計画通りに保育が展開できたからそれでよいというわけでありません。実践後に自分の作成した指導計画を見ながら自分の保育の振り返りを丁寧に行い、改善していくことが大事です。

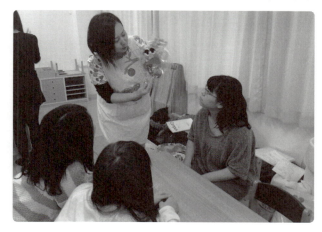

保育者役「今日はみんなでビニール
　　　　おばけを作ります」
子ども役「おばけの顔おもしろいね」

子ども役「先生、どうやって貼るの？」
保育者役「ここを押さえながらテープ
　　　　を貼るのよ」

【図8-⑥】学生による模擬保育の様子

（3）他者評価の考え方と方法

　ほかの人の保育実践を見て互いに評価したりされたりすることで、自己の見方や考え方を絶対視することなく視野を広げていくことにつなげることができます。実践評価のワークを通して、友達の保育の良かったことや工夫したことを認めていくことと同時に、改善した方がよい点を見いだしアドバイスを自分なりに行っていくことで、保育の善しあしを見極めていく目がもてるようになり、自分の保育の実践力や自己評価をする力がついていきます。次のコメントシートの書き方を読み、実際に確認してみましょう。

【コメントシートの書き方】

> 1．子どもの立場での視点と、保育者としての実践に対する視点から客観的に記す。
> 2．指導計画における必要事項や、保育の全体像が示されているかを確認する。
> 3．事前準備（下準備や教材準備）は万全であったかを記す。
> 4．実際の活動に対する評価と、保育者としての環境（場・時間・雰囲気）づくりについて記す。

【コメントシートの例】

（　　）歳児指導案（　　　　　　　　　　）さんへのコメント

＊①②のどちらかに○をつけてください。　　（　　）月（　　）日　名前＿＿＿＿＿＿＿＿

Ⅰ 指導案は必要事項が書かれていたか	①書かれていた　　　　　（　　） ②不十分なところがあった　（　　）	Ⅱ 内容は年齢にあっていたか	①年齢にあっていた　　　　（　　） ②年齢にあっていなかった　（　　）
Ⅲ 教材準備はなされていたか	①すべてそろえられていた　（　　） ②足りないものがあった　　（　　）	Ⅳ 手順良くスムーズに進められていたか	①手順を考え進められていた（　　） ②うまく進められていなかった（　　）
Ⅴ 声の大きさが良く、はっきりとした話し方だったか	①声の大きさ、話し方が良かった（　　） ②声が小さい、またははっきりした話し方ではなかった（　　）	Ⅵ 子どもにわかりやすい説明の仕方であったか	①わかりやすかった　（　　） ②わかりにくかった　（　　）
Ⅶ 導入はきちんと考えられていたか	①考えられていた　（　　） ②わかりにくかった　（　　）	Ⅷ 展開が盛り上がったか	①盛り上がった　　　　（　　） ②盛り上がりに欠けていた（　　）
Ⅸ まとめができていたか	①まとめができていた　（　　） ②わかりにくかった　　（　　）	Ⅹ 子どもが楽しめる内容であったか	①楽しめる内容であった（　　） ②工夫が必要であった　（　　）
良かった点 工夫していた点 悪かった点や改善や工夫が必要な点 その他アドバイスなど			

memo

やってみよう2
幼稚園・保育所の全日の指導計画

　先のやってみよう1で、みなさんは部分指導計画の作成の仕方を学び、指導計画が教育課程や全体的な計画に基づいて、その日の保育のねらいや内容に沿った保育者の考え方を示すことを理解したことと思います。

　しかし、幼稚園や保育所の実習では部分実習だけを行うのではありません。全日の責任実習を行うことを求められることもあります。全日の指導計画は、部分指導計画の作成の方法と基本的には同様ですが、より時間の配分や環境の構成を考え、前日までの子どもの姿をしっかり把握し、1日の流れに沿って見通しを立てて作成しなければなりません。本章は「やってみよう2」として、幼稚園・保育所の全日の指導計画の作成方法について実践的に学んでいけるまとめのワークとなっています。

　そこで、ここまでに学んできたことをすべて振り返りながら、実際に全日の指導計画を作成してみましょう。

やってみよう2の取り組み方

1 p191～の記入用紙を切り取って準備する。
　※練習する場合などはコピーして使ってもよい。

2 次の必要な資料を読んで確認する。
　1節　おひさま幼稚園の場合
　　・おひさま幼稚園 3歳児 こあら組 10月27日（火）の保育の様子（p169）
　　・おひさま幼稚園資料1～7（p55～p65）
　2節　桃の木保育園の場合
　　・桃の木保育園 4歳児 ぶどう組 6月22日（月）の保育の様子（p172）
　　・桃の木保育園資料1～9（p88～p99）

3 ①～④の手順に沿って、それぞれポイントを確認する。

4 **2** で示す資料から必要とする事柄を読み取って考え、指導計画の項目に書き込む。

5 すべて書き終えたら、間違いはないか、書き漏らしはないか確認する。

6 **1**～**5** まで終えたら、後ろにある参考用の解答例と自分が作成した指導計画の内容を比べる。

幼稚園の全日の指導計画を書いてみよう

ねらい 幼稚園の1日を知り、全日の指導計画を理解しよう。

（1）幼稚園の全日の指導計画を作成するために

　幼稚園の教育方針や教育課程・指導計画（年間・月・週）を踏まえた上で、園児の年齢や主体的に活動するための様々な環境を考慮し、1日の保育を示していきます。そのため、1日の保育（登園から降園まで）の中にどのような活動があるのか、その活動のねらいは何かということ、つまりその幼稚園で大切に考えている保育についての理解を深めておかないといけません。また、活動を組み立てる時は、静的な活動と動的な活動・個と集団というバランスを考えていくことが重要です。一つひとつの活動がバランスよくつながっていくよう1日の保育をデザインし、その日の全体像が見えるようにしていきます。

　それでは、教育課程や指導計画（年間・月・週）をどのように踏まえればよいのかを、おひさま幼稚園・3歳児こあら組を例にして見ていきましょう。おひさま幼稚園では3年保育の教育課程において3歳児後期の目標を示しています。その教育課程を受けて3歳児の年間指導計画においても保育の年間目標が示されています。さらに10月の月案、10月4週の週案では、年間指導計画を受けてねらいや内容が考えられ、より具体的な表現で示されています。

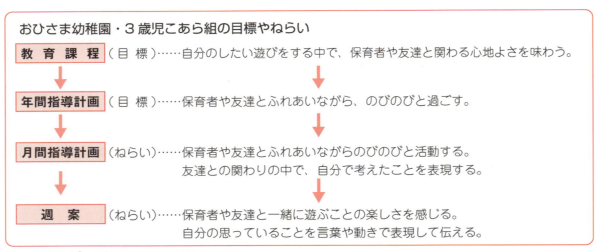

【図まとめ－①】3歳児こあら組の目標やねらい

　上図から、教育課程から年間指導計画、月間指導計画、週案と保育がつながっていることが確認できるでしょう。この流れを大事にして、全日の指導計画の中に反映させながら考えていきます。特に週案の中で考えられているねらいや内容を生かしながら、次のワーク①で、幼児がやってみたいと思えるような生活を考えて、全日の指導計画を作成してみましょう。

（2）ワーク①　幼稚園の全日の指導計画

　次の資料は、おひさま幼稚園3歳児こあら組の10月27日（火）の1日の保育の様子です。こちら

やってみよう2　幼稚園・保育所の全日の指導計画

とp55～65の資料を基にして、続く①～④の流れに沿って記入のポイントを確認しながら、次の日の**10月28日（水）の全日の指導計画**をp191～の記入用の指導計画を使って作成してみましょう。
＊立案の詳しい考え方は、それぞれ該当する5章指導計画の作成の基本とその方法の頁を参照してください。

10月27日（火）の1日の保育の様子

　風邪などで体調不良の子どもが数名いるが、ほとんどの子どもが元気いっぱいで登園してくる。運動会が終わり、安定して幼稚園生活が送れるようになってきている。
　1番バスで登園してきた、エイタ、キョウスケ、コウタが走って保育室に入ってきて、「先生、どんぐり見つけた」と言って、握っていたどんぐりを見せてくれる。「バスの駐車場のところに落ちていた」と教えてくれる。「今日みんなが来たらどんぐり拾おうね」と言うと、「やったー」と声を上げる。朝の支度ができた子どもから園庭や保育室のままごとや積み木のコーナーで遊ぶが、支度をせずにうろうろと遊びの様子を見ている子どもや、かばんを持ったまま遊び出す子どももいる。その子どもに応じて声をかけたり、支度を少し手伝ったりすることで、朝の支度はできるようにはなってきている。帽子をかぶらずに園庭に飛び出していったマサルが、「帽子忘れた」と気づいて戻ってくる。「よく気がついたね」と言いながら帽子を手渡すと、嬉しそうに帽子をかぶる。外では年中さんがリレーごっこをしていて、そこに数名入れてもらっている。運動会で電車に見立てたカートを出しておいたので、カートに人や物をのせて遊ぶ子どももいる。
　片づけをして外で全体朝礼に参加する。今日のリズム体操は、運動会で年長さんが踊ったみんなが大好きな「かいぞく体操」だったので、それぞれが鳴子を持ち、楽しんで踊っている。朝礼後、一度保育室に入り朝のつどいを行う。「どんぐりころころ」の歌に振りをつけたので、歌いながら踊る。今朝リョウたちがどんぐりを車庫で見つけた話をして、どんぐりをみんなに見せてもらう。子どもたちが一斉に、「いいな」「ほしい」と言う。先週お菓子の箱で作ったポシェットを持ってどんぐり探し探検隊になり、どんぐりを探しに外に出る。
　バスの車庫付近には2種類のどんぐりの実が落ちている。小枝についたまま落ちた実もあり、大きさや形を観察しながら拾うことを楽しむ。早速どんぐりを使って砂場でままごとをする子どももいる。砂でつくったケーキの上に、どんぐりの実を飾り、「イチゴがいっぱいだね」とイメージを友達に伝えるなどしている。しばらく楽しんだ後、ポシェットをテラスに並べて置き、みんなでかくれんぼをする。以前より隠れ方がうまくなり、探す鬼から逃げながら隠れるなど、工夫が見られるようなってきている。
　昼食時にお弁当を食べながら、おしゃべりが楽しくフォークや箸を落とす子どもがいる。楽しいけれどふざけないで食べることを伝える。リオの手が汚れたままだったので、せっけんをつけて一緒に洗う。「きれいになって気持ちいいね」と言うと、「うん」と笑顔になる。食後は、秋の自然の図鑑や絵本を見る。
　帰りのつどいで、「やおやのお店」の歌遊びを「秋のやおやのお店」にして楽しむ。子どもたちから秋らしい「柿、きのこ、ぶどう」などの言葉が出てくる。
　帰りの挨拶をして、それぞれのバスコースに分かれる。

①保育実践を行う年月日、曜日、クラス構成（年齢・人数）など基本情報を書きましょう。（⤴p103）

※「年」は、ここでは書かなくてよい。

> **ポイント**
> 1　p169を参考に、指定された保育実践を行う月日、曜日を確認しましょう。
> 2　実施するクラスの年齢、クラス名、子どもの人数をp55～の資料1で確認しましょう。
> 3　自分（実習生）の氏名はしっかり書いていますか。

②前頁のおひさま幼稚園3歳児こあら組の10月27日（火）の保育の様子を参考にして、前日までの「子どもの姿」を書きましょう。（⤴p103、106～109）

> **ポイント**
> 1　子どもの姿を捉える視点は以下の（1）～（7）です。部分指導計画を作成するために必要な視点をもって、保育の様子を確認しましょう。
> 　　（1）遊びへの興味や関心、取り組み方　　（2）生活の様子やその取り組み
> 　　（3）保育者や友達との人間関係　　　　　（4）自然や季節の変化
> 　　（5）行事への取り組み　　　　　　　　　（6）クラス集団の様子
> 　　（7）特別な配慮を必要とする子どもの様子
> 2　子どもの姿は抜粋ではなく、わかりやすく要約しましたか。

③自分が保育実践する際の「ねらい」と「内容」を考えて書きましょう。（⤴p103、109～114）

> **ポイント**
> 1　②の子どもの姿を基に、自分がどのようなねらいをもって保育を行うのか考えましたか。
> 2　1を考える際、p55～65の資料1～7を参考に、保育実践を行うクラスの当日の活動や保育のねらいなどをしっかりおさえておきましょう。
> 3　「内容」は、子どもの姿を基に発達過程を見通して設定した「ねらい」に応じた、子どもの具体的な活動や経験してほしい事柄が示されていますか。

④実践する時間、環境の構成（⤴p114～119）、予想される子どもの姿（⤴p119～122）、保育者の援助・配慮（⤴p122～126）を書きましょう。

> **ポイント**
> 1　おひさま幼稚園の概要（⤴p55、56）を参照して保育の流れを知り、実践する時間に沿った環境の構成、予想される子どもの姿、保育者の援助・配慮を考えましょう。
> 2　活動の流れに沿って適切な時間配分になっていますか。
> 3　環境の構成は、ねらいを達成するための具体的な内容になっていますか。
> 4　「予想される子どもの姿」の内容は、子どもの興味や関心、生活の実態からかけ離れていませんか。
> 5　「保育者の援助・配慮」は、「予想される子どもの姿」に応じて子どもの主体性を支えていくために必要な保育者としての関わりが具体的に示されていますか。
> 6　子どもの登園から降園まで、全日の事柄が示されていますか。

やってみよう2　幼稚園・保育所の全日の指導計画

2 保育所の全日の指導計画を書いてみよう

ねらい 保育所の1日を知り、全日の指導計画を理解しよう。

(1) 保育所の全日の指導計画を作成するために

　保育所の保育方針や全体的な計画や指導計画（年間・月・週）を踏まえた上で、年齢に応じたデイリープログラムを参考に、1日の生活の流れに沿って活動を省略することなく示していかなくてはなりません。保育所の生活では、生活習慣（食事、睡眠、排泄、手洗い、着替え、身支度など）や登園・降園・集会（朝の会や帰りの会など）・片づけなどのたくさんの活動がありますが、それらを丁寧に書き表します。そして、一つずつの活動の意味や時間を踏まえ、保育者の声かけや援助・配慮を考えていきます。大切なことは、養護と教育の一体化を意識した上で、子どもたちの1日が途切れることなく生き生きと過ごせるように計画していくことです。

　それでは、全体的な計画から指導計画（年間・月・週）までどのように踏まえていけばよいのかを、桃の木保育園・4歳児ぶどう組を例にして見ていきましょう。桃の木保育園の全体的な計画の中で、食育の考え方として4歳児の目標を掲げています。4歳児の年間計画においても、保育の年間目標と並んで食育の目標が示されています。その流れを受けて、6月の月案、6月4週の週案では、食育のねらいや内容がより具体的に考えられています。

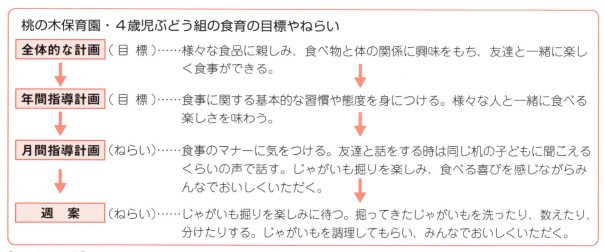

【図まとめ－②】4歳児ぶどう組の食育の目標やねらい

　上図から、幼稚園と同様に、全体的な計画から年間指導計画、月の指導計画、週案と保育がつながっていることがわかるでしょう。このように全体的な計画や指導計画を確認してみると、毎日の保育は計画の中に位置づいていることが見えてきます。保育の連続性を無視せず考えていきましょう。

(2) ワーク②　保育所の全日の指導計画

　次の資料は桃の木保育園4歳児ぶどう組の6月22日（月）の1日の保育の様子です。こちらとp88～99の資料1～9を参考にして、続く①～④の流れに沿って記入のポイントを確認しながら、

171

次の日の **6月23日（火）の全日の指導計画** をp191〜の空白の指導計画を使って作成してみましょう。
＊立案の詳しい考え方は、それぞれ該当する5章指導計画の作成の基本とその方法の頁を参照してください。

桃の木保育園　4歳児ぶどう組　6月22日（月）の1日の保育の様子

　少し暑い日が続いているが、子どもたちは毎日元気に登園してくる。朝の支度ができると「外に行きたい」と言う子どもが多く、外遊びが楽しいようである。ロッカーを見ると、かばんの口が開いていたり、帽子が落ちていたりする様子が見られる。遊びたいのはわかるが、直してから遊ぶよう声をかける。

　園庭では、友達と一緒にどんじゃんけんや鬼ごっこなど、簡単なルールのある遊びをするようになってきた。年長児の遊びを見て、まねて遊ぶ姿も見られる。女児の多くは色水が好きで、草花をつぶして水を入れて楽しんでいる。色水をペットボトルに入れて並べてジュース屋さんを始める。

　マミが登園からずっと泣いている。家で叱られてから登園し、気持ちが沈んでいたが、さらに走ってきたカイとぶつかってしまい鼻血が出てしまう。カイは謝ったが、マミの気持ちはおさまらず、保育者の側をずっと離れられない。朝のつどいの時に、室内で走ると危険だということをみんなに話す。マミもそのころには落ち着いていた。約束を守ることで楽しく遊べることを伝える。「11ぴきのねこ　ふくろのなか」の絵本を読む。約束を守ることの大切さを感じ取れたようで、みんなよく聞き入っている。

　今週木曜日にじゃがいも掘りに行くので、その準備として今日は畑を見に行くことを先週話してあったことから、「今日、畑行くの？」と聞いてくる子どももいて、楽しみにしていることがわかる。先週の畑の様子やじゃがいもの写真をみんなで見てから畑に行く。畑に入る時は端を歩くという約束を守りながら、じゃがいもの様子を観察する。「早く木曜日が来ないかな」と嬉しそうにしている。畑の帰りに自然公園に寄り、「だるまさんがころんだ」をしてみる。少しルールは難しいが、やっているうちにわかってきて、鬼につかまらないようにしたり、わざとつかまったりしながら、体を思い切り動かしてダイナミックに遊んでいる。しかし、中には遊びのイメージの違いやルールの理解ができずに、途中で遊びを抜けてしまう子どももいる。園に戻ってから、汗をかいた子どもは着替える。着替えた衣服はたたんでかばんに仕舞うよう伝える。食前の手洗いうがいの大切さをしっかりと伝えて行う。

　昼食では魚の照り焼きが出た。魚の苦手なユウキが半分まで食べて「頑張って食べたよ」と言うので、保育者が「よく食べられたね」と言うと、同じグループの友達も「ユウキ君えらいね。力、モリモリだね」と言い、ユウキは嬉しそうである。最近苦手な物を食べようとする姿が多く見られるようになってきた。食後は歯磨き、着替えをしてから遊びに入るが、ダイキは着替えずに遊んでいるので着替えを手伝う。

　午睡後のおやつの時は好きな席に座ることにしているが、ケイとモトイが席の取り合いをする。しばらくもめていたが、じゃんけんで決めることにした様子だった。モトイが負けてしまい悔しそうにしていたので、「じゃんけん負けちゃったんだね」と言うと、「うん」とうなずいて涙を拭きながら気持ちを立て直すように違う席につく。

　帰りのつどいで今日撮ったじゃがいもの写真を見せながら、じゃがいも掘りまであと3日という話をする。「明日はなにするのかな」と明日を楽しみにする声が聞かれる。

やってみよう2　幼稚園・保育所の全日の指導計画

①保育実践を行う年月日、曜日、クラス構成（年齢・人数）など基本情報を書きましょう。（→p103）
　　　　　　　　　　　　　　　　　　　　　　　　　　　※「年」は、ここでは書かなくてよい。

> **ポイント**
> 1　p172を参考に、指定された保育実践を行う月日、曜日を確認しましょう。
> 2　実施するクラスの年齢、クラス名、子どもの人数をp88〜の資料1で確認しましょう。
> 3　自分（実習生）の氏名はしっかり書いていますか。

②前頁の桃の木保育園4歳児ぶどう組の6月22日（月）の保育の様子を参考にして、前日までの「子どもの姿」を書きましょう。（→p103、106〜109）

> **ポイント**
> 1　子どもの姿を捉える視点は以下の（1）〜（7）です。部分指導計画を作成するために必要な視点をもって、保育の様子を確認しましょう。
> 　　（1）遊びへの興味や関心、取り組み方　　（2）生活の様子やその取り組み
> 　　（3）保育者や友達との人間関係　　　　　（4）自然や季節の変化
> 　　（5）行事への取り組み　　　　　　　　　（6）クラス集団の様子
> 　　（7）特別な配慮を必要とする子どもの様子
> 2　子どもの姿は抜粋ではなく、わかりやすく要約しましたか。

③自分が保育実践する際の「ねらい」と「内容」を考えて書きましょう。（→p103、109〜114）

> **ポイント**
> 1　②の子どもの姿を基に、自分がどのようなねらいをもって保育を行うのか考えましたか。
> 2　1を考える際、p88〜99の資料1〜9を参考に、保育実践を行うクラスの当日の活動や保育のねらいなどをしっかりおさえておきましょう。
> 3　「内容」は、子どもの姿を基に発達過程を見通して設定した「ねらい」に応じた、子どもの具体的な活動や経験してほしい事柄が示されていますか。

④実践する時間、環境の構成（→p114〜119）、予想される子どもの姿（→p119〜122）、保育者の援助・配慮（→p122〜126）を書きましょう。

> **ポイント**
> 1　デイリープログラム（→p98）を参照して保育の流れを知り、実践する時間に沿った環境の構成、予想される子どもの姿、保育者の援助・配慮を考えましょう。
> 2　活動の流れに沿って適切な時間配分になっていますか。
> 3　環境の構成は、ねらいを達成するための具体的な内容になっていますか。
> 4　「予想される子どもの姿」の内容は、子どもの興味や関心、生活の実態からかけ離れていませんか。
> 5　「保育者の援助・配慮」は、「予想される子どもの姿」に応じて子どもの主体性を支えていくために必要な保育者としての関わりが具体的に示されていますか。
> 6　子どもの登園から降園まで、全日の事柄が示されていますか。

おひさま幼稚園3歳児こあら組の全日の指導計画　解答例①

●●年10月28日（水曜日）　こあら組　3歳児　計23名　実習生名○○○○

子どもの姿
- 運動会が終わった後でも、子どもたちは引き続き保育者や友達と思い切り走ったり踊ったりすることを楽しんでいる。年中児・年長児の遊戯に興味をもち、鳴子やポンポンを持って踊ったり、年長児に踊り方を教えてもらっている姿が見られる。
- 自分のペットボトルバッグを持ち、落ち葉やどんぐりなどを集めたり友達と見せ合ったりして楽しんでいる。秋の自然物をままごとに取り入れて、果物に見立てることや、考えたことを言葉にして友達に伝え合うなどして楽しんでいる。

ねらい
- 保育者や友達と関わりながら遊びや生活を楽しむ。
- イメージを膨らませながら友達と一緒に製作を楽しむ。

内容
- 友達の遊びを見たり仲間に入ったりして、一緒に遊ぶ。
- 秋の自然物である各種のきのこに親しみ、そのイメージを膨らませて、自分の気に入った色を使って「森のきのこ」づくりに意欲的に取り組む。

時間	環境の構成	予想される子どもの姿	保育者の援助・配慮
8：40	・前日の遊びが落ち着いて意識して、ままごとや積み木、ブラレールなどすぐに遊び出せるよう用意や素材を用意しておく。くつばこの前に上記の準備を行っておく。 [保育室の見取り図：ロッカー、出入口、ままごと、制作コーナー、水道、積み木] ・運動会で使用した音楽も担任保育者と相談し、園庭に出る。 ・子どもが自然と活動したり、踊り出したりするような環境をつくっておく。	・登園する。 ・保育者や友達と朝の挨拶をする。 ・靴をしまい、保育室に入る。 ・友達とおしゃべりをしながら保育室の様子を見る。 ○身支度を整える。 ・コップと手拭きタオルをかける。 ・かばんをかける。 ・ハンカチやティッシュをポケットから出して制服を脱ぎ、スモックに着替える。 ○好きな遊びを楽しむ。 ・朝の支度ができるようになってきている子どもたちは一方で、活動中の子どもの遊びが気になってしまい、なかなか支度が進まない子がいる。 ・ブラレールの遊びでは、電車をつないだり、電車を走らせて一人で遊ぶことが多くあり、友達と取り合いになる。トラブルが起こることがある。 ・スカートやままごとエプロンをつけ、お母さんやお姉さんになりきり、お弁当をつくったり、教えてもらった踊りを踊ったりして楽しむ。 ・お皿やポンポン、新聞紙でつくったケーキやドーナツをつくって、砂場で猫やお花をつくったり、どんぐりや花で飾り付け、アイドルやプリンセスのように見立てて遊ぶ。 ・年中児の△型のケント紙を貼ったり、電車に見立てたカートに人物をのせて遊ぶ。	・一人ひとりの表情をよく見ながら、一日の気持ちよく始められるように、明るく挨拶することで受け入れる。根掘りしてもらえることがあれば、保護者から様子を聞く。 ・一人で身支度ができる子どもをみんなの前で認め、自信をもって支度ができるようにする。 ・ティッシュやハンカチの出し忘れ、入れ忘れがないか確認する。 ・なかなか支度が進まない子どもには、遊びに対する期待が高まるように声をかけたり、一緒に支度をしたりする。 ・プラレールの遊びでは、使いたい電車などを指さすことがあるため、友達に声をかけるようにしたり、何かをやりとりして伝えることができるように、後で貸してもらえるよう促す。 ・動物役になっている子どもたちには「どこに散歩に行きますか？」「何かおいしいものができましたか？」など声をかけ、イメージが膨らむような言葉かけをしたり、自分の思いを言葉にして伝えられるようにしたい。 ・外を走ったり、踊ったりしている子どもと一緒に保育者も体を動かすことで、楽しさを共感する。 ・子どもの表現や表現する楽しさを味わえるようにし、自分の思いを表現する意欲につなげていく。

おひさま幼稚園3歳児こあら組の全日の指導計画　解答例②

時間	環境の構成	予想される子どもの姿	保育者の援助・配慮
9：25		・三輪車に乗って園庭を走り、木の実や落ち葉を拾い集める。 ○片付け。 ・なかなか気持ちの切り替えができずに遊びを続ける子どもがいる。 ・自分の持ち物を片付けに行ってしまい、友達の気持ちに釘付けになって一生懸命に片付けている子どももいる。	・秋の自然物を見せてくる子どもに、色や形、大きさ、集めた量に驚いてみたり、まわりの子どもも興味がもてるようにしてもいく。 ・次の活動に期待がもてるように声かけし、自由に片付けに向かいながら片付けを促し、一緒に行う。 ・片付けているところは皆の前で認め、意欲的に取り組めるようにする。
9：40		○全体朝礼をする。 ・全員が園庭に集まり、挨拶や歌を歌う。 ・遊びに集中してしまい、集まらない子どもがいる。 ・リズム体操を行う。 ・保育室へ移動する。	・クラスごとに集まるよう声をかけ、集まれない子どもには呼びに行く。 ・一日が気持ち良く過ごせるように、挨拶や体操を元気に、子どもたちと合わせていく。
9：50	[保育室の見取り図：ロッカー、水道、秋の用意5台、ピアノ、●保育者（実習生）△担任保育者　○子ども] ・歌は「どんぐりころころ」「きのこ」 ・『秋の図鑑』の用意をする。	○手洗い、うがい、排泄をする。 ・手洗いまくらべらず手を洗い、袖が濡れてしまうような子どもがいる。 ・手洗い、うがいを終えてから席につく。 ○朝の歌を歌う。 ・歌を歌う『どんぐりころころ』『きのこ』 ・出欠席の確認をする。 ・秋の図鑑を見る。 ・「きのこの図鑑の話があれば、昨日スーパーで見つけた、指さしながら発言する。	・元気に登園したことをみんなで喜ぶと同時に、欠席児がいることを伝え、気にかけたりする。 ・長袖をまくっていないと、濡れることや冷たかったということに共感し、次は気をつけるよう子どもたちが思えるようにする。 ・食べたことがあることをみんなにかしましていないかしっかりと話をし、子どもたちにも思いを出せるようにする。 ・きのこを保育者自身が秋の話をしながら、知っていることを発言できるようにする。
10：00	○製作で用意するもの ・のり（10個） ・のり板（25枚） ・のり用手拭き（6枚） ・きのこの絵板と軸（薄紫、水、黄緑、クリーム8個×8枚） ・○、☆、△、□型（青、赤、緑、オレンジ、ピンク、緑、薄紫、黄、緑、クリーム、（事前にケント紙を形に切っておく。）	○森のきのこづくりの製作をする。 ・保育者の説明を聞く。 【製作手順】 ①好きな色を選ぶ。 ②絵と軸の部分を貼る。 ③絵の部分にのり、模様を貼る。	・「森のきのこづくり」をすることをみんなと話、絵の部分を知らせる。 ・事前に作っておいたきのこのひげをつけて、きのこのひげをつけて、きのこのイメージや部分をどの部分にどの大きさで貼るのか、軸につけるのかなどを見せ、具体的に実際の量を示す。多くと取りすぎないよう、指につけたり見せたりしながら、きのこのひげのつけ方を実際に指につけて見せる。
10：20			・「森のきのこ」ができたら、事前に作っておいたきのこの森の部分に貼らせて、きのこのつけ方を知らせる。 ・部分にのりをつけられるように、軸にのりをつけるとよりいい子どもには実際に指につけて見せる。 ・きのこの形が作られている子どもには、具体的なイメージが広がるように、たくさん作りたがるような子どもに「くるく」と言いながら、女★型のケント紙を貼りすぎないよう言葉をかけるこで模様を付けるにもなることを知らせる。 ・壁面のくまさんのきのこの模様を貼って、活動の模様を高めるっていくようにする。

やってみよう2　幼稚園・保育所の全日の指導計画

おひさま幼稚園 3歳児こあら組の全日の指導計画　解答例③

時間	環境の構成	予想される子どもの姿	保育者の援助・配慮
11:00	・作った「森のきのこ」を壁面に貼る。	・模様をつけ終えると、「かわいいきのこさん！」「見て見て！」「いっぱいつけた！」「わたしのきのこはどくのきのこだよ」など、近くの子どもたちと会話をしながら作ったものを見せ合ったりする。・できた子どもは友達の様子を見たりして、使った用具を片付けたり、ごみを捨てたりして過ごす。・完成した壁面を見る。	・〇や△型の全面にのりをつけられるように実際にやってみせる。・きのこたちのつぶやきを繰り返したり、ほかの子どもに伝えたりしながら、おいしそうに食べている様子を作って見せ合っていくようにする。・できた子どもは友達が作ったものを壁面に貼ったり、どの動物に食べさせたいかなど聞いたり、「おいしそうだね」と伝えたりしながら、子どもたちと会話しながらできた喜びを味わえるようにする。
11:10	・音楽CDとCDデッキの用意をする。・机を移動させ、活動しやすい広い空間を確保する。	・「き、き、きのこ」の曲に合わせて歌ったり、踊ったりする。・大きな声で楽しそうに歌うこともいれば、音に合わせて自分なりの動きをして楽しむ子どももいる。	・「き、き、きのこ」の音楽CDをかけて歌ったり、動きを考えたりする。自分から自由に曲に合わせて楽しめる環境をつくり、楽しそうに歌ったり踊ったりして、気持ちを共有する。
11:30	保育室／ロッカー／水道／カーペット／ままごと	○給食準備・手洗い、うがい、排泄をする。・好きな席に座るが、自分の気に入った席に友達が座れなかったり、席があまりされない子どもが出てくる。	・給食を食べることを伝え準備を促す。・準備に時間がかかり、無理なく席に入って楽しく過ごせない子には、仲良しの友達の席があいていることを伝えてやあきに準備するよう伝えたり、食事のときにくつろいで過ごす場所として、事前にカーペットを敷いておく。
11:45	・机を整える。・カーペットを敷いてくつろげるコーナーをつくる。・台拭きと配膳台の用意をする。・エプロンと三角巾を身につける。・ゆったりした音楽をかけるなど、落ち着いた雰囲気の中で食事ができるようにする。・子どもたちが落ち着いて遊べるようにブロックやパズルなどを用意する。	○給食・いただきますをする。・友達や保育者と楽しそうに会話をしながら昼食を食べる。・話に夢中になり、食の進まない子どもややんちゃに歩いている子どももいる。・スプーンが上手に持てず、上手く食べられない子どもがいる。・おかわりをして、しっかり食事のできる子どもがいる一方で、食欲がなく、食べ残している子どももいる。・食べ終わった子どもから保育者とこちらこちょうそうさまをして歯磨きをする。・食後はゆっくりしながら絵本を読んだり、ブロックをしたりしながら過ごす。	・一人ひとり体調や食べられる量を見極めて、無理のない量を配慮する。・楽しい雰囲気の中で保育者もわいわい子どもたちの会話に加わるように、子どもの仲間関係や日頃の様子について聞いていく。・よそ見をして食べている子どもには、こちらを向いて食べるように声をかけ、子どもたちと食事のマナーを伝えていく。・茶碗を上手に持てない子どもやスプーンが上手に持てない子どもには個別に声をかけ、遊びながら食べている子どもも少しは注意を促し、しっかり食事のマナーを伝える。・食欲のない子どもには一緒にこちらで食べようと声をかけて、おいしく一緒に食べるから頑張って食べようと、苦手なものにも挑戦し、食べられたことを認め、完食を促す。・食後は、落ち着いて遊べるように、ブロックやパズルなどを用意しておき、くつろげるようにカーペットを敷いておいたりする。・全員が食べ終わった後に、外へ出る前にしばらく休憩したりする。

おひさま幼稚園 3歳児こあら組の全日の指導計画　解答例④

時間	環境の構成	予想される子どもの姿	保育者の援助・配慮
12:30		○好きな遊びを楽しむ。・落ち葉などをゆっくりと自分のペットボトルバッグに集めて楽しむ。・保育者や友達を誘ってうんていやジャングルジムなどの固定遊具で遊ぶ。・好きな遊びが見つからず、保育者のまわりでうろうろする子どももいる。	・子どもと一緒に保育者も身体を動かして、遊びの楽しさに共感しつつ、固定遊具の安全についても十分目を配り、気をつける。・自分のしたい遊びが見つからない子どもには、ほかの友達から声をかけ、一緒に入っていやすくジャンルジムなど保育者のまわりでうろうろする子どもに興味がもてるようにする。
13:10	・玩具を片付け、カーペットを大きく広げて着替えられるよう用意する。	○片付ける。・なかなか気持ちの切り替えができず遊びが続く子どももいる。	・保護者が迎えに来ることを伝え、明日やろうねと翌日の活動に期待がもてるようにし、一緒に片付けをして保育室に戻る。
13:20	保育室／ロッカー／水道／ピアノ／カーペットに子どもたち座る	○降園準備をする。・保育室に戻り、手洗い、うがい、排泄をすませていく。・スモックを脱ぎ、制服を着替える。・ボタンがうまくかけられない子どもがいる。	・手洗い、うがい、排泄を促していく。・スモックの裏返しのままになっていないか、ハンカチ・ティッシュなど持ち替えられたか確認しつつ、自分で着替えができたことを認めたり、ボタンかけのできない子どもには手を添えたりしていく。
13:30	・絵本「きのこのおうち」やおおかみと7匹の子やぎ」の用意をして、子どものきょうの様子に反応を見ながら選択する。	○絵本の時間・絵本「きのこのおうち」を見る。・絵本を指さし、「今日、作ったものだねー」と話したり、壁面を眺めたりする子どももいる。	・全員集まったことを確認し、読み聞かせを始める。・絵本は声の出し方や読み方を工夫し、子どもの表情や反応を見ながら進める。・壁面のご製作のことを話し合う。
13:45		○クラス帰りのつどい・歌「どんぐりころころ」を歌う。	・今日の楽しかったことを振り返ったり、明日への期待を高めながら、幼稚園に来たいという思いをもてるようにする。
14:00		○全体帰りのつどい・クラスごとに集まる。・園全体で帰りの挨拶をする。・バスコース、徒歩コース、預かり保育コースに分かれる。	・園庭にクラスごとに集まるよう声をかけ、忘れ物などがないか、身支度が整っているか一人ひとり確認する。・降園方法の違いのないよう確認しながら送り出す。
14:15 より		○降園する。・コースごとのバスに乗る。・預かり保育室に移動する。・徒歩コースの子どもは保育者や友達に挨拶をしてこちらに行く。	・一人ひとり挨拶をし、明日も一緒に遊ぼうねということを伝えていく。・連絡事項を伝えながら預かり保育の保育者に引き継ぐ。・徒歩コースの子どもにを引きを渡し、本日の様子などを伝え、徒歩コースに気をつけながら引率する。

175

桃の木保育園 4歳児ぶどう組の全日の指導計画　解答例①

●●年6月23日（火曜日）　4歳児　ぶどう組　計28名　実習生名○○○○

子どもの姿
・身支度や持ち物の整理が身についてきているが、遊びたいという気持ちから、雑になってしまうところがある。
・約束などの説明はよく聞いており、行事に対して期待感をもっている。
・自然公園では、思い切り体を動かしてダイナミックに遊ぶ姿や、ルールのある鬼ごっこで遊びが見られたりするが、イメージのや、ルールの理解に個人差が見られるため、途中で遊びを抜けてしまう子どももいる。

ねらい
・友達と一緒に遊びや生活に進んで取り組んでいく。
・遊びの中で、自分の思いを伝えたり、友達の気持ちに気づいていく。

内容
・保育者に見守られながら健康な生活の仕方や遊びに気づき、友達と協力して取り組もうとする。
・自分の合う友達と砂や泥の自然物の感触を味わいながらそれぞれのイメージをもち、自分の思いを言葉で伝えたりして遊びを楽しむ。

時間	環境の構成	予想される子どもの姿	保育者の援助・配慮
8：30	・保育室の換気を行う。 ・保育室やトイレ、園庭などに異常はないか、子どもたちがすぐに遊び出せるように、素材や用具を準備しておく。 （図：保育室　出入口　ロッカー　身支度をするところ　まごと　絵本　水道　出入口　積み木　●保育者　△担任保育者　○実習生　○子ども）	○早朝保育室から自分の保育室に移動する。 ○通常保育開始。 ○順次登園、身支度をする。 ・遊び次第室に遊びに入る。 ・保育者と元気に挨拶をする。 ・持ち物の整理をし、身支度を整える。 ・昨日の朝の支度により、遊び出す前に来ていなかったそれぞれの好きな遊びが分かる。 ・身支度ができたら子どもから好きな遊びを楽しむ。	・早朝保育の保育者からの引き継ぎ事項をしっかりと確認する。 ・元気に一人ひとりと挨拶を交わし、一日気持ちよく始められるように、笑顔で迎え入れる。子どもの機嫌、体調を確認し、気になることがあれば保護者に確認をし、様子を聞く。 ・持ち物の整理については、遊びに期待をのぞかせる様子を見守りつつ、丁寧に行えるように声かけていく。 ・身支度を高めながらも声かけをし、待たせなら身支度ができていく様子を見守る一方、困っている子どもには手伝っていく。
9：00		・まごと用のクッキーをもらい、クッキー屋さんで遊んだり、数名で植物図鑑を見て楽しむ子どもがいる。 ・好きな絵本を指さしながら文字を読んだり、文字を保育者と読んだりする子がいる。 ・積み木で作っていたものをその次まごごっこのぞれの上に飾りたいという子がいる。 ・使った遊具を片付け、次の遊びに移ろうとする。	・まごと用に作った紙粘土のクッキーを子ども用に渡す、子どもと一緒に片付けていく。 ・身支度の様子を見て気遣い声を渡していく。 ・遊びていない子どもに声をかけ、遊びに誘っていく。 ・頑張ってひとりで片付けている子を認める声をかけていく。
9：30		○戸外に出て遊ぶ。 ・気の合う友達と集まり、それぞれの遊びを楽しむ。 ・固定遊具（鉄棒・すべり台）で遊ぶ。 ・鬼ごっこを走り回って遊ぶ。 ・自分のやりたい遊びを決めたようとする子がいる。 ○片付けをする。 ・片付けて保育室に入る。 ・手洗い、うがい、排泄にに行く。	・子どもたちと戸外に出て遊ぶ。 ・遊びに入れないいる子どもの様子を見ながら、危険なことがないように確認していく。 ・鬼ごっこは自由の好きなようにするのではなく、ルールを守って遊べるように声をかけていく。 ・片付けが終わったら、室内に入り、手洗いうがい、排泄を促すようにする。 ・個々の行動の様子を見ながら、必要に応じた援助や声かけを行っていく。

桃の木保育園 4歳児ぶどう組の全日の指導計画　解答例②

時間	環境の構成	予想される子どもの姿	保育者の援助・配慮
9：45	（図：保育室　出入口　ロッカー　電子ピアノ　水道　出入口）	○朝のつどいに参加する。 ・全員で集まり、挨拶や朝の歌や季節の歌を歌う。 ・名前を呼ばれると、元気の良い声で返事をする。 ・「○ちゃん休み」と欠席児を気にする言葉が出る。	・全員が椅子に座ったのを確認して、挨拶を行い、一日気持ちよく、楽しく過ごせるように子どもと気持ちを合わせていくようにする。 ・欠席児を伝えてどもたちに気持ちを伝え、様子を気にかけたり、思いやりの気持ちをもつことができるようにする。
10：00	・園庭に砂場遊び、泥んこ遊び、色水遊びで使用する遊具、色水遊び（ペットボトル、すりこ木など）や砂場で使う用具、水を入れるタライ、机を準備する。（図：園庭の砂場のまわり　タライ2個　園庭遊具置き場　砂場　砂場玩具カート）	・園庭に出て好きな遊びを楽しむ。 ・泥んこ遊び・砂遊び・色水遊びなど、積極的に自然物で遊ぶ。 ・シュース屋さんをやりたいという声が多く期待をもって遊び始める。様々な道具や用具を使って友達と一緒に遊ぶ。 ・靴を脱いで裸足になって遊ぶ姿が見られる。 ・友達と一緒に、自分なりのイメージを膨らませ遊びや色水遊びのイメージをもって相手の違いからトラブルになることがある。 ・泥だんごを作ったり、泥の感触を味わってっこ遊びをする姿がある。 ・全身泥だらけになりながら遊ぶ子どもたちがいる一方で、手足の汚れを気にして保育者の側に来る子どももいる。	・好きな遊びを十分楽しめるよう時間的配慮を考える。 ・シュース屋さんを楽しむよう、ペットボトルに花をつぶしたすりこぎなどの道具や使用に必要な遊具の準備をする。 ・危険な遊びをしている時は声をかける。 ・自分の思ったことを言葉にしている楽しさを味わえるようにする。 ・イメージが伝わらない場合は応じて相手の意図を知るように、保育者が仲間になって、掘ったり、こねたり、泥だんごを作って楽しむ姿を見せる。 ・汚れることに抵抗がある子どもや消極的な子どもには、気持ちを受け入れながら楽しさを伝えていくようにする。
11：20		・片付けをする。 ・片付けを始めて、自分から進んでいる子がいる。片付けに入る。 ・使った遊具や用具等は洗って元にしまうため、かごに入れて片付ける姿が見られる。 ・手洗い、足洗いをして、シャワーで汚れをきれいに落とす。 ・着替え、手拭きを始める。	・次の活動に期待がもてるようにしながら、片付けを促し、一緒に片付ける。 ・身体についた泥や砂を流し、かごに入れて片付けるように促す。 ・汚れに応じて着替えを促す。ぬれた衣服に洗いかごとそれぞれの遊び始末について保育者ともに考えるよう働きかける。 ・せっけんでの手洗い、手拭きをし、消毒する。
11：45	○ランチルームの用意　・机を整える。・台拭きを用意する。　ランチルーム（図：出入口　配膳コーナー）	○給食準備をする。 ・当番以外の子どもは先にランチルームへ移動する。 ・当番はこに身支度を整え、エプロン、三角巾を身に付ける。 ・当番はこの方に支度ができたらランチルームに移動する。 ・好きな席に座るか、席が決められいたって、給食当番がきたのでら座ると、当番は配膳コーナー前に並ぶ。	・給食当番に配膳を手伝うよう声をかける。ランチョンマットを持っていくか確認をする。 ・楽しい雰囲気の中で食事が進められるように準備を整える。 ・好きな席を見守りつつ、気持ちよく食事ができるように援助や見守りながら、座席でのトラブル時には様子を見守りつつ、ランチョンマットにう困りする場面があれば、援助を行う。当番体制になるよう配慮する。当番は配膳コーナーの前に並ぶ。 ・お茶を配膳する。

やってみよう2　幼稚園・保育所の全日の指導計画

桃の木保育園 4歳児ぶどう組の全日の指導計画　解答例④

時間	環境の構成	予想される子どもの姿	保育者の援助・配慮
15：10		○おやつをいただく。 ・全員椅子に座ったらいただきますをして、おやつを食べる。 ・ごちそうさまをして、食器を配膳コーナーに片づけ、保育室に戻る。	・おやつの配膳を行う。 ・全員が座れたことを確認し、保育者も子どもと一緒に座る。 ・ごちそうさまをした後、降園の準備をすることを伝える。 ・食べこぼしがないか見て、必要に応じて掃除をする。
15：40		○降園準備をする。	・汚れた服やタオルなどを自分の鞄に入れるように促す。 ・個々の様子を確認する。
16：00	保育室 出入口 出入口 ロッカー 電子ピアノ 水道	○帰りのつどいに参加する。 ・全員で集まり座る。 ・帰りの支度をし、帰りのつどいに参加できるよう準備を整える。 ・絵本「じゃがいもポテトくん」を見る。 ・帰りの歌を元気に歌う。 ・今日のこと、明日のことなどの話を聞いて、明日の活動を楽しみにする。 ・明日のじゃがいも掘りの話をする。	・全員集まったことを確認し、帰りのつどいを始める。 ・絵本は、じゃがいもが高まるよう、読み方を工夫し、子どもの表情や反応を見ながら進める。 ・今日の楽しかったことを振り返ったり、明日への期待を高めたりしながら、楽しい思いを共有できるようにする。
16：15	保育室 出入口 出入口 ロッカー 身支度をする 積み木 まなこと パズル 粘土 水道 窓 窓	・保護者の迎えが始まる。 ○好きな遊びをしながら降園を待つ。 ・保育室でお絵かき、ままごと、粘土、パズル、積み木等で遊ぶ。 ・保護者が迎えに来てくれた子どもは、挨拶をして、子どもと明日も一緒に遊びたいということを伝えていく。 ・帰る時には、身支度を整え、挨拶をして順次降園する。	・安全に配慮しながら遊びが展開できるよう設定する。 ・子どもの遊びを見守りながら、一緒に遊びに入って楽しむようにしていく。 ・保護者が迎えに来たら一人ひとりと挨拶をして、子どもと明日も一緒に遊んでいくことを伝えていく。 ・忘れ物などないか身支度が整っているか、個々の様子を確認し、気になったことやケガ、成長したと感じたことを保護者に伝える。
18：00		○延長保育児は保育室を移動する。	・延長保育の保育者に連絡事項を伝え引き継ぐ。

桃の木保育園 4歳児ぶどう組の全日の指導計画　解答例③

時間	環境の構成	予想される子どもの姿	保育者の援助・配慮
12：00		○給食をいただく。 ・いただきますをする。 ・おかわりをして、しっかり食事のできる子どもいる。 ・話に夢中で、食事が進まない子ども、偏食の子もいる。 ・食べ終わった子どもから食べた食器を片づけ、重ねて片づける。	・みんなで一緒にいただきますをする。 ・じゃがいも掘りへの期待につながるよう、話題に取り入れたり、日頃の遊びの話から子どもの様子や友達関係について間を取っていく。 ・一人ずつ体調や食べられる量を見極めながら無理のない量を配膳する。偏食やむずかる子どもには、励まし声をかけながら、個々に応じておいしく食べられることやくやにも頑張って食べられたことを認める。
12：40	保育室 出入口 出入口 ロッカー 水道 ・子どもたちが落ち着いて遊べる環境を整える。 ○ランチルームの用意 ・机を整える。 ・台試きと配膳コーナーを用意する（昼食時と同様）。	・片づけが済んだ子どもからそうさまをする。 ○保育室に戻り、午睡準備をする。 ・歯磨きをする。 ・歯磨きは丁寧にしているか、ふざけて遊びだしてしまう子どもも見られる。 ・パジャマに着替える。 ・着替えが終わったら排泄を済ませる。 ・絵本、ブロック、パズルなど静かな遊びを楽しむ。 ・片づけた遊びの片づけを行う。	・食後の片づけを行い、床の清掃をし、終わった子どもから保育室に戻ることを伝え、歯磨きを促す。 ・個々の歯磨きの様子を確認する。 ・磨けていない子どもには援助していく。 ・着替えを促し、援助が必要な子どもには、意欲がもてるような声かけとともに、手を貸す。排泄を促す。 ・落ち着いて遊べるような絵本、ブロック、パズルなどを用意し、遊びを見守る。 ・保育者も一緒に片づける。
13：20		○午睡をする。 ・各自のコットに入り、すぐに眠りにつく子どもと、そうでない子どもがいる。	・片づけが終わったら集まるように促し、静かな雰囲気の中、絵本を落ち着いた読み方で進めていく。読み終えたらホールに移動することを伝える。 ・静かに子どものコットを片づける。 ・静かに子どもに寄り添い、優しく声をかけて、入眠を促す。
14：45	（朝と同様）	○目覚め、着替え、排泄をする。 ・目覚めた子どもから、布団を畳える。 ・保育室に戻り、排泄や着替えを始める。 ・もっと眠りたいという子どもも、着替えをして身支度を整える。 ・おやつ前の手洗いをする。 ・ランチルームに移動する。	・カーテンを開けて光を入れる。 ・起きた子どもから布団を片づける。 ・排泄や着替えの声かけを行い、まだ眠っている子どもには、背中をさすりながら起こすようにする。 ・個々の体調確認・検診をする。 ・着替えを見ながら再度排泄を促し、おやつ前の手洗いを促すため、ランチルームに移動するように伝える。

～参考文献一覧～

〔1章参考文献〕
- 小川博久『遊び保育論』萌文書林、2010
- 小川博久『保育援助論』生活ジャーナル、2000
- 河邉貴子・赤石元子『今日から明日へつながる保育』萌文書林、2009
- 就学前の子どもに関する教育、保育等の総合的な提供の推進に関する法律第三条第二項及び第四項の規定に基づき内閣総理大臣、文部科学大臣及び厚生労働大臣が定める施設の設備及び運営に関する基準、内閣府・文部科学省・厚生労働省告示第2号、2014（平成26年7月）
- 小学校学習指導要領、文部科学省告示第63号、2017（平成29年3月31日）
- 保育所保育指針、厚生労働省告示第117号、2017（平成29年3月31日）
- 森上史朗・柏女霊峰編『保育用語辞典〔第6版〕』ミネルヴァ書房、2010
- 幼稚園教育要領、文部科学省告示第62号、2017（平成29年3月31日）

〔2章参考文献〕
- 小川博久『21世紀の保育原理』同文書院、2000
- 小川博久『保育援助論』生活ジャーナル、2000
- 柏女霊峰『子ども・子育て支援制度を読み解く その全体像と今後の課題』中央法規、2015
- 教育基本法、法律第120号、2006（平成18年12月22日）
- 就学前の子どもに関する教育、保育等の総合的な提供の推進に関する法律第三条第二項及び第四項の規定に基づき内閣総理大臣、文部科学大臣及び厚生労働大臣が定める施設の設備及び運営に関する基準、内閣府・文部科学省・厚生労働省告示第2号、2014（平成26年7月）
- 小学校学習指導要領、文部科学省告示第63号、2017（平成29年3月31日）
- 高橋健介・請川滋大・相馬靖明『認定こども園における保育形態と保育の質』ななみ書房、2017
- 認定こども園法研究会『認定こども園法の解説』中央法規、2006
- 保育所保育指針、厚生労働省告示第117号、2017（平成29年3月31日）
- 増田まゆみ「保育の計画・評価と保育の質の向上」『別冊発達29』、2009、p143-154
- 文部省『幼稚園教育指導資料第1集 指導計画の作成と保育の展開』フレーベル館、1991
- 文部科学省『幼稚園教育指導資料第1集 指導計画の作成と保育の展開』フレーベル館、2013
- 幼稚園教育要領、文部科学省告示第62号、2017（平成29年3月31日）
- 幼保連携型認定こども園教育・保育要領、内閣府・文部科学省・厚生労働省告示第1号、2017（平成29年3月31日）

〔3章参考文献〕
- 小川清実編『幼稚園実習』ななみ書房、2006
- 小川博久『21世紀の保育原理』同文書院、2005
- 文部科学省「子どもを取り巻く環境の変化を踏まえた今後の幼児教育の在り方について（答申）」文部科学省中央教育審議会、2005
- 文部科学省『幼稚園教育要領解説』フレーベル館、2008
- 文部省『幼稚園教育指導資料第1集 指導計画の作成と保育の展開』フレーベル館、1991
- 文部科学省『幼稚園教育指導資料第1集 指導計画の作成と保育の展開』フレーベル館、2013
- 渡辺英則「子育て支援・預かり保育」『別冊発達29』、2009、p87-94

〔4章参考文献〕
- 増田まゆみ総監修『0・1・2歳児の指導計画と保育資料』Gakken、2013

〔5章参考文献〕
- 阿部明子他『＜改訂第2版＞幼稚園・保育所実習の指導計画案はこうして立てよう』萌文書林、1984
- 大場牧夫他『＜新版＞幼稚園・保育所実習の活動の考え方と計画・展開の仕方』萌文書林、1986
- 国立教育政策研究所教育課程研究センター『幼児期から児童期への教育』ひかりのくに、2005
- 東京家政大学『教育・保育実習のデザイン』研究会『教育・保育実習のデザイン―実感を伴う実習の学び』萌文書林、2010
- 久富陽子編『幼稚園・保育所実習　指導計画の考え方・立て方』萌文書林、2009
- 開仁志編著『保育指導案大百科事典』一藝社、2012
- 文部科学省『幼稚園教育指導資料第1集　指導計画の作成と保育の展開』フレーベル館、2013
- 文部科学省『幼稚園教育指導資料第3集　幼児理解と評価』ぎょうせい、2010

〔6章参考文献〕
- 『足立っ子すくすくガイド』足立区・足立区教育委員会、2009

〔7章参考文献〕
- 『足立っ子すくすくガイド』足立区・足立区教育委員会、2009

〔8章参考文献〕
- 加藤敏子・岡田耕一編著『保育課程論』萌文書林、2013
- 金村美千子編著『教育課程・保育課程総論』同文書院、2009
- 柴崎正行監修『保育所＆幼稚園　これからの要録理解と記入のために』ひかりのくに、2011
- 松村和子・近藤幹生・椛島香代『教育課程・保育課程を学ぶ』みなみ書房、2012
- 文部科学省『幼稚園教育指導資料集第1集　指導計画の作成と保育の展開』フレーベル館、2013
- 文部科学省『幼稚園教育指導資料集第3集　幼児理解と評価』ぎょうせい、2010

〔全章共通参考文献〕
- 厚生労働省『保育所保育指針解説』フレーベル館、2018
- 内閣府『幼保連携型認定こども園 教育・保育要領解説』フレーベル館、2018
- 文部科学省『幼稚園教育要領解説』フレーベル館、2018

【著者紹介】
（敬称略五十音順）

写真左：及川留美先生
写真中：粕谷亘正先生
写真右：岩﨑淳子先生

岩﨑淳子　大東文化大学文学部教育学科准教授

（執筆：3章資料／4章資料／6章3節／7章2節／8章／やってみよう1・2）

聖徳大学大学院児童学研究科博士前期課程修了。

公立保育所保育士、公立社会福祉施設指導員、私立幼稚園副園長、彰栄保育福祉専門学校専任講師、聖セシリア女子短期大学専任講師、聖徳大学短期大学部准教授を経て現職。

（主な著書）

『千春と大吾の保育実習ストーリー』（共著、2015年、萌文書林）

及川留美　東海大学児童教育学部児童教育学科准教授

（執筆：1章／2章／3章2節／4章2節／6章1・2節／やってみよう1・2）

東京学芸大学教育学部幼稚園教員養成課程卒業。聖徳大学児童学研究科博士前期課程修了。

聖徳大学児童学研究科博士後期課程単位取得退学。保育者養成の短期大学・専門学校での非常勤講師、東京未来大学こども心理学部准教授を経て現職。

（主な著書）

『エピソードから楽しく学ぼう保育内容総論』（編著、2019年、創成社）

粕谷亘正　和光大学現代人間学部心理教育学科准教授

（執筆：3章1節／4章1節／5章／7章1・3節／やってみよう1・2）

東京学芸大学大学院教育学研究科修士課程修了。

聖徳大学大学院児童学研究科博士後期課程単位取得退学。海外日本人幼稚園教諭、國學院大學幼児教育専門学校専任教員、東京立正短期大学専任講師、常磐大学准教授を経て現職。

（主な著書）

『子育ての発達心理学』（共著、2003年、同文書院）

『幼稚園実習』（共著、2006年、ななみ書房）

【制作協力】駒沢女子短期大学准教授　綾野鈴子／元聖セシリア女子短期大学非常勤講師　斎藤昭子／愛知学泉短期大学非常勤講師　福井千夏　（敬称略五十音順）

【写真提供】鈴木範之／常磐大学幼稚園／にこにこ保育室／ねいろ保育園／モニカ保育園

（敬称略五十音順）

教育課程・保育の計画と評価
～書いて学べる指導計画～

装　　丁	㈱ユニックス
イラスト	西田ヒロコ
DTP 制作	㈱ユニックス

2018 年 9 月 19 日初版第一刷発行	
2019 年 8 月 23 日初版第二刷発行	
2019 年 11 月 22 日第二版第一刷発行	
2021 年 4 月 1 日第二版第二刷発行	
2022 年 4 月 1 日第二版第三刷発行	
2024 年 4 月 1 日第二版第五刷発行	
〈検印省略〉	
©2018 Junko Iwasaki, Rumi Oikawa, Nobumasa kasuya, Printed in Japan	
ＩＳＢＮ 978-4-89347-314-1　C3037	

著　　者	岩﨑淳子・及川留美・粕谷亘正
発 行 者	服部直人
発 行 所	㈱萌文書林

〒 113-0021　東京都文京区本駒込 6-15-11
Tel：03-3943-0576　Fax：03-3943-0567
E-mail：info@houbun.com
ホームページ：https://www.houbun.com

印刷・製本　　シナノ印刷株式会社

○定価はカバーに表示されています。
○落丁・乱丁はお取り替えいたします。
○本書の内容の一部または全部を無断で複写（コピー）することは、法律で認められた場合を除き、著作権者及び出版社の権利の侵害になります。
○本書からの複写をご希望の際は、予め小社宛に許諾をお求めください。

記入用指導計画案用紙

○6章用記入用紙…p183

○7章用記入用紙…p185

○やってみようワーク1用記入用紙A…p187～190
（部分指導計画）

○やってみようワーク2用記入用紙B…p191～198
（1日の指導計画）

※記入用紙はミシン目で切り取ることができます。
※この記入用紙はコピーして使用してもかまいません。

月　　日（　曜日）実施　　歳児　　組　計　名　　　　　　実習生名

子どもの姿	ねらい
	内容

------切り取り線------

　　月　　日（　曜日）実施　　歳児　　組　計　名　　　　　　実習生名

子どもの姿	ねらい
	内容

------切り取り線------

　　月　　日（　曜日）実施　　歳児　　組　計　名　　　　　　実習生名

子どもの姿	ねらい
	内容

月　　日（　曜日）実施　　歳児　　　組　計　名　　　　　　実習生名

子どもの姿	ねらい
	内容

―――――――――――――――――――――――――――――――――――――――切り取り線――

　　月　　日（　曜日）実施　　歳児　　　組　計　名　　　　　　実習生名

子どもの姿	ねらい
	内容

―――――――――――――――――――――――――――――――――――――――切り取り線――

　　月　　日（　曜日）実施　　歳児　　　組　計　名　　　　　　実習生名

子どもの姿	ねらい
	内容

月　日（　曜日）実施　歳児　　　　組　計　名　　　　　　　　実習生名

子どもの姿	ねらい
	内容

時間	環境の構成	予想される子どもの姿	保育者の援助・配慮

時間	環境の構成	予想される子どもの姿	保育者の援助・配慮

評価			

月　日（　曜日）実施　歳児　　　　組　計　名　　　　　　　　実習生名

子どもの姿	ねらい
	内容

時間	環境の構成	予想される子どもの姿	保育者の援助・配慮

時間	環境の構成	予想される子どもの姿	保育者の援助・配慮
評価			

月　　日（　曜日）実施　　歳児　　　組　計　名　　　　　　　　実習生名

子どもの姿	ねらい
	内容

時間	環境の構成	予想される子どもの姿	保育者の援助・配慮

時間	環境の構成	予想される子どもの姿	保育者の援助・配慮
時間	環境の構成	予想される子どもの姿	保育者の援助・配慮

時間	環境の構成	予想される子どもの姿	保育者の援助・配慮
時間	環境の構成	予想される子どもの姿	保育者の援助・配慮

時間	環境の構成	予想される子どもの姿	保育者の援助・配慮
評価			

月　　日（　曜日）実施　　歳児　　　組　計　名　　　　　　　　　実習生名

子どもの姿	ねらい
	内容

時間	環境の構成	予想される子どもの姿	保育者の援助・配慮

時間	環境の構成	予想される子どもの姿	保育者の援助・配慮
時間	環境の構成	予想される子どもの姿	保育者の援助・配慮

時間	環境の構成	予想される子どもの姿	保育者の援助・配慮
時間	環境の構成	予想される子どもの姿	保育者の援助・配慮

時間	環境の構成	予想される子どもの姿	保育者の援助・配慮
評価			